Mittmann · Fahndung

W0052672

Wolfgang Mittmann

FAHNDUNG

Große Fälle der Volkspolizei

 Das Neue Berlin

Mit Vorbemerkungen von Dr. Bärbel Schönefeld, Leiterin der Polizeihistorischen Sammlung beim Polizeipräsidenten in Berlin

Im Interesse des Schutzes der Privatsphäre verschiedener Personen wurden einige Namen vom Autor geändert. Die mit ihnen in Zusammenhang stehenden Tatsachen sind verbürgt.

Vorbemerkungen

Dreißig, vierzig, fast fünfzig Jahre liegen zwischen dem Geschehen und dem heutigen Betrachten. Jahre, in denen sich eine unwahrscheinlich vielgestaltige historische Entwicklung in Deutschland vollzog. Jahre, in denen in Osteutschland ein politisches System installiert wurde und zerbrach, das sich als Zukunft Deutschlands ausgab, sich zum Sieger der Geschichte deklarierte.

Die Recherchen zu fast vergessenen Kriminalfällen holen ein Stück deutscher Wirklichkeit ins Licht der Öffentlichkeit zurück, zeigen Täter, Opfer, Polizei und Justiz in einer Zeit, die die Geschichtsschreibung als „kalten Krieg" charakterisiert.

Die Lektüre regt zu einer Fülle von Fragen an: Warum waren die Fälle fast vergessen? Wie stark waren die Denkmuster des „kalten Krieges" noch in den Köpfen der Männer verwurzelt, die fast dreißig Jahre später die Geschichte „ihrer" Polizei schreiben ließen? Was war diese Volkspolizei im Osten Deutschlands, Akteur oder Spielball der Politik, oder beides zugleich?

Sollen zumindest einige dieser Fragen beantwortet werden, muß in die Zeit des Entstehens des ostdeutschen Nachkriegspolizeiapparates geblickt werden; muß untersucht werden, warum die Generalität der DDR-Polizei weniger die historische Wahrheit als ihre eigene Geschichtsinterpretation des von der „Partei geführten bewaffneten Organs der Arbeiter-und-Bauern-Macht" liebte. Dabei geht es um die Feststellung historischer Fakten und objektiver Sachverhalte und nicht um die Rechtfertigung geschichtlicher Entwicklungen oder um eine Geschichtsdarstellung aus subjektiver Sicht.

Die Trümmer, die der vom Gößenwahn deutschen Nationalismus' vom Zaun gebrochene Weltkrieg dem deutschen Volk übrigließ, waren verheerend. Mit dem Verlust der Souveränität Deutschlands nach totaler Niederlage und militärischer Besetzung ging die Auflösung aller bis dahin existierender Strukturen einher, einschließlich die der Autorität der deutschen Polizei.

Jedoch setzte sich zum Glück angesichts des beispiellosen Chaos nicht Lethargie und Resignation durch, obwohl das nur zu verständlich gewesen wäre. Nein, viele Menschen fingen trotz des persönlichen Leids und wirschaftlichen Nichts an, die „Ärmel hochzukrempeln", rissen weitere durch die immer stärker werdende Aufbaustimmung mit. Ein buchstäblicher Frühlingswind durchzog 1945 deutsche Lande, wehte bis in alle Winkel des Zerstörten. Daß dieses befreite, gemeinsame Anpacken der ersten Wochen zu schnell politisch mißbraucht wurde, dazu ist später mehr zu sagen.

Alle Bereiche des normalen Lebens lagen im Mai 1945 in Deutschland zerstört am Boden, und die Wiederherstellung war alles andere als einfach. Es mußten die Sieger des II. Weltkrieges als Regierungsgewalt akzeptiert werden. Es galt in Rechnung zu stellen, daß es in Gesamtdeutschland Millionen sogenannter „Fremdarbeiter" gab, daß der Krieg fast sieben Millionen mehr Frauen als Männer zurückgelassen hatte.

Objektiv notwendig war ein Erinnern an Traditionen und Tugenden, die der Krieg völlig überschattet hatte. Demokratische Wurzeln des Gemeinwesens der Weimarer Republik mußten wieder freigelegt werden, um an sie anzuknüpfen.

Eine solche Aufgabenstellung, die sich heute leicht feststellen läßt, war 1945 eine fast unüberwindbare Hürde. Die Deutschen standen letztendlich auch den Trümmern in ihren Köpfen gegenüber, Trümmern, an denen sie zum erheblichen Teil selbst Schuld trugen. Denn die gleichen Menschen, die sich jetzt demokratischer und humanistischer deutscher Traditionen besinnen mußten, hatten diesen Traditionen durch das Zujubeln, Mitmachen und Wegschauen in den Jahren der Nazimacht selbst den Rücken gekehrt. Welch innere Überwindungskraft war notwendig, eine solche Wahrheit zu erkennen und zu akzeptieren!?

Der Wille zur Wiedergutmachung hatte unzählige Hindernisse zu überwinden, bedurfte dringend der Unterstützung vor allem von außen, denn zu sehr schmerzte und kränkte die Erkenntnis der eigenen Niederlage. Die benötigte Hilfe von außen kam von den

Siegern des II. Weltkrieges. Sie nahmen die Entscheidung über das weitere Schicksal des deutschen Volkes in die Hände, ordneten Schritt für Schritt den Wiederaufbau des Landes an.

Unter den Frauen und Männern, die angetreten waren, in die Zukunft zu arbeiten, um die Vergangenheit verwinden zu können, waren auch viele ehemalige Polizeibeamte. Das Jahr des Machtantritts der Nationalsozialisten hatte ihnen das „Aus" gebracht, in einem Beruf, der für sie Berufung gewesen war. Den Grundüberzeugungen dieser Polizisten von Recht, Ruhe und Ordnung, denen sie in ihrem Inneren auch über die Jahre des Nazireiches treu geblieben waren, schlossen sich weitere an. Menschen, die teilweise aktiv die Naziherrschaft bekämpft hatten, die auf jeden Fall die Notwendigkeit erkannt hatten, daß ein Neuaufbau geordnete und ruhige Verhältnisse braucht. Getragen von dem Gedanken, im Sinne eines wahrhaft demokratischen Staates für Sicherheit und Ordnung im öffentlichen Leben der Gesellschaft zu wirken, traten diese Frauen und Männer in allen Besatzungszonen zum Polizeidienst an, für sie galt der Frühsommer 1945 gleichermaßen als „Stunde Null" einer demokratischen Polizei.

Der Bereich der Polizei, die zweifellos für das Wiedererstehen eines friedlichen Deutschlands dringend notwendig war, stellte ein sehr sensibles Feld dar. Das Entstehen neuer deutscher militärischer Kräfte schlossen die Alliierten für die folgenden Jahre aus. Man war sich aber durchaus darüber im klaren, daß eine deutsche Polizei früher oder später zu bewaffnen war. Deshalb waren die Festlegungen zur Aufstellung ziviler Polizeikräfte in Deutschland absolut eindeutig, jederzeitigen Eingriff der Besatzungsmächte ermöglichend.

In der „Erklärung in Anbetracht der Niederlage Deutschlands und der Übernahme der obersten Regierungsgewalt hinsichtlich Deutschlands durch die Regierungen des Vereinigten Königreichs, der Vereinigten Staaten von Amerika und der Union der Sozialistischen Sowjet-Republiken" vom 5. Juni 1945 heißt es in Artikel 2, Buchstabe e): „Zivile Polizeiabteilungen, die zum Zwecke der Aufrechterhaltung der Ruhe und Ordnung der Leistung des Wachdienstes nur mit Handwaffen auszurüsten sind, werden von den Alliierten Vertretern bestimmt."

Befehle alliierter Ortskommandanten, zwar unterschiedlich in der Art und bis in die Maitage des Jahres 1945 zurückdatierend, berücksichtigten dem Sinn nach diese Festlegungen für die Zulassung ziviler deutscher Polizeikräfte, stellen faktisch juristische Akte der Polizeineugründung in Deutschland dar.

Legt man die Situation im Jahre 1945 zugrunde, dann existierte zweifellos ein gemeinsamer Ausgangspunkt für die Polizeientwicklung in Deutschland, wobei sofort spezifische Momente in allen Zonen wirksam wurden. Im Gegensatz zu den Westzonen sahen sich die Deutschen in der Sowjetischen Besatzungszone der Besatzungsmacht gegenüber, die das größte Mißtrauen der einfachen Menschen hervorrief. Dies bestätigt sich in den sehr schnell deutlich werdenden, gravierenden Unterschieden der weiteren Entwicklung. Bald erinnerte nichts mehr an den ursprünglich gemeinsamen Ausgangspunkt alliierter Politik.

In drei Besatzungszonen und später in der Bundesrepublik Deutschland entwickelte sich eine Polizei im freiheitlich demokratischen Rechtsstaat. Die Polizeihoheit lag bei den Ländern. Polizeiarbeit war Dienst für das Gemeinwohl und den Bürger.

In der sowjetischen Besatzungszone und der späteren DDR entstand eine Polizei als Instrument für den Machtaufbau und -erhalt einer Partei, der SED. Prägend war hier von Anbeginn die Schaffung straffer zentralistischer, militärisch organisierter Befehlsstrukturen. Prägend war auch das völlig überzogene Kriminalisieren des von der wirtschaftlichen Not diktierten Handelns vieler Einwohner der SBZ. Kennzeichnend war ein undifferenziertes Herangehen der neuen Machtorgane gegenüber Schwarzhandel und das überschnelle Aufdrücken des „Sabotagestempels" auf jegliches Tun, das nicht in die Planstrukturen der Politik von KPD/SED und sowjetischer Militäradministration paßte.

Doch zurück zum Beginn des Polizeiaufbaus in der sowjetischen Besatzungszone. Er lehnte sich auch in der SBZ zunächst überwiegend an Formen an, wie sie die Weimarer Republik hervorgebracht hatte. Jedoch wäre es ein Trugschluß anzunehmen, daß die sowjetische Besatzungsmacht wirklich eine Struktur nach historischem demokratischem Vorbild anstrebte. Die Formen des dezentralisierten Aufbaus der Polizei entstanden vielmehr aus objektiven Sachzwängen, die meist materieller Art waren. Vor allem Ausstattung und Besoldung der Polizei ließen sich im kleinen Rahmen leichter realisieren.

Die weitere Entwicklung bewies eindeutig, daß dem Aufbau der Polizei in der sowjetischen Besatzungszone von Anbeginn an klare zentrale Konzeptionen zugrunde lagen. Das waren Konzeptionen des Zentralkomitees der KPD und der sowjetischen Militäradministration in Deutschland, die in den letzten Kriegsmonaten in Moskau entstanden waren. Die in den fünf Landesbehörden der SBZ entstehenden Polizeiabteilungen besetzte die Besatzungsmacht ausschließlich mit Mitgliedern der KPD und gewährleistete so den schnellen Vollzug ihrer Zielsetzungen. Mit den kommunistischen Chefs der Landespolizeiabteilungen war garantiert, daß alle Landespolizeien eine annähernd gleiche Entwicklung nahmen, daß überall die Prinzipien kommunistischer Personalpolitik durchgesetzt wurden, daß ein identisches Schulungsprogramm für die Polizisten zur Anwendung kam. Zwar nicht ohne Probleme, aber zunehmend reibungsloser griffen so zentralistische Vorstellungen der Besatzungsmacht und der deutschen kommunistischen Parteiführung.

Der Vollzug der endgültigen Zentralisierung wurde bereits 1946 zur entscheidenden Frage der Ausübung der angestrebten „Diktatur der Arbeiter und Bauern" erklärt. Im stalinistischen Sinn ging es darum, mit der Polizei ein zentrales Zwangsinstrument in der Besatzungszone zu installieren, das die Befehle der Besatzungsmacht uneingeschränkt durchsetzt. Die Beibehaltung der Unterstellung der Polizei unter die örtlichen Behörden hätte verhindert, daß die Polizei zum zentral zu steuernden und einsetzbaren bewaffneten Instrument dieser Diktatur werden konnte. Deshalb installierte die Sowjetische Militäradministration im Juni 1946 in Berlin die „Deutsche Verwaltung des Innern" (DVdI). Die Institution, zunächst als „koordinierendes, beratendes und kontrollierendes Organ" agierend, übernahm im Lauf des ersten Jahres ihrer Existenz die Leitung der gesamten Polizei der SBZ. An ihrer Spitze stand der Kommunist Dr. Kurt Fischer, der während des II. Weltkrieges als Agent des sowjetischen Geheimdienstes gearbeitet hatte.

Dieser Entwicklung im Sinn stalinistischer Strukturen, d.h. straffe zentralistische Führung und Kontrolle, bedingungslose Durchsetzung zentraler Beschlüsse sowie absolute Unterdrückung eigenständiger Züge, standen anfangs in den Ländern der SBZ vor allem sozialdemokratische, liberale und christlich-demokratische Auffassungen über die Rolle des Staates und seiner Polizei entgegen.

9

Forderungen wie die von dem CDU-Politiker Prof. Hickmann, im Sommer 1948 in Dresden erhoben, blieben ungehört. In klaren Worten hatte er im Hinblick auf die DVdI angeprangert, daß die Polizeibefugnisse „einer Behörde anvertraut werden, die lediglich diktatorische Vollmachten hat, ohne das deutsche Volk zu befragen", und verlangte „eine Polizei-Konstruktion, die den Zustand der diktatorischen Regelung, wie er jetzt in Berlin getroffen worden ist, ablöst und die Berliner zentralen Stellen unter parlamentarische Kontrolle stellt".

Da sich die SED immer mehr zur allein herrschenden Partei entwickelte, empfand sie solche Äußerungen als bedrohlich gegenüber dem Aufbau ihrer Machtstrukturen. Der bequemste Weg war es für die SED, alle Meinungen, die ihrer nicht konform waren, als Hetze abzutun. Deshalb wurden zunehmend solche Stimmen auch in ostdeutschen sogenannnten Blockparteien zur Seltenheit, bis sie ganz verstummten. Man arrangierte sich mit und in der Einparteiendiktatur.

Diese Ruhigstellung einer gesunden Opposition wirkte sich insbesondere auf den Personalaufbau der ostdeutschen Polizei verheerend aus. Mit der Besetzung aller maßgeblichen Funktionen in der Polizei mit Kommunisten bzw. später mit SED-Mitgliedern kam es zum völligen Bruch der deutschen Polizeitradition der Weimarer Jahre, in denen Parteizugehörigkeiten ohne Einfluß auf die Übernahme von Führungsposten gewesen waren. Auslösend für diese Entwicklung war das Handeln der sogenannten Initiativgruppen der KPD, die noch vor Abschluß der Kriegshandlungen im Bereich der 1. Ukrainischen sowie der 1. und 2. Bjelorussischen Front agierten. Diese deutschen Kommunisten zogen mit sowjetischen Fronttruppen nach Deutschland ein und sorgten gemeinsam mit der Besatzungsmacht für einvernehmliche Besetzung aller wichtigen Positionen auch der Polizei mit Führungspersonal aus ihren Reihen. Im Land Sachsen waren 1945 rund 50 % der Polizeiangehörigen Mitglieder der KPD, rund 36 % gehörten der SPD an. Nach dem Zusammenschluß beider Parteien zur SED waren dann über 80 % der Polizisten (einige SPD-Mitglieder ließen sich nicht vereinnahmen) Mitglieder der nach absoluter Macht strebenden Partei. Ähnlich sah es in der Polizei in den anderen Ländern der SBZ aus. Daß sich die anderen Parteien ebenfalls im antifaschistischen Sinn auch in der neuen Polizei engagieren wollten, wurde von der SED ignoriert bzw. als Gefahr des „Eindringens bürgerlicher Ideen" in das „bewaffnete Organ der Arbeiter-und Bauern-Macht" angesehen und deshalb verhindert.

Äußerlich wurde dieser diktatorische Prozeß verbrämt. Der Aufbau der neuen Polizeiorgane stand unter Losungen wie „Durch das Volk – mit dem Volk – für das Volk!", und die Masse der Polizisten verstand ihn auch ehrlich so. Doch zunehmend wurde dieser richtige Ansatz politisch vermarktet; und als Handlungsmaxime der Polizei galten – ab 1948 absolut – die Beschlüsse der SED. Der Partei gelang es faktisch, sich in etwas mehr als zweieinhalb Jahren eine auf ihre Politik und deren Durchsetzung ausgerichtete, bewaffnete Polizeiorganisation zu schaffen.

Über Jahrzehnte die Entwicklung der DDR-Polizei prägende Polizeiführer hatten im Spanienkrieg und in der Sowjetarmee Erfahrungen gewonnen. Militärische Strukturen, unumschränkte Befehlsgewalt und die Heraushebung der Kommandierenden waren ihnen vertraut und befriedigten auch persönliche Eitelkeiten. Sie kannten das militärische Leben und fühlten sich darin bestätigt. Polizeiliche Arbeit in ihrem ursächlichen Sinn war ihnen weitestgehend fremd. Sie hatten die Polizei im kommunistischen Widerstand als Gegner empfunden. Für sie galt, daß die neue Polizei in erster Linie einen politisch-militärischen Auftrag erfüllen sollte, um die Macht, die sie im Zuge der sowjetischen Besetzung gewonnen hatten, zu sichern und auszubauen. Zwangsläufig wurde polizeifachliches Herangehen an die Aufgaben zunehmend überlagert von militärischen Organisationsformen, Kommandostrukturen, Denkmustern, Bewaffnung, Ausrüstung und Einsatzformen.

Sehr anschaulich offenbart sich das militärische Gehabe beim Herangehen der zentralen Polizeiführung in der im vorliegenden Buch geschilderten Aktion um die „Todesschüsse von Uckro". Erschreckend vermischt sich eine Sucht nach Demonstration militärischer Stärke mit Sorglosigkeit im Umgang mit den unerfahrenen und schlecht vorbereiteten Einsatzkräften der Kasernierten Volkspolizei. Symptomatisch auch in diesem Fall – die Politisierung auch gewöhnlicher Kriminalität. Ein Fahndungseinsatz solcher Größenordnung bedurfte dringend einer polizeitaktischen Führung. Doch die ostdeutschen Polizeiführer hatten das Polizeifach nicht gelernt, meinten wohl auch, es nicht nötig zu haben. Selbstherrlich verfügten sie nach ihrem Gutdünken, schließlich ging es ja gegen den „Klassenfeind", und dem war man doch „überlegen"!?

So scheute man nicht einmal vor Lügen zurück, indem Opfer eindeutiger taktischer Unfälle zu „Opfern imperialistischer Mörder" erklärt wurden. Auch paßte es nicht ins Denkschema der Polizeiführer, daß ganz gewöhnliche brutale Kriminelle Polizisten ermorden, es „mußte" sich um faschistische Terroristen handeln. Der „Klassengegner" war die beste Begründung, um Tatsachen zu verschweigen, zu verdrehen oder zu erfinden. Eine üble Methode, die symptomatisch für die Sicherheitspolitik der DDR auch in den kommenden Jahren werden sollte.

Nach der DDR-Staatsgründung zeigte sich jedoch sehr bald, daß die Polizei – mittlerweile seit dem 1. Juni 1949 offiziell mit dem Titel „Volkspolizei" versehen – offensichtlich nicht geeignet war, die Machtansprüche der SED ausreichend zu sichern. Die alltäglichen Anforderungen, die geprägt waren von den Bedürfnissen und Erwartungen der Bevölkerung an die Polizei, überlagerten die von der SED-Führung aufgestellte Forderung nach ständiger politischer „Wachsamkeit" und aktiver politischer Tätigkeit.

Dieser Zustand führte bereits im August 1947 zur Einrichtung des sogenannten Kommissariats 5 innerhalb der Polizei. Damit etablierte die sowjetische Besatzungsmacht praktisch das politische Instrument zur Durchsetzung stalinistischen Machtverständnisses in der ostdeutschen Polizei.

Alle Kriminalfälle, bei denen man einen politischen Hintergrund vermutete, wurden vom K 5 bearbeitet. Das überzogene Sicherheitsdenken führte dazu, daß man allmählich jede Straftat mit dem Prädikat „politisch" belegte. Im Frühjahr 1950 wurde so das K 5 zur Keimzelle für das Ministerium für Staatssicherheit. Dieses Ministerium, das als „Schild und Schwert der Partei der Arbeiterklasse", wie es sich selbst bezeichnete, wirkte, übernahm praktisch, unter Herauslösung von Personal aus der Volkspolizei, die Bearbeitung aller Straftaten, hinter denen Aktivitäten des „Klassenfeindes" gesehen wurden.

Damit war der Grundstein für einen Staat im Staat gelegt, der die Funktion und Befugnisse eines Geheimdienstes für die Auslandsaufklärung mit denen einer politischen Geheimpolizei zur Absicherung der inneren SED-Herrschaft vereinte und dafür auch sämtliche Befugnisse im Rahmen polizeilicher Gefahrenabwehr und Strafverfolgung besaß. Dieses Monster war vier Jahrzehnte auch zuständig für die Überwachung der ostdeutschen Polizei, entschied über sämtliche Personalfragen und etablierte sogenannte Offiziere im besonderen Einsatz (OibE) in der Polizei.

Doch auch nach dem Abspalten der politischen Polizeikräfte von der Volkspolizei vervollkommnete die SED mit ständiger Konsequenz die militärischen Strukturen mit dem Ziel der bedingungslosen Unterordnung eines jeden VP-Angehörigen unter die politische Doktrin. Grundlagen der Dienstvorschriften, Befehle und Weisungen waren die Beschlüsse der SED, die im Selbstverständnis den Gesetzen vorgelagert wurden und ihrer Interpretation dienten. Ideologische Wächter waren hier die Politorgane und die Abteilungen für Sicherheitsfragen des SED-Parteiapparates.

In dieser Entwicklung entstand zunehmend ein ständiges Spannungsfeld innerhalb der Polizei. Ein Spannungsfeld zwischen dem politischen Auftrag, der politischen Indoktrinierung einerseits und den Anforderungen des täglichen Polizeidienstes andererseits. Es entstand auch ein immer stärkeres, überzogenes Sicherheitsdenken bei den Polizeiangehörigen, das die Bereitschaft mit sich brachte, in zugespitzten politischen Situationen gegen Andersdenkende vorzugehen, sie als „Feinde der DDR" zu betrachten. Daß sich diese geistige Deformierung mit der Lösung normaler polizeilicher Aufgaben nicht auf Dauer zusammenfügen konnte, offenbarten die Herbstwochen 1989. Sie führten zur Polizeikrise und gleichzeitig auch zur Befreiung der Polizei.

Das vorliegende Buch entreißt Vorgänge aus den Anfangsjahren der DDR-Polizei dem Vergessen und wirft damit auch ein bedeutsames Licht auf die Art des Umgangs der DDR-Polizeiführer mit der historischen Entwicklung ihres „Organs".

Im Jahre 1966 rückte der Problemkreis, Geschichte aufzuarbeiten, in das Blickfeld des damaligen Ministers des Innern und Chefs der Deutschen Volkspolizei. Eine bezeichnenderweise von ihm selbst geleitete Kommission als leitendes Organ zur Ausarbeitung der VP-Geschichte wurde gegründet. Ihre Funktion bestand darin, von inhaltlichen Konzeptionen bis zu ausgearbeiteten Manuskripten alles zu bestätigen, was an Forschungsergebnissen und -darstellungen verwertet werden sollte. Wer die

Zusammensetzung der berufenen Kommission betrachtet, die für die beiden Bände „Geschichte der VP" als Hauptredaktion fungierte, wird sich unschwer vorstellen können, daß eigenständige oder gar kritische Wertungen zum Entwicklungsweg der Volkspolizei durch die Autoren – wollten sie als solche weiter arbeiten – unmöglich waren. Eine ehrliche und ungeschönte Darstellung polizeilicher Entwicklung und polizeilicher Arbeit, wie in den vorliegenden Kriminaldokumentationen, war weder gewünscht noch vorgesehen. Man wollte sich selbst als heroische, der SED treu ergebene Führungspersönlichkeiten wiederfinden. Man wünschte eine schöne „Hofberichterstattung". Die Geschichte wurde also so verfaßt, wie die Herren der Kommission, die allesamt die Polizeiführung der ehemaligen DDR darstellten, sie auffaßten bzw. sehen wollten.

Ihre politische Herkunft und Heimat sowie ihre eigene polizeifachliche Unzulänglichkeit waren ausschlaggebend für ihren Führungsstil in den 40er und 50er Jahren gewesen. Einen Stil, den sie nie bereit waren zu ändern oder auch nur kritisch zu betrachten. Sie waren in den Anfangsjahren der DDR in Führungsebenen gelangt, die ihnen nach ihren Vorstellungen unangefochten zustanden und deren Machtbefugnisse sie bis hin zur Geschichtsverfälschung mißbrauchten.

Um so dringlicher ist das Darstellen des wirklichen Geschehens, ist das Insgedächtnisrufen scheinbar vergessener Hergänge, ist die Mahnung, vor historischen Wahrheiten die Augen nicht zu verschließen.

Dr. Bärbel Schönefeld

Anmerkungen des Autors zur 2. Auflage

Das Erscheinen des ersten Bandes meiner „Großen Fälle der Volkspolizei" im Herbst 1995 hat recht unterschiedliche Reaktionen ausgelöst. Verlag und Autor erhielten Leserbriefe und Telefonanrufe, ein gutes Dutzend Rezensenten meldeten sich in Presse und Rundfunk zu Wort. Zwei TV-Produzenten drehten Beiträge für ihre Magazinsendungen und der Prager Rundfunk strahlte ein Originalton-Feature, das ich mit meinem Kollegen Jan Eik für den MDR produziert hatte, just zu dem Zeitpunkt aus, als in der Tschechischen Republik die öffentliche Diskussion um eine Rehabilitierung und Restitutionsansprüche der Masin-Brüder entbrannt war.

„Ich kaufte mir dieses Buch aus gutem Grunde", schrieb Herr D. aus Leipzig. „An der geschilderten Großfahndung habe ich teilweise teilgenommen ... Es bestätigten sich zahlreiche meiner Vermutungen, die ich aber nie gründlich erforschen konnte."

„Die Schilderungen verdeutlichen die Tatsachen jener Zeit nach 1945 und ich habe beim Lesen mich in diese Tage auch zurückversetzt gefühlt", urteilte Herr L. aus Burkau.

Und Frau T. aus Bonn fragte an: „Wie mir ihr Verlag mitteilte, ist das Buch leider vergriffen. Ich interessiere mich dafür, weil mein Großvater einer der Verurteilten (im DCGG-Prozeß) war ... Ich möchte mehr wissen über die Geschichte meiner Familie mütterlicherseits, da sich durch die Verhaftung meines Großvaters unser Leben sehr veränderte."

Wie anders dagegen die Stimme eines Ex-Professors der Berliner Humboldt-Universität, der seinen Unmut am 13.10.1995 im „Neuen Deutschland" zum Ausdruck brachte: „Es sind freilich an vielen Stellen Berichte über eine verblichene Polizei, die dem Sieger gefallen sollen. Die Generäle und leitenden Offiziere werden durchweg als unfähig charakterisiert ..." (Dabei hatte ich nur die Akte der „Großfahndung Uckro" gründlich gelesen und mich im

Endergebnis dem Urteil hochrangiger Polizeitaktiklehrer an der Moskauer Milizhochschule angeschlossen.) „Pleiten, Pech und Pannen. Ein verzerrtes Bild von der Volkspolizei", rundete der Herr Professor ab.

Nun, dieser Eindruck mag wohl entstehen, wenn es an der notwendigen Bereitschaft mangelt, mit dem verklärten Bild der Volkspolizei, das man einst selbst getragen und auch befördert hat, kritisch umzugehen.

Keine Fehlerdiskussion, Genossen! – Aber hatten wir das nicht schon mal?

Nein, Herr Professor, mir ist nicht an einer Delegitimierung der DDR und ihrer Volkspolizei gelegen. Die DDR war in meinen Augen kein „Unrechtsstaat", aber ein Staat, in dem auch Unrecht im Großen wie im Kleinen geschah. Kriminalfälle gerieten zu politischen Affären oder wurden zu solchen umgedeutet. Sie aus der Vergessenheit zu holen und die seinerzeit schwer durchschaubaren Zusammenhänge und Hintergründe deutlich zu machen, ist Grund genug, um über diese Fälle zu schreiben.

Und noch ein Phänomen, auf das ich beim Studium der alten Akten stieß. Nicht immer stimmen die Unterschriften in den Ermittlungs- und Vernehmungsprotokollen mit den Namen derjenigen überein, die so manchen spektakulären Aufklärungserfolg in der offiziellen Polizeigeschichtsschreibung der DDR für sich usurpieren konnten.

Mein Buch „FAHNDUNG" wendet sich an Leser, die sich für Polizei- und Justizgeschichte interessieren, an Historiker und ehemalige Volkspolizisten, aber auch an Krimileser, denn die in diesem und in weiteren Bänden gesammelten „Großen Fälle der Volkspolizei" sind so spannend zu erzählen, wie sie sich im Leben zugetragen haben.

Beiersdorf, im September 1998

DAS EISENBAHNATTENTAT VON BURKAU

Entstehung und Demontage einer Legende

Donnerstag, der 29. November 1945.

Kurz vor Tagesanbruch hatte sich Rauhreif über die Dächer der sächsischen Gemeinde Rauschwitz gelegt. Der Aufsichtsbeamte, der um neun Uhr fünf aus dem Dienstgebäude der Bahnstation trat, um den Abfahrauftrag für den Personenzug Nr. 864 in Richtung Burkau zu erteilen, fror in seiner wollenen Uniformjacke.

Alfred Pelocke, der Lokführer des P 864, löste das Führerbremsventil und öffnete den Dampfregler. Ächzend ruckte die Lokomotive der Baureihe 94 an. Hinter ihr rollten der Packwagen und zwei, drei Reisezugwagen, deren Fenster notdürftig mit Pappe und Sperrholz verkleidet waren, am Schluß des Zuges ein klappriger Güterwagen, auch er mit Reisenden besetzt, die sich in der Kälte aneinanderdrängten.

Noch waren die Wunden des Krieges nicht geheilt. Der Lärm der Schlachten aber war verstummt, und Leben regte sich wieder zwischen Trümmern und Ruinen. Hoffnungen beflügelten die Menschen. Und nicht wenige glaubten an ein gutes Omen, als die Deutsche Reichsbahndirektion zu Beginn des Monats November den Zugverkehr auf einem Teilstück der Strecke Kamenz-Bischofswerda wieder in Betrieb nahm. SS und Wehrmachtseinheiten hatten in den letzten Kriegstagen noch zahlreiche Brücken der Eisenbahnstrecke gesprengt. Doch weder General Schörners letztes Aufgebot noch die rasch zusammengewürfelten Volkssturmverbände vermochten die aus Richtung Görlitz und Bautzen vorstoßenden Truppen der sowjetischen 5. Gardearmee und der 2. polnischen Armee aufzuhalten.

Alfred Pelocke, der dreiundfünfzigjährige Lokomotivführer aus dem Bahnbetriebswerk Kamenz, blickte zum Wasserstandsanzeiger an der Kesselwand des Führerstandes. Er kontrollierte das Kesseldruckmanometer. Seine linke Hand umschloß den Hebelarm des Dampfreglers, mit dessen Hilfe er die Dampfzufuhr in beide Zylinderblöcke drosseln oder erhöhen konnte.

Die eingleisige Strecke führte sanft bergan. Jede Schwelle, jeden Telegrafenmast und jeden Kilometerstein kannte Alfred Pelocke an diesem Schienenstrang. Leichtes Hügelland links und rechts der Trasse. Vereinzelt standen Gehöfte. Und weiter drüben, hinter der alten Reichsstraße, ragt der Hochstein 449 Meter über das Land, aus dessen Felsmassiv die Quellwasser der Schwarzen Elster entspringen.

Noch ein knapper Kilometer bis Burkau, dann würde sich der Zug durch den Ort winden, die Hauptstraße und einen Bach mit dem prosaischen Namen Klosterwasser überqueren, bevor die Zugfahrt am Bahnhof Burkau ihr vorläufiges Ende nehmen sollte. Die Brükken in Richtung Bischofswerda waren noch unpassierbar.

Am Streckenkilometer 13,8 ratterte der Zug unter dem grauen Betonband der Autobahn Dresden – Bautzen hindurch. Hinter der Unterführung tauchte die Burkauer Kirchturmspitze auf. Der zerschossene Wetterhahn auf dem Dachfirst war das letzte, was der Lokführer noch wahrnahm. Ein greller Blitz, der unter den Rädern der Lokomotive aufzuckte, leitete das Inferno ein. Die Detonation riß die tonnenschwere Lokomotive zur Seite, warf sie nach links auf die Böschung. Unter ohrenbetäubendem Krachen und hellem Kreischen von Metall wurden Führerstand und Tender zu einem Schrottknäuel zusammengepreßt. Der Packwagen und der erste Reisezug-

wagen sprangen aus den Schienen. Kupplungsteile und Waggon-
puffer flogen gleich tödlichen Stahlgeschossen durch die Umgebung. Als die Wolke aus Dreck, Staub und Wasserdampf zusam-
mensank, kam ein schwärzlicher rauchender Trümmerhaufen aus
Stahl, Holz und – Menschenleibern zum Vorschein. Zwischen zu-
sammengeschobenen Waggonwänden, zersplitterten Abteilen und
ineinander verkeilten Sitzbänken riefen Verletzte um Hilfe.

In jenem Herbst 1945 lebten in Burkau, einem Dorf, das zur westlichen Oberlausitz zählt, 2306 Einwohner. Eine Einheit der Roten
Armee war im Oberdorf einquartiert, die von den Offizieren der
Ortskommandantur befehligt wurde. Das Zusammenleben zwischen Siegern und Besiegten gestaltete sich bei weitem nicht so
reibungslos, wie die DDR-Geschichtsschreibung es später darzu-
stellen pflegte. Allzu frisch waren die im Krieg gerissenen Wunden.
Haß und Rachegefühle schlugen den Burkauern immer wieder
entgegen. Hinzu kamen die Übergriffe der vagabundierenden Ostarbeiter, jener Menschen, die von den Nazis zur Zwangsarbeit ins
„Tausendjährige Reich" verschleppt worden waren und die nun
aufbrachen, um sich in ihre polnische, russische oder tschechoslowakische Heimat durchzuschlagen. Auch sie gehörten zu den Siegern dieses Krieges und nahmen sich, was immer sie zum Leben
brauchten.
    Um die Ordnung in Burkau aufrechtzuerhalten, hatte die provi-
sorische Landesverwaltung in Dresden der Stationierung eines
größeren Polizeipostens zugestimmt. Zum Polizeiwachtmeister war
der sechsunddreißigjährige Oskar Golz ernannt worden. Ein Mann,
der im Zivilleben den Beruf eines Feinarmaturenschlossers ausgeübt hatte und vor 1933 der SPD nahestand. „Politisch unbedenk-
lich" also, wie es in der Amtssprache des neuen sächsischen Macht-
apparates hieß. Ein Qualifikationsmerkmal, das vollauf genügte,
um dem Schlosser die Polizeigewalt in Burkau anzuvertrauen.
    Am Morgen des 29. November saß Oskar Golz beim Barbier des
Ortes und ließ sich Kinn und Wangen schaben. Nicht ohne Eigen-
nutz, gelten doch Friseurläden von jeher als hervorragende Nach-
richtenbörsen. Neuigkeiten erfuhr man hier aus erster Hand, noch
bevor sie als offizielle Anzeige auf dem Tisch des Polizeiwachtmeisters landen konnten.
    Die Detonation um neun Uhr zwölf ließ die Männer im Frisier-
salon von den Stühlen springen. Erschreckte Gesichter. Einer be-
kreuzigte sich verstohlen. „Was ... was war denn das?"

Oskar Golz, die linke Wange noch voller Rasierschaum, winkte gelassen ab. „Was soll schon sein", meinte er trocken. „Die haben den Zug in die Luft gesprengt."

Witzig sollten seine Worte klingen, um die Männer zu beruhigen. An ein Unglück glaubte der Polizeiwachtmeister zuallerletzt. Wahrscheinlich haben Pioniere der Roten Armee einen Blindgänger gesprengt, sagte er sich. Unmengen von dem Teufelszeug lagen ja noch in der Gegend umher. Fast täglich konnte Golz Kinder beobachten, die mit weggeworfenem Kriegsgerät spielten. Bei Säuritz lag sogar das Wrack einer abgestürzten Me 109 auf dem Feld. Und vor knapp acht Wochen war eine Panzermine, verborgen in der Ackerfurche, einem Fuhrwerk der Roten Armee zum Verhängnis geworden. Die drei Soldaten auf dem Panjewagen, zur Kartoffelernte abkommandiert, hatten das Unglück nicht überlebt.

Frisch rasiert und nach Kölnisch Wasser duftend, trat Oskar Golz aus dem Friseurladen. Auf der Straße sah er Menschen, die in Richtung Autobahn hasteten.

Urplötzlich durchfuhr ihn die Erkenntnis, daß es mit der Detonation wohl doch eine ernstere Bewandtnis haben müsse, als von ihm vermutet. Tage später sollte der Polizeiwachtmeister auf unliebsame Weise an seine unbedachte Bemerkung im Rasierstuhl erinnert werden.

Oskar Golz schwang sich aufs Dienstfahrrad. Kraftvoll trat er in die Pedale, kurbelte, bis er schweißgebadet die Unglückstelle an der Autobahn vor Augen hatte. Am Bahndamm wimmelte es inzwischen von Menschen. Neugierige starrten von der Autobahnbrücke herab. Soldaten der Roten Armee richteten einen Notverbandsplatz ein. Bauern waren mit ihren Gespannen aus den umliegenden Gehöften herbeigeeilt, um die Toten und Verletzten zu bergen, nach denen die Rettungsmannschaften in den Trümmern suchten.

„Nu, warrum so spät?" raunzte der russische Ortskommandant den Polizeiwachtmeister an. Der Offizier erwartete keine Antwort. Ungeduldig zerrte er den Deutschen zum Gleiskörper. Er zeigte auf die zerstörte Lokomotive, auf die geborstenen Schienen, deren Stümpfe in die Luft ragten und Spuren einer Sprengung aufwiesen. „Sabotasch!" tobte der Russe. „Du verstänn: Sabotasch! Njemetzkije Faschisti!"

Oskar Golz zuckte ratlos die Schultern. Wie ein hilfloser Bub vor dem Schulexamen fühlte er sich. Dieser Situation war er nicht gewachsen. Bar jeder kriminalistischen Ausbildung, verfügte er noch nicht einmal über die grundlegendsten Kenntnisse eines

Polizeianwärters. Daß eine Sprengstoffexplosion das Eisenbahn-unglück herbeigeführt hatte, sah selbst ein Laie auf den ersten Blick. Die Untersuchung von Sprengstoffdelikten ist Sache der Experten, rettete sich Golz. Der Polizeiwachtmeister nahm die Mütze ab und kratzte sich bekümmert den Schädel. Die Speziali-sten von der Kripo müssen her! Sollen die sich doch den Kopf zerbrechen!

Als Golz seinen Vertreter, den Polizisten Strecker, zwischen den Zugtrümmern herumklettern sah, atmete er schon erleichtert auf.

„Verdammte Sauerei!" gab Strecker seinen Eindruck kund. „Was machen wir jetzt?"

Golz entschied: „Lauf zum Telefon, Richard. Ruf die Kripo in Kamenz an. Sag, daß wir hier überfordert sind."

Für Burkau war die Kriminaldienststelle der Kreisstadt Kamenz zuständig. Ihr Leiter gab die Meldung sofort an das Landeskrimi-nalamt durch und fuhr mit einer Handvoll Männern nach Burkau.

urch ein Attentat faschistischer Banditen am 29. November 1945 zerstörter Personenzug im Kreis Kamenz

Die zerstörte Lokomotive des P 864 am 29. November 1945 in Burkau

Gegen elf Uhr wurde dem Präsidenten des Landeskriminalamtes Dresden die erste Meldung auf den Tisch gelegt.

„Die Kriminaldienststelle Kamenz meldet:
Auf der Eisenbahnstrecke zwischen Burkau und Rauschwitz

ist heute (29.11.1945) eine Eisenbahnbrücke gesprengt worden. Wahrscheinlich Sabotage."

Kriminaldirektor Auerswald runzelte die Stirn. „Reichlich dürftig", kommentierte er den Text. Während er seinen Sichtvermerk auf den Rand des Blattes kritzelte, wies er den Kriminaldauerdienst an: „Versuchen Sie, ein paar Einzelheiten in Erfahrung zu bringen. Ausmaß des Schadens, Ursache und so weiter. Sie wissen schon, was zu einer ordentlichen Meldung gehört."

Eine Stunde später zeichnete sich noch immer kein genaueres Bild über die Vorgänge in Burkau ab. Aber Auerswald durfte die Weitergabe der Meldung an den Chef der sächsischen Polizei nicht länger hinauszögern. So entschied er sich für einen Kompromiß. Die Meldung, die schließlich an Ministerialdirektor Hofmann gerichtet wurde, hatte den folgenden Wortlaut:

„Die Kriminaldienststelle Kamenz meldet:
Heute früh (29.11.1945) auf der Eisenbahnstrecke Rauschwitz – Burkau ein Eisenbahnunglück. Wahrscheinlich Zug auf Mine gefahren. Vermutlich Werwolftätigkeit.
Die Beamten der Kriminaldienststelle Kamenz sind an der Unglückstelle.
Das Landeskriminalamt hat angeordnet, daß sofort vom Kriminalamt Dresden 10 Beamte an die Unglückstelle ausrücken.
Dresden, den 29.11.45"

Wer zu diesem Zeitpunkt den Verdacht der Werwolftätigkeit ins Spiel brachte, hat sich später nicht mehr rekonstruieren lassen.

Der Werwolf, die erst im Herbst 1944 unter dem Kommando des SS-Obergruppenführers Prützmann gebildete Kampforganisation der Nazis, rekrutierte vor allem fanatische Hitlerjungen für den Partisanenkrieg. Erst am 10. März 1945 hatte der Leiter der NSDAP-Reichskanzlei, Martin Bormann, alle Gauführer des zusammengeschrumpften Restreiches angewiesen, „entschlossene Männer und Frauen jeden Alters für den Werwolf anzuwerben". Dieser sollte über einen speziellen Radiosender geführt werden, der noch am 1. April 1945 seinen Betrieb aufnahm.

Obwohl dem Werwolf in der Realität des Kriegszusammenbruchs kaum wirkliche Bedeutung zukam und er letztlich ein von der Nazipropaganda geschaffenes Phantom blieb, war er bei den Alliierten – Russen wie Amerikanern gleichermaßen – gefürchtet.

Und so wurden kurz nach Kriegsschluß für ungeklärte Gewalttaten neben umherstreunenden SS-Männern und versprengten Wehrmachtsangehörigen vor allem Werwolfmitglieder verantwortlich gemacht. Der Verdacht der Werwolftätigkeit, 1945 für Tausende von Hitlerjungen ausreichend, in sowjetische Internierungslager verbracht zu werden, schlich sich auch in diesem Fall beinahe zwangsläufig ein.

Die Rettungsarbeiten an der Unglücksstelle bei Burkau gingen in den frühen Nachmittagstunden des 29. November zu Ende. Jetzt kamen die Ermittlungsbeamten zum Zuge. Die Schreckensbilanz wies fünf Tote aus:

Lokomotivführer Alfred Pelocke aus Kamenz,
Lokomotivheizer Alfred Mütze aus Gersdorf,
Zugführer Paul Müller aus Kamenz,
Zugschaffner Kunath aus Gelenau,
Rangierleiter Böhme aus Kamenz.

Ihre Namen wurden im Sterberegister des Burkauer Pfarramtes eingetragen. Der schwerverletzte Fahrladeschaffner Paul Franke verstarb tags darauf im Krankenhaus zu Bischofswerda. Zwölf weitere Personen wurden verletzt.

Mehr als ein Dutzend Experten der Eisenbahn, der Kriminalpolizei und des NKGB, des sowjetischen Geheimdienstes, untersuchten den Ort des Geschehens. Über die Unglücksursache war man sich rasch einig. Niemand hegte Zweifel, daß die Katastrophe durch eine Sprengstoffexplosion ausgelöst worden war.

„Soweit man das gegenwärtig beurteilen kann, war die Sprengladung auf oder unter dem Schotterbett verlegt", erklärte der Chef der hinzugezogenen Sprengstoffsachverständigen. „Berücksichtigt man den Zerstörungsgrad am Gleiskörper und an der Lokomotive, so dürfte es sich um einen Sprengkörper von etwa fünfzig Kilo gehandelt haben."

„Das entspricht dem Gewicht einer Fliegerbombe", assistierte sein jüngerer Kollege. „Allerdings können wir uns auch eine geballte Ladung aus zwei oder drei Erdminen vorstellen."

Oskar Golz, der bei der Expertenrunde stand, zuckte zusammen. Die beiden Fliegerbomben waren ihm in den Sinn gekommen, die einem Gerücht zufolge auf einer Feldmark unweit von Burkau gelegen haben sollen. Da es zu den Aufgaben der Polizei gehörte,

Waffen und Munition einzusammeln, um sie in einem Schuppen hinter dem Gemeindeamt bis zum Abtransport aufzuwahren, hatte er sich nach seinem Amtsantritt sofort auf die Suche nach den beiden Blindgängern gemacht, war aber trotz intensiver Nachforschungen nie dahintergekommen, wo die Fliegerminen tatsächlich abgeblieben waren.

„Wann ist der letzte Zug auf der Strecke gefahren?" wollte der Leiter der Kamenzer Kripo-Dienststelle von den Reichsbahnern wissen.

„Gestern abend um achtzehn Uhr neun. Von Burkau nach Kamenz."

„Das würde ja bedeuten, daß man den Sprengsatz erst in der letzten Nacht gelegt haben kann. Mögliche Tatzeit von achtzehn Uhr fünfzehn bis heute morgen neun Uhr. – Richtig?"

Die Experten nickten.

„Und die Zündung?"

„Druckzünder vielleicht. Oder eine elektrische Zündeinrichtung. Genaueres läßt sich leider nicht sagen. Die Spurensicherung hat keine Anhaltspunkte ergeben."

Während die Aufräumungsarbeiten ihren Fortgang nahmen, übermittelte die Untersuchungskommission einen vorläufigen Sachstandsbericht nach Dresden.

Auerswald, der Präsident des Landeskriminalamtes, war heilfroh, daß er die 10 Beamten seiner Dienststelle rechtzeitig in Marsch gesetzt hatte. So konnte man ihm keine politische Blindheit nachsagen. Er griff zum Telefon und verlangte eine Blitzverbindung zu Hofmann, dem Chef der sächsischen Polizei in der Verwaltung Inneres und Volksbildung.

Arthur Hofmann war zur Zeit der Burkauer Ereignisse erst seit wenigen Wochen im Amt. Nach dem Willen der sowjetischen Besatzungsmacht hatte er den Polizeipräsidenten Wolf abgelöst. Wolf besaß ein ausgeprägtes demokratisches Polizeiverständnis, und eben dieses ließ ihn in den Augen der Besatzungsbehörde als politisch indifferent erscheinen. Hofmann dagegen war ein gestandener Kommunist. Zu Beginn der dreißiger Jahre in die Sowjetunion emigriert, kehrte er 1945 an der Seite der Roten Armee nach Deutschland zurück. Die sowjetische Militärverwaltung setzte auf Funktionäre, die durch ihre Kaderschmiede gegangen waren. Und sie akzeptierte, daß der sächsische Polizeichef einen Maurer aus Plauen – Hofmanns Heimatstadt – zu seinem wichtigsten Vertrauten machte. Der dreißigjährige Willi Seifert, der später von sich behauptete, schon mit fünfzehn Jahren in die Kommunistische Partei Deutschlands eingetreten zu sein, übernahm alsbald den Part einer grauen Eminenz in der sächsischen Polizeiverwaltung. Offiziell als Referent für Angelegenheiten der Kriminalpolizei zuständig, glich seine Macht doch eher der eines Polizei-Vizechefs.

Zwangsläufig landete der erste Burkauer Sachstandsbericht auf dem Tisch des Ministerialrats Seifert. Der dunkelhaarige schlanke Mann nahm das Schriftstück zur Hand. Seine besondere Befähigung zu logischem Denken war ihm mit dem nüchternen, sachlichen Verstand des Vogtländers in die Wiege gelegt worden. Und eiskalt zu kalkulieren, hatte ihn der Überlebenskampf im Konzentrationslager auf dem Ettersberg bei Weimar gelehrt.

Seifert las: Fünf Tote – Dreizehn Verletzte – Bombenattentat – Vermutlich Werwolftätigkeit! Worte, die den Ministerialrat alarmierten. Das ist offener Widerstand gegen die sowjetischen Besatzungsbehörden! schoß es ihm durch den Sinn. Aufruhr gegen die antifaschistische demokratische Ordnung!

Seifert sprang hinter seinem Schreibtisch auf. Mit schnellen Schritten durchmaß er das Zimmer, um seiner Erregung Herr zu werden. Ganz offensichtlich – der Vorfall war von allen Seiten unterschätzt worden! Eine faschistische Verschwörung, die in Burkau zu vermuten war, konnte man nicht mit einer Handvoll Leute ausheben.

Seifert dachte sofort an die Bildung einer speziellen Untersuchungskommission, die er in mehrere Gruppen aufgliedern würde. Darüber hinaus würde er die Dresdner Ordnungspolizei und die Polizeireserve in Chemnitz mobilisieren. Das Sprengstoffattentat von Burkau war ein politisches Verbrechen, dessen Aufklärung höchste Priorität haben mußte!

Der Ministerialrat stand jetzt am Fenster. Mit den Fingerspitzen trommelte er gegen die Scheibe, durch die er die Trümmerlandschaft der Dresdner Innenstadt sehen konnte. Soweit der Blick reichte, nichts als Ruinen, leere Fensterhöhlen und Schutt.

Seifert wußte, daß die Verlegung stärkerer Polizeikräfte, die ihm im Interesse der Ausweitung der Fahndung unumgänglich erschien, von der Zustimmung der sowjetischen Militärverwaltung abhing. Diese einzuholen, war dem Chef der sächsischen Polizei vorbehalten.

Seifert ließ sich bei Hofmann melden. Der Polizeichef folgte dem Vorschlag seines Referenten. Er führte die notwendigen Telefongespräche und erteilte den Befehl, die uniformierte Chemnitzer Polizeireserve nach Burkau zu beordern. Hofmann ging noch einen Schritt weiter. Er erklärte die Untersuchung des Sprengstoffattentats zur Chefsache und übertrug die Verantwortung auf seinen Ministerialrat.

Ministerialdirektor Arthur Hofmann, Chef der sächsichen Polizei

„Fahr selber raus, Willi", sagte er. „Übernimm die Leitung vor Ort. Denk an Lenins Worte, daß man dem weißen Terror unseren roten entgegensetzen muß. Laß dir also nicht die Butter vom Brot nehmen. Meine Rückendeckung hast du."

Seifert wollte zur Tür. Hofmann hielt ihn am Ärmel zurück. „Noch eins, Willi – vergiß nicht, dich mit den sowjetischen Freunden in Burkau zu arrangieren. In General Serows* Stab ist man inzwischen auch munter geworden."

Seifert war fest entschlossen, die Fahndung unnachsichtig vor-

---

* Serow – Chef des NKGB in der sowjetischen Zone

anzutreiben. Die Täter sollten in einem öffentlichen Gerichtsprozeß abgeurteilt werden, geeignet, die Macht der antifaschistischen Ordnung zur Schau zu stellen.

Eine knappe Stunde später befand er sich auf dem Weg nach Burkau.

Ministerialrat Willi Seifert, Referent für Angelegenheiten der Kriminal-polizei

Im Bericht des Chefs der sächsischen Polizei vom 1. Dezember 1945, der im Hauptstaatsarchiv in Dresden archiviert wurde, ist nachzulesen:

„Sofort nach Erkennen der Schwere des Attentats und um von vornherein die Absicht kundzutun, solche Anschläge nicht aufkommen zu lassen, ist ein weit über das Maß hinaus stärkeres Aufgebot an Polizeibeamten an die Stelle geworfen worden. Hierzu war das Einverständnis der SMA zuvor eingeholt worden, da sogar aus Chemnitz stärkere Bereitschaftskräfte herangeholt wurden."

27

Daß sich Ministerialrat Willi Seifert auch von persönlichen Motiven leiten ließ, dürfte auf der Hand liegen. Eine rasche Aufklärung des Falles in Burkau konnte seiner Karriere nur förderlich sein.

Seifert richtete seinen Befehlsstand in der Burkauer Schule ein. Von hier aus koordinierte er die Einsatzkräfte, die im sogenannten Mittelgasthof Quartier bezogen. Ermittlergruppen schwärmten aus. Seifert stellte Kontakt zum sowjetischen Geheimdienst NKGB her. Dieser hatte gleichfalls eine Operativgruppe gebildet, die im Gebäude der später dort eingerichteten Arztpraxis residierte.

Zur Rolle der Besatzungsmacht bei den Untersuchungen finden sich in dem bereits erwähnten Dokument vom 1.12.1945 folgende Zeilen:

„Auf der eingerichteten Befehlsstelle befanden sich fast ständig maßgebende Vertreter der Roten Armee, die an den Vernehmungen und Besprechungen teilnahmen. Ihren Wünschen ist in jeder Beziehung entsprochen und nach ihren Weisungen verfahren worden."

In der Befehlsstelle herrschte der bei solchen Anlässen übliche Wirbel. Kuriere und Melder gaben einander die Klinke in die Hand. Polizeitrupps, die aus den umliegenden Städten und Kreisen eintrafen, wurden zur Errichtung von Straßensperren abkommandiert. Seifert wollte so schnell wie möglich den Straßenverkehr und die Personenbewegungen in und um Burkau unter Kontrolle bringen. In den frühen Abendstunden riegelten Soldaten der Roten Armee und Einheiten der Polizeireserve die Gemeinde Burkau vollständig ab. Die Polizei begann, unterstützt von bewaffneten Rotarmisten, jedes Haus und jedes Grundstück zu durchsuchen. Gleiches geschah in den Nachbardörfern.

Erste Erfolge zeichneten sich auch bald ab. Hier und da wurde ein Karabiner entdeckt. Infanteriemunition fand sich im Strohbansen einer Scheune. Aus einer Jauchengrube förderte man eine Panzerfaust zutage, und aus einem verfallenen Backofen wurden mehrere Handgranaten geborgen.

In dem Haus neben der Eisenbahnbrücke stießen die Durchsucher auf ein Tornisterfunkgerät der deutschen Wehrmacht. MG-Patronen fanden sie auf dem Dachboden und unter den Dachsparren zwei, drei Seitengewehre.

In einem Grundstück am oberen Dorfrand beschlagnahmten die

Polizeibeamten zwei leere Flakgeschoßhülsen, ferner etwas Pulver und ein Stück Zündschnur, das sie beim Durchstöbern des Holzschuppens entdeckten. In diesem Haus wohnte ein Angehöriger der ehemaligen Marine-HJ, der sechzehnjährige Reinhard Russeck. Die Beamten nahmen ihn auf der Stelle fest.

Russeck war bei weitem nicht der einzige Burkauer Einwohner, der den Polizeibeamten in die improvisierten Vernehmungsräume folgen mußte. Nach dem Aufräumen an der Unglückstelle begann das Aufräumen unter den Verdächtigen.

Im Stabsquartier begutachtete Seifert die zusammengetragenen Asservate. Das reichlich ramponierte Funkgerät erweckte sein Interesse. Er winkte den Polizeiwachtmeister zum Tisch. „Sie kennen sich doch im Dorf aus, Golz. Wem gehört das Haus an der Eisenbahnbrücke?"

„Einer Familie Lenke."

„Was wissen Sie über die Leute?"

„Vater gestorben. Der älteste Sohn in Gefangenschaft. Nur Erhard, der Jüngste, ist noch im Haus. Der war ..." Golz stockte.

Der abgebrochene Satz entging Seifert nicht. „Ja, was war mit ihm? Reden Sie doch, verdammt."

„Der war Stammführer bei der Hitlerjugend."

Ein vernichtender Blick traf den Wachtmeister. „Ein aktiver Nazi ...? Ja, zum Teufel, welche Beweise brauchen Sie denn noch? Festnehmen den Mann, aber rasch!" Mit erhobener Stimme wiederholte der Ministerialrat seine These, die er zu Beginn der Fahndung vorgegeben hatte: „Als Tatverdächtige gelten Personen, die einerseits über ausreichende Ortskenntnisse verfügen und andererseits unserer antifaschistischen Ordnung feindlich gesinnt gegenüberstehen!"

Zwölf Männer wurden an diesem Abend als Tatverdächtige festgenommen. Unter ihnen befand sich auch ein sechzehnjähriger Handwerksmeistersohn, in dessen Bücherschrank man eine ledergebundene Prachtausgabe der altdeutschen Nibelungensage gefunden hatte. „Faschistische Literatur", lautete die Begründung für die Beschlagnahme.

Widerstand von seiten der Männer gab es nicht. Angesichts der bis an die Zähne bewaffneten Rotarmisten kam der Gedanke daran gar nicht erst auf.

Noch vor Mitternacht wurden die Festgenommenen ihren Vernehmern vorgeführt. Auf Vorschlag des sowjetischen Sicherheitsdienstes hatte Seifert die Kriminalbeamten mit einheitlichen

Befragungsplänen ausstatten lassen. Solche Richtlinien erleichterten es den Vernehmern, sich auf die Reaktionen ihrer Gegenüber zu konzentrieren, Angst und Unsicherheiten aufzuspüren, bei unklaren Antworten sofort nachhaken zu können, den Delinquenten in die Enge zu treiben, um ihn bei einer Lüge zu ertappen.

Die Protokolle dieser Vernehmungen sind uns nicht überliefert. In dem einen oder anderen Fall sind vermutlich überhaupt keine Aussagen zu Papier gebracht worden. Soweit die Verantwortung in den Händen der deutschen Polizeibeamten lag, wurde kein physischer Zwang ausgeübt, wie betroffene Personen dem Chronisten glaubhaft versicherten. Doch die nackte Angst, mit der abscheulichen Bluttat in Verbindung gebracht zu werden, erklärt gewiß die eine oder andere Denunziation, die im Verlaufe der stundenlangen Verhöre zustandekam.

„Weshalb Sie hier sind, Russeck, muß ich ihnen doch nicht erst erklären." Der hagere Kriminalsekretär, der hinter dem Klassenkatheder thronte, trug Breeches, Schaftstiefel und eine glänzende Lederjacke. Gespannt blickte er dem sechzehnjährigen Reinhard Russeck ins Gesicht. Spuren verwischter Tränen sah er um die Augenwinkel des Jungen. Das verängstigte Bürschlein ist fertig, dachte der Beamte. Der wird sich als kooperativ erweisen. „Was ist, Russeck? Antworten Sie!"

Der Ex-Hitlerjunge hockte in einer engen Schulbank. Zaghaft blickte er zu dem Kriminalbeamten auf. „Ich weiß nicht, was ich Ihnen erklären soll ...?"

Der Mann in der Lederjacke schlug mit den Handflächen aufs Pult. „Das kann doch nicht wahr sein!" knurrte er erbost. „Sie wollen mich wohl auf den Arm nehmen?" In bedrohlicher Haltung stieg er hinter dem Katheder hervor.

Der eingeschüchterte Junge rang um Fassung. Mannhaft unterdrückte er einen erneuten Tränenstrom. Nicht die Furcht vor Schlägen peinigte ihn; die würde er überstehen. Sich abzuhärten hatte schließlich zu den vornehmsten Pflichten der „jüngsten Soldaten des Führers" gehört. Aber jeder im Land wußte, daß Munitions- oder Sprengstoffbesitz nach dem Gesetz der Besatzungsmacht mit dem Tod durch Erschießen bestraft werden konnte. Russeck verfluchte seinen Drang, sich mit außergewöhnlichen Experimenten vor den Klassenkameraden zu brüsten.

„Ich warte auf die Erklärung, Russeck! Woher stammen Zündschnur, Pulver und Kartuschen?"

Russeck zwang sich, dem starren Blick des Hageren standzuhalten, spürte aber, daß ihm das nicht so recht gelang. „Ich habe sie gefunden, drüben hinter dem Galgenberg", sagte er hastig. „Als die SS noch in Burkau lag."

„Warum haben Sie das Zeug im Schuppen versteckt? Sie wissen doch, wie gefährlich das ist!"

Erregt erzählte der Junge: „Wir haben in der Schule über Schwarzpulver gesprochen. Herr Klenz, unser Chemielehrer, hat Experimente vorgeführt. Und da kam ich auf die Idee, für Sylvester ein paar Kracher zu basteln. Ich hab die Granaten aufgemacht und das Pulver abgefüllt. Feuchtes Schwarzpulver zwischen ein bißchen Stanniolpapier bringt ein herrliches Feuerwerk."

Der Kriminalsekretär ließ ihn reden. Natürlich müßte er dem Bengel jetzt Vorhaltungen machen, aber irgendwie fühlte sich der ältere Mann an die eigene Schulzeit erinnert. Übermut und kindliche Neugier hatten auch ihn zu manch riskantem Streich animiert. Er musterte das Bürschlein, das in einer umgefärbten Flakhelferkluft in der Schulbank hockte. Der Junge wirkte sympathisch. Eigentlich das Gegenteil von dem, was man sich unter einem fanatischen Werwolf-Anhänger landläufig vorstellte. Ein Halbwüchsiger, dem man alles andere, nur keinen zynisch kalkulierten Mordanschlag auf das Leben zahlloser Eisenbahnpassagiere zutraute. Aber da sind auch die Tatsachen: Sprengstoff, Flakgranaten und eine Zündschnur.

„Sie waren in der Hitlerjugend?"

„Marine-HJ."

Der Tonfall des Kriminalsekretärs klang wieder bissig: „Dann kennen Sie ja auch den Wahlspruch, den der unselige Teppichbeißer Adolf seinem Jungvolk mit auf den Weg gab?"

Der Junge hob kaum den Blick. Er fürchtete die stechenden Augen des Vernehmers. „Hart wie Kruppstahl, zäh wie Leder und flink wie die Windhunde", leierte er herunter.

„Und getreu bis in den Tod!" ergänzte der Kriminalsekretär. Im nächsten Augenblick pflanzte er sich vor der Bank auf, stützte die Arme aufs Schülerpult und redete eindringlich auf den Jungen ein: „Ihre Nibelungentreue hat sie gestern abend zum Bahndamm getrieben!"

Dem Jungen schlug das Herz bis zum Hals. Dicke Schweißtropfen rannen von seiner Stirn. „Nein!" Er sprang auf. „Das ist nicht wahr!"

„Hinsetzen!" dröhnte die Stimme des Polizisten. „Sie haben die

Minen unter den Gleiskörper gelegt! Sie haben die Zündschnur angeschlossen und dann nur noch auf den Zug gewartet. Geben Sie's doch endlich zu!"

Panik beherrschte Russecks Gesichtszüge. „Das ist nicht wahr! Ich hab ein Alibi! Ich war zu Hause. Die ganze Nacht bin ich zu Hause gewesen!"

„Zeugen?"

„Meine Mutter", stammelte der Junge, „und meine Geschwister."

„Befangen!" lehnte der Kriminalsekretär lakonisch ab.

Russeck ließ den Kopf auf die Tischplatte sinken. „Warum glaubt mir denn keiner?" Ein Schluchzen schüttelte seine schmalen Schultern.

Das ist keine Reaktion, die Schuld signalisiert, gestand sich der Beamte ein. Auch in den folgenden Stunden beteuerte Russeck ein ums andere Mal seine Unschuld.

„Wie Sie wollen." Der Kriminalsekretär gab auf. „Heute nacht können wir sowieso nichts mehr klären. Morgen früh setzen wir das Verhör fort. Bis dahin haben Sie Zeit, über Ihre Situation nachzudenken!"

Reinhard Russeck wurde in ein Gelaß des Schulkellers geführt. Auf einer ausrangierten Holzbank sank er zusammen. Trotz der fieberhaften Anspannung, die er durchlebt hatte, fiel er übergangslos in tiefen Schlaf.

Als der Jeep mit den bewaffneten Rotarmisten und den Männern in deutscher Polizeiuniform durchs Tor des Bauernhofes in Säuritz kurvte, ahnte Erhard Lenke, was ihn erwartete. Das Procedere kannte er, und er hatte es auch insgeheim befürchtet, seit bekannt war, daß die Polizeibehörden das Eisenbahnunglück als faschistischen Sprengstoffanschlag betrachteten.

Bis zum späten Nachmittag hatte der junge Bursche bei den Bergungsarbeiten an der Unglücksstelle geholfen. Erst als es für ihn nichts mehr zu tun gab, war er auf den Hof seines Dienstherren, sechs Kilometer von Burkau entfernt, zurückgekehrt.

Erhard Lenke hatte im vorletzten Kriegsjahr eine Ausbildung zum kaufmännischen Angestellten begonnen, aber wer brauchte in der Zeit tiefster Depression für das deutsche Volk noch Finanzfachleute? Die Arbeit in der Landwirtschaft lag dem Achtzehnjährigen nicht sonderlich, doch auf den Höfen wurden Männer gebraucht. Und so war dem Bauern die Entscheidung, den ehemaligen Stammführer der Burkauer Hitlerjugend als Knecht auf den Hof zu nehmen, nicht sonderlich schwergefallen.

Die Ideen des Nationalsozialismus hatten den jungen Erhard Lenke begeistert. Alternative Geistesströmungen kennenzulernen war ihm nicht möglich gewesen. Mit der Machtergreifung Hitlers wurden diese radikal unterdrückt. Lenke gehörte der Generation an, die sich, schwarzbraun gekleidet, ein Fahrtenmesser mit eingebrannten Runen am Koppel, willig dem Dienst im Jungvolk und später in der Hitlerjugend hingab. Lenkes sportlich-zackige Haltung blieb den Burkauer Nazigrößen nicht verborgen. Sie wählten ihn aus, in der Hierarchie der HJ-Führung bis zum Stammführer aufzusteigen. Er hatte an den Endsieg geglaubt, bis der mörderische Krieg auch das sächsische Burkau überrollte.

Wenige Wochen nach Beendigung der Kampfhandlungen waren bewaffnete Männer in den erdbraunen Uniformen der Roten Armee an der Tür des elterlichen Wohnhauses erschienen. „Du Ärrchard Länke ...? Nu, dawai, poschli!"

Er galt nun als „gefährlicher Naziaktivist" und wurde in das Internierungslager Bautzen eingeliefert ...

Lenke erkannte den Polizeiwachtmeister von Burkau. Bitternis stieg in ihm auf. Fürwahr – die Ereignisse wiederholten sich. Golz' Handbewegung war unmißverständlich. Widerspruchslos stieg Lenke in den Jeep. Durchs Fenster blickten die Bauersleute dem davonstuckernden Militärfahrzeug nach, das eine lange Staubfahne hinter sich herzog.

Die Fahrt endete vor der Burkauer Ortskommandantur. Erhard Lenke landete bei der Operativgruppe des NKGB. Zunächst sperrten die Russen ihn in einen leeren Schuppen. Sie ließen sich Zeit mit ihm. Nach Stunden holten sie ihn zum Verhör. Sein Vernehmer gehörte zum Typ des intellektuellen Oberlehrers. Eine kühle Sachlichkeit strömte von ihm aus. Nach den ersten Worten klärte sich, daß er deutscher Kriminalkommissar war.

Am Fensterbrett lehnte ein NKGB-Offizier mit den Rangabzeichen eines Kapitan. Die Beine hatte er lässig gekreuzt. Im Mundwinkel wippte eine Papirossa mit geknifftem Pappmundstück.

Die Uniform erinnerte Lenke an Bautzen. Unter lautstarkem „Dawai! Dawai!" hatte man sie dort nach der Ankunft von den Fahrzeugen herunter und in die überfüllten Zellen getrieben. Die Sieger hatten keinen Anlaß zur Zimperlichkeit. Essen gab es erst am darauffolgenden Tag. Eine Hungerration. Aber wer hungerte nicht im besiegten Deutschland? Dann begannen die Verhöre. Mal am

Tage, mal bei Nacht. Mitgefangene in der Zelle wußten von Schlägen zu berichten. Erhard Lenke wiederfuhr dergleichen nicht. Für Lenke war der psychische Druck am schlimmsten, die stereotypen Drohungen, ihn zu erschießen. Namen sollte er nennen von Personen, die ihm als Nazifunktionäre bekannt waren. Auskünfte über deren Aufenthaltsorte geben. Es fehlte auch nicht an Angeboten, ihn für nachrichtendienstliche Spitzeldienste einzuspannen. Als er, Wochen später, völlig überraschend mit einem rauhen „Nu, pascholl!" vor die Tür des Gelben Elend, wie die Bautzener Haftanstalt im Volksmund hieß, gejagt wurde, glaubte er erst an einen üblen Trick, später an ein Versehen. Sowjetisches Tribunal und jahrelange Lagerhaft blieben ihm zu seinem Glück erspart.

Der Kriminalkommissar fuhr grobe Geschütze auf. „Setzen, dahin!" Er wies auf einen Stuhl in der rechten Zimmerecke, die vom Lichtkegel einer starken Schreibtischlampe ausgeleuchtet wurde. „Reden wir fractura, Lenke. Sie haben die Handelsschule besucht, ergo sind Sie intelligent genug, mir geistig zu folgen."

Lenke stimmte dem Kommissar zu. Eingedenk seiner Bautzener Erfahrungen wollte er sich nicht stur stellen. Er war bereit, den Beamten zu beweisen, daß er nichts zu verbergen hatte.

„In Ihrem Wohnhaus wurden Waffen beschlagnahmt!" konstatierte der Kriminalkommissar. Er nahm ein Protokoll vom Tisch und zählte auf: „Tornisterfunkgerät, MG-Munition, drei Seitengewehre."

Der Achtzehnjährige vernahm es mit Erleichterung. Das war es also, dachte er. Das konnte er aufklären. „Als Burkau zum Kampfgebiet erklärt wurde – Ende April war das –, hat sich ein Wehrmachtstab in unserem Haus eingerichtet. Jeder im Dorf kann das bezeugen."

„Mag ja sein", unterbrach der Kommissar ungeduldig. „Was hat das mit den Waffen zu tun?"

„Beim Rückzug liegengeblieben. Weggeworfen. Auf dem Dachboden, im Keller versteckt."

„Sie haben von dem Kriegsgerät gewußt?"

Lenke zögerte. Nur jetzt keine Aussage machen, aus der sie ihm am Ende einen Strick drehen konnten. „Während ich in Bautzen war, ist das ganze Dorf nach Waffen und Munition durchsucht worden. Meine Mutter erzählte es mir später. Also nahm ich an, der Plunder sei längst aus dem Haus."

„Aber Sie haben sich nicht davon überzeugt?"

„Wann sollte ich? Ich lebe seit meiner Entlassung auf dem Hof in Säuritz."

Der Deutsche wechselte einen Blick mit dem russischen Kapitän. „Uns können Sie nicht für dumm verkaufen", grollte dieser vom Fenster her. „Sie kennen Russeck?"

„Reiner Russeck – natürlich, der wohnt im Oberdorf."

„... und war, wie Sie, Mitglied der Chitlerjugend", sagte der Kapitän in stark akzentuiertem, aber grammatisch richtigem Deutsch. „Ein treuer Gefolgsmann des Führers."

Lenke begriff den Sinn der Anspielung nicht. Die Männer belauerten ihn argwöhnisch, bis der Kommissar voller Ironie erklärte: „Ich sehe schon, Ihnen muß man immer erst auf die Sprünge helfen. – Bei Russeck wurde Sprengstoff gefunden!"

„Sprengstoff ...?"

Der Kommissar brauste auf. „Meinetwegen können sie es auch Schwarzpulver nennen. Läuft auf das gleiche hinaus!"

Lenke dämmerte es. „Russeck wollte in der Schule mit Schwarzpulver experimentieren", gab er Auskunft.

„Wenn Sie glauben, Sie können uns mit Lügen und Ausflüchten abspeisen, haben Sie sich getäuscht. Erklären Sie uns, warum die Hitlerjugend von Burkau ein halbes Jahr nach Kriegsschluß noch immer Waffen und Sprengstoff versteckt hält?"

„Ich weiß nicht ..."

„Cui bono – wem nützt es? wie die Lateiner sagen", donnerte der Kommissar. „Wer, außer euch Nazis, hätte denn Interesse an einem solchen Attentat?"

Erhard Lenke machte eine verzweifelte Geste. „Um Gottes willen, Herr Kommissar, ich habe keine Bombe gezündet!"

„Den Chärrgott lassen Sie besser aus dem Spiel", bemerkte der NKGB-Mann trocken. „Der kann Ihnen nicht chälfen. Saggen sie uns, wer die Komplizen sind? Wer ist der Auftraggäbber? Wer die Chintermänner? Nur ein ärrliches Geständnis kann Sie retten!"

Erhard Lenke hatte nichts zu gestehen. Selbst viele Jahre später, als er dem Autor dieses Berichtes Rede und Antwort stand, versicherte er in Übereinstimmung mit den Aussagen anderer Zeugen, daß es in und um Burkau zu keiner Zeit Aktivitäten des Werwolf gegeben habe.

An jenem 30. November aber blieb er, wie die anderen Männer, unter eben dieser Anschuldigung in Gewahrsam. Einige der Festgenommenen wurden noch in der gleichen Nacht in die Haftanstalt Dresden verlegt. Man hielt sie wohl für die am meisten Belasteten. Auch der Besitzer der Nibelungensage war unter ihnen.

Am 1. Dezember 1945 meldete die „Sächsische Volkszeitung" in ihrer Radeberger Ausgabe:

„Schweres Eisenbahnunglück Kamenz. Auf der Eisenbahnstrecke Kamenz – Burkau, an der Autobahnbrücke bei Säuritz, ereignete sich gestern gegen 9 Uhr ein schweres Eisenbahnunglück. Während der Durchfahrt eines Personenzuges erfolgte auf bisher ungeklärte Weise eine Explosion, wodurch der Zug zum Entgleisen gebracht wurde. Sechs Tote und eine größere Zahl Verletzter sind zu verzeichnen. Die Ermittlungen über die Ursache des Unglücks sind noch im Gange."

Ministerialrat Seifert nahm den kurzen Artikel nur flüchtig zur Kenntnis. Seine Gedanken konzentrierten sich auf den Zwischenbericht, den der Innenminister angefordert hatte. Nun lag der Entwurf, für den der Leiter der Ermittlungskommission verantwortlich zeichnete, auf Seiferts Tisch.

„Bezüglich der Aufklärung des Sprengstoffattentats ist ein wesentlicher Schritt vorwärts getan worden durch die Feststellung, daß:
1. in der Ortschaft Burkau selbst zwei Fliegerminen gelegen haben, die nach dem Urteil der Sachverständigen möglicherweise hierzu Verwendung gefunden haben können; nach dem Verbleib der Minen wird geforscht.
2. Bei dem Bürgermeister in Burkau befand sich ein Sammellager von Waffen, Munition und Sprengstoff, die, wie die Vernehmungen zeigen, nicht sachgemäß aufbewahrt waren, so daß fremde Personen jederzeit dort Zutritt hatten. Auch hier sind besondere Ermittlungen im Gange.
3. Festgestellt werden konnte weiter, daß zur Zeit der letzten Ernte ein gleiches Attentat in der Nähe, etwa 1 km vom jetzigen Tatort entfernt, auf gleiche Art verübt worden ist, wobei drei Angehörige der Roten Armee ums Leben kamen. Damals ist dem Fall von seiten der Roten Armee nicht Beachtung geschenkt worden, weil angenommen wurde, es handele sich um eine alte Mine, auf die unglücklicherweise dieses Fuhrwerk aufgefahren ist.
4. Durch die Festnahme eines ehemaligen Angehörigen der Marine-HJ, des sechzehnjährigen R., in dessen Besitz Flakgeschosse, Hülsen, Pulver und Sprengschnüre gefunden worden sind, ist der Anfang der ersten Täterermittlung zu suchen, denn nach allem Material und der Beurteilung dürfte

der Täterkreis rein örtlich zu suchen sein. Bei der Aktion sind insgesamt 12 Personen festgenommen worden, die noch näher überprüft werden müssen. Darunter befindet sich auch ein Landwirt, in dessen Besitz die Rote Armee gelegentlich einer Durchsuchung schon früher erhebliche Mengen hochwertigen Sprengstoff gefunden hat."

Seifert nahm die Brille ab. Mit dem Bericht war er einverstanden. Er ließ keine Zweifel an der Bedeutung der Ermittlungsergebnisse aufkommen.

Nun schlug Seifert doch noch einmal die Zeitung auf. Die Meldung gefiel ihm plötzlich nicht mehr. Zu wenig Aussagewert, ohne Überzeugungskraft, konstatierte er und beschloß, der Redaktion auf die Sprünge zu helfen.

So konnten denn die Leser der „Sächsischen Volkszeitung" in der Dienstagausgabe vom 4. Dezember 1945 unter der Schlagzeile „EISENBAHNSABOTAGE – MINENLEGER AM WERK!" lesen, daß es sich bei der Eisenbahnkatastrophe von Burkau um ein vorsätzliches Attentat handele, daß die Mine von derzeit noch unbekannten Tätern erst jüngst angebracht worden sei und daß eine Spezialkommission der Kripo Bautzen jetzt nach den Schuldigen fahnde. Der Artikel schloß:

„Aufgabe der antifaschistischen Bevölkerung muß es sein, allerorts aufs schärfste auf Saboteure zu achten. Auch dieser Vorgang zeigt uns wieder den Geist der letzten zwölf Jahre – verbrecherischer Massenmord und sinnloso Zerstörungswut. Helft alle mit, solche Ratten am Wiederaufbau unseres Vaterlandes zu fassen, auch die Mitteilung der kleinsten Wahrnehmung ist wichtig."

Trotz der Zuversicht eines Willi Seifert war die Untersuchungskommission nach vierzehntägiger Arbeit keinen Schritt vorangekommen. Man trat auf der Stelle. Die Vernehmer mühten sich pausenlos, doch aus den Tatverdächtigen war kein Geständnis herauszuholen. Nicht einmal die Ermittlungen am Tatort lieferten brauchbare Hinweise. Die Sprengstoffsachverständigen wollten sich nicht festlegen. Sie beharrten auf ihrer Stellungnahme vom 29. November: Der Sprengsatz muß auf oder unter dem Gleiskörper gelegen haben und wurde wahrscheinlich durch Druckeinwirkung gezündet.

Genaugenommen, war dies sogar die einzige gesicherte Erkenntnis, über die Seiferts Untersuchungskommission zu diesem Zeitpunkt verfügte. Ungeachtet dessen schrieb der Chef der sächsischen Polizei, Ministerialdirektor Hofmann, am 12. Dezember unter Aktenzeichen I 2 Az: 1 43/45 an die nachgeordneten Dienststellen im Land Sachsen:

„An alle Polizeikreisämter

Am 28.11.45 wurde auf der Eisenbahnstrecke Bischofswerda – Kamenz, zwischen den Stationen Rauschwitz und Burkau auf einen Personenzug ein Sprengstoffanschlag verübt. Der Anschlag ereignete sich gegen 09.05 Uhr. Die Meldung von dem Anschlag wurde sofort dem Landeskriminalamt erstattet. Es konnten alle polizeilichen Maßnahmen zur Aufklärung des Attentats getroffen werden.

Durch den Einsatz entsprechender Polizeikräfte – Kreispolizei mehrerer Landkreise, Kriminalpolizei mehrerer Kriminaldienststellen, Ordnungspolizei Dresden und Polizelreserve Chemnitz – wurden in mehreren Gemeinden sämtliche Ausgänge gesperrt, auf den angrenzenden Verkehrsstraßen eine strenge Personen- und Fahrzeugkontrolle durchgeführt.

Zur gleichen Zeit wurden in allen Gemeinden eine dem Ereignis entsprechende Vernehmung bestimmter Personen sowie Haussuchungen angeordnet. Die polizeilichen Maßnahmen hatten Erfolg. Die Polizeikräfte erhalten hiermit die Anweisung, alle besonderen Vorkommnisse sofort nach Bekanntwerden nicht nur dem Landeskriminalamt sondern auch dem Chef der sächsischen Polizei zu melden.

Hofmann, Ministerialdirektor
Chef der sächs. Polizei"

Es erscheint heute unzweifelhaft, daß der für die Angelegenheiten der Kriminalpolizei zuständige Referent Seifert der Urheber dieser Meldung war. Jahre später rühmte er sich in einem Gespräch mit dem DDR-Schriftsteller Manfred Drews, das Melde- und Berichtswesen der sächsischen Polizei im Jahre 1945 gründlich reformiert zu haben.

Bei der abweichenden Datumsangabe im eben zitierten Dokument dürfte es sich um einen Schreibfehler handeln, den zu korrigieren der Chronist sich nicht anmaßt.

Tags darauf, am 13. Dezember, wurde der Polizeiwachtmeister Oskar Golz völlig unerwartet von Mitarbeitern des NKGB festgenommen und in die Räume der sowjetischen Kommandantur zum Verhör gebracht. So schnell, wie man die Gunst der Russen gewann, konnte man sie auch wieder verlieren.

Der Polizeiwachtmeister wurde einem kahlköpfigen Major gegenübergestellt, dem Schnauzbart und Nasenklemmer frappierende Ähnlichkeit mit Stalins Außenminister Molotow verliehen. In holprigem Deutsch behauptete der Major: „Nu, Golz, du Faschist! Du chast gemacht Attentat!"

Golz breitete die Arme aus.

„Nicht lüggen. Saggen Wahrcheit!"

Das Öfchen im Zimmer der Kommandantur war überheizt. Der Polizeiwachtmeister geriet ins Schwitzen. Eine verrückte Situation.

„Unmöglich, Herr Major. Eine Verleumdung. Ich weiß nicht ..."

„Verleumdung?" Dem Major schwoll die Zornesader. Die Gläser seines Kneifers blitzten gefährlich. „Der Deutsche Otto von Bismarck chat gesaggt: ,Die Russen spannen ihre Pferde särr langsam an, doch dann sind sie umso schneller.' – Ein gutter Satz!" Die Arme vor der Brust verschränkt, begann er hinter dem Tisch auf und ab zu marschieren. Das Knarren seiner Stiefel lieferte die Begleitmusik. „Unser Kommandant chat gesaggt, daß deutscher Polizeichef serr spätt an Ort, wo Unglück."

Oskar Golz erinnerte sich. „Ich habe beim Friseur gesessen. Rasieren."

Der Major schnaufte zufrieden. Dann hob er die Stimme: „Ein Informant chat berichtet: Als Explosion war, du chast gewußt, was mit Eisenbahn passiert."

Golz nagte an der Unterlippe. Verdammt – seine laxe Bemerkung im Rasierstuhl! Ganz deutlich erstand die Szene vor seinem geistigen Auge. Golz ließ die Gesichter der Rasierkunden Revue passieren. Wem war die Rolle des Zuträgers zuzutrauen? Denunzianten hatte Golz nie gemocht. Er begriff die Gefahr, in die er sich durch seine unbedachte Äußerung gebracht hatte. Fehlte nur noch, daß sie ihn jetzt zum Sündenbock stempelten.

„Das hat nichts zu bedeuten, Herr Major. Dumme Worte."

„Ich bin kein Durak*!" fauchte der Russe. „Ich bin Tschekist**! Und ich sagge", sein rechter Zeigefinger stieß in Golz' Richtung, „wenn du nicht Chellseher, dann chast du Wissen von Täter!"

„Aber warum soll gerade ich den Zug ...?"

---

* Russisch: Dummkopf
** Mitarbeiter des Sicherheitsdienstes

„Weil du Faschist!"

„Aber ich bin doch kein Faschist", protestierte Golz.

„Njeeet ...?" Der kahlköpfige Offizier schmetterte einen schmalen Aktendeckel auf die von Kratzern und Tintenflecken verunstaltete Tischplatte. Oskar Golz erkannte seine Personalakte.

„Du arbeiten in Peenemünde – Chäresversuchsanstalt! Vau eins. Vau zwei. Chitlers Gecheimwaffe. Du Spezialist!"

Golz suchte nach einem Ausweg. Die Fakten stimmten. Er hatte sie ja selbst auf dem Fragebogen angegeben. Doch er mußte den Russen von seinen Schlußfolgerungen abbringen. „Ich war kein Nazi!" beteuerte er eilfertig. „Nie war ich das. In unserer Familie wurde immer SPD gewählt."

Der NKGB-Major verzog das Gesicht zu einem abschätzigen Lächeln.

„Und wegen Peenemünde", ergänzte der Deutsche seinen armseligen Rechtfertigungsversuch, „das konnte ich mir nicht aussuchen. Ich war Feinarmaturenschlosser. Ich wurde dienstverpflichtet. So war das doch im Krieg."

„Deine Chände gutt für Zündmechanik!"

Golz registrierte den Hintersinn. Erregt zerknüllte er die verblichene Schirmmütze, die er zur alten Wehrmachtsuniform mit der weißen Armbinde „Polizija – Polizei" trug. „Als das Werk in Peenemünde bombardiert wurde, hat man die Produktion in den Harz verlegt. Später nach Bayern, bis in die Alpen. Bevor die Amerikaner ran waren, bin ich abgehauen. Nach Hause. Dann bin ich Polizist geworden. Und jetzt", er schluckte, „sitze ich hier, weil Sie glauben, ich sei ein Faschist."

Der Major hatte seinen Marsch wieder aufgenommen. Das Geräusch der knarrenden Stiefel zerrte an den Nerven. „Kommandant saggt, du chast gutte – nu, wie saggt man? – Kameradschaft zu unsere Soldatten." Das Mißtrauen in seiner Stimme klang jetzt weniger streng.

Golz fühlte sich erleichtert, schwieg aber abwartend. Während er den Major von der Seite beobachtete, dachte er: Ein Polizeichef, der es sich mit den Besatzungsbehörden verscherzt, hält sich nicht lange im Amt.

„Und Adjutant ...?"

Der Russe spielte auf Richard Strecker, Golz' Stellvertreter, an. „Mein Kollege stammt aus Ostpreußen. Deshalb spricht er so gut russisch."

„Faschist?" bohrte der Major.

„Strecker – nee!" Oskar Golz winkte ab. „Der war Feldwebel. Starschina, verstehen Sie." Bei der Armee Schörner, wollte er hinzufügen, verschluckte den Rest aber gerade noch, als ihm einfiel, daß Strecker ja bis zuletzt an der Autobahn gegen die 5. Gardearmee gekämpft hatte, bevor eine Liebschaft aus Burkau ihn bewog, die Uniform mit einer Zivilkluft zu vertauschen und auf Tauchstation zu gehen. Nach der Kapitulation wußte Strecker seine Fahnenflucht geschickt zu nutzen. Unverfroren münzte er sie um in eine politische Empfehlung für seinen Eintritt in die Polizei. Nein, nein, ein Nazi ist der Strecker nicht, entschied Golz, eher ein Großmaul, das für des Polizeiwachtmeisters Geschmack ein bißchen zu tief ins Glas schaute. Letzteres teilte Golz dem Major mit, dem die Antwort ein vergnügtes Augenzwinkern entlockte.

Dann war das Verhör beendet. Eine unwirsche Handbewegung befahl dem Deutschen aufzustehen. Der stämmige Wachsoldat, der mit der MPi vor der Brust neben der Tür wartete, bekam einen Wink. Er führte Golz in den Keller.

Der Polizist gab sich keinen Illusionen hin. Weitere Vernehmungen würden folgen, wahrscheinlich schon in der kommenden Nacht. Die Mühlen des NKGB mahlten langsam, doch wen sie einmal erfaßt hatten, den gaben sie so schnell nicht wieder preis.

In der zweiten Dezemberwoche des Jahres 1945 registrierte die Telefonistin im Kriminalamt Bautzen den Anruf eines Mitarbeiters der Reichsbahndirektion, der den Chef der Kripo-Sonderkommission Burkau um einen Gesprächstermin bat. Was er mitzuteilen habe, sei dringend und von außerordentlicher Bedeutung, versicherte er. Nein, am Telefon wolle er sich nicht äußern. Die Angelegenheit sei zu delikat, man müsse schon unter vier Augen darüber reden.

Als die Unterredung dann zustande kam, waren die Männer zu dritt. Der Chef der Kripo-Sonderkommission gehörte zu den vorsichtigen Beamten und hatte den ranghöchsten Offizier der NKGB-Abteilung hinzugezogen.

Der Eisenbahner, der sich als Fachingenieur für den Betriebszweig Maschinenwirtschaft auswies, war für die Lokomotivfahrzeuge der Deutschen Reichsbahn zuständig. Unter den erstaunten Blicken seiner Gesprächspartner packte er einen ansehnlichen Stapel Fachbücher, technische Zeichnungen und Fahrplanübersichten auf den Tisch.

„Entschuldigen Sie, ich schätze, die werden wir brauchen", sag-

Lokomotive der preußischen Baureihe 94 $^{5\text{-}17}$

Leergewicht   *68,1 t*
Lastgewicht   *84,9 t*
Achslast   *17,2 t*

Vgl. sächsische Baureihe 94 ^{19}

Leergewicht   *58,1 t*
Lastgewicht   *74,0 t*
Achslast   *15,0 t*

te er. „Gehe ich fehl in der Annahme, daß es Ihnen nicht gelungen ist, einen Attentäter namhaft zu machen? Nun, ich denke, Sie werden auch keinen finden."

Der Kriminalbeamte schüttelte verblüfft den Kopf. „Das kommt ein bißchen überraschend", gestand er. „Ich hoffe, Sie können Ihre Behauptung beweisen?"

Der Ingenieur schob seine Bücher zurecht. „Meine Kollegen und ich sind zu der Auffassung gelangt, daß die Sprengladung schon längere Zeit im Gleis lag."

„Sie denken an eine Mine? Noch aus dem Krieg?"

„Ob Mine oder Bombe – so genau bin ich da nicht bewandert. Ich war nie Kriegsmann, müssen Sie wissen. Auf jeden Fall war es ein

Sprengkörper, der mittels Druck zur Entzündung gebracht wurde. Wenn Sie so wollen, ein Relikt aus den letzten Kriegstagen. Sie wissen selbst, wieviel Autobahnbrücken, Straßen und Gleisanlagen noch fünf Minuten vor zwölf in die Luft gejagt wurden."

„Aber uns liegen die Aussagen der Beschäftigten aus der Bahnmeisterei Kamenz war. Die Strecke wurde vor der Aufnahme des Zugverkehrs durch Pioniere der Roten Armee abgesucht."

„Verstehen Sie mich bitte nicht falsch. Doch ich hege Zweifel, ob bei dieser Aktion jeder Blindgänger entdeckt und tatsächlich entschärft werden konnte."

Der Chef der Sonderkommission beugte sich über den Tisch. Er wühlte in den Fahrplänen. „Ihre Theorie läßt außer acht, daß der letzte Zug am achtundzwanzigsten November um achtzehn Uhr neun über die Strecke gerollt ist. Da gab es keine Explosion."

„Es ist wahr, der Zugbetrieb läuft seit dem vierten November."

„Zwei Zugfahrten täglich", resümierte der Fahndungsbeamte. „Und das seit genau drei Wochen. Wieso ist es vorher zu keiner Explosion gekommen?"

Der Eisenbahner lächelte höflich. „Es gibt eine Erklärung", sagte er. „Als der Verkehr wieder aufgenommen wurde, hatten wir im Bahnbetriebswerk Kamenz eine Lokomotive der sächsischen Baureihe 94 zur Verfügung. Sie fuhr ausschließlich zwischen Kamenz und Burkau, weil der Zustand der notdürftig reparierten Brücken nur eine Achslast bis zu fünfzehn Tonnen zuließ." Der Ingenieur blätterte in einem Fotoband, auf dessen Seiten verschiedene Dampflokomotiven abgebildet waren. „Am neunundzwanzigsten Novem ber mußte eben diese Lokomotive in den Reparaturschuppen. Der Lokdienstleiter entschied, daß eine 94er Lok aus der preußischen Baureihe vor den Zug gespannt wird. Man hatte sie eigens aus Cottbus herangeholt. Hier, bitte!" Er legte einen zweiten Bildband daneben. „Diese Lok kam am Tattag zum ersten Mal auf der Burkauer Strecke zum Einsatz. – Verstehen Sie jetzt?"

Die beiden Sicherheitsbeamten musterten die Fotoaufnahmen. „Ich kann keinen Unterschied erkennen", brummte der deutsche Fahnder, während sein Pendant vom NKGB sich mit einem Achselzucken beschied.

Um so lebhafter argumentierte der Eisenbahner: „Augenscheinlich stimmen beide Baureihen – von kleineren Details mal abgesehen – völlig überein. Aber nur augenscheinlich! Die technischen Parameter nämlich weisen starke Abweichungen auf. Bitte, überzeugen Sie sich selbst!" Er wies auf die Tabellen, die neben den

Fotos abgedruckt waren. „Die sächsische Bauart verfügt über eine Achslast von fünfzehn Tonnen, die preußische hingegen über siebzehn. Noch deutlicher wird der Unterschied, wenn wir die Gesamtlast beider Lokomotiven vergleichen. Die sächsische Maschine hat vierundsiebzig Tonnen, während die preußische knapp fünfundachtzig Tonnen auf die Waage bringt."

Die Tragweite dieser Feststellung war klar: „Das bedeutet, daß der Druckzünder des Blindgängers … erst auf die größere Last der preußischen Lokomotive ansprach." Der Eisenbahner nickte.

„Wenn Sie also wirklich an den Schuldigen interessiert sind, dann müssen Sie sich schon an das Sprengkommando der SS oder der Wehrmacht halten, das die Strecke im April vermint hat."

„Unglaublich!" Der Chef der Sonderkommission hieb mit der Faust auf den Tisch. „Wochenlang sind wir einem Phantom hinterhergejagt. Warum ist keiner von uns auf die Idee gekommen?"

Der Ingenieur lächelte feinsinnig. „Vielleicht hat man nach einer solchen Erklärung gar nicht erst gesucht."

Bereits am 10. Dezember 1945 richtete der Stellvertretende Chef der Transportabteilung der Sowjetischen Militärverwaltung, Generaldirektor des Verkehrs III. Ranges, Trunow, ein Schreiben unter der Registriernummer 21/398 an den Präsidenten der deutschen Zentralverwaltung für das Verkehrswesen, Dr. Fitzner. Trunow forderte unter Bezugnahme auf das Eisenbahnunglück von „Kammentz – Bischofsfeld, zwischen den Stationen Rauschwitz und Gönitz"*, alle Reichsbahnstrecken auf Blindgänger untersuchen zu lassen.

Diese Auflösung des Falles paßte gewiß nicht ins Konzept der Scharfmacher in Dresden. Seifert, der sich längst wieder hinter seinem Schreibtisch im Innenministerium verschanzt hatte, mäkelte denn auch gehörig an dem Schlußbericht herum, den die Sonderkommission ihm vorzulegen hatte. Doch gegen die Analyse der Bahnverwaltung, die sich auf exakte technische Daten gründete, kam er nicht an. Und gegen das abschließende Urteil der NKGB-Leute hatte er schon gar keine Chance. Zudem war nicht zu übersehen, daß selbst das Negativergebnis der kriminalpolizeilichen Ermittlungen für die Blindgängerversion sprach.

---

* Russischer Übersetzungsfehler; richtig: Rauschwitz – Gödlau

Erst nach den Weihnachtsfeiertagen wurden alle Festgenommenen aus der Haft entlassen. Stillschweigend und ohne ein Wort der Erklärung. Erhard Lenke kehrte in seinen Beruf zurück. Er arbeitete für die Finanzbehörde und stellte im Frühjahr 1946 nach reiflicher Überlegung den Antrag auf Aufnahme in die SPD, die schon wenige Wochen später unter Aufsicht der Besatzungsmacht mit der KPD zur SED vereinigt wurde. Fortan erübrigten sich für Lenke die wöchentlichen Meldetermine in der Kommandantur.

Eine rein pragmatische Entscheidung war sein Beitritt zur SPD wohl dennoch nicht. Lenke war überzeugt, damit die Lehren aus der faschistischen Vergangenheit des deutschen Volkes gezogen zu haben. Und er fühlte sich zunehmend von den Zielen der Arbeiterpartei angesprochen. Es gehört zur Tragik im Leben dieses Mannes, daß er im Herbst des Jahres 1989 zum zweiten Mal seiner gesellschaftlichen Ideale beraubt wurde, diesmal der sozialistischen.

Von Reinhard Russeck ist überliefert, daß er ein Studium der Militärmedizin absolvierte.

Lediglich für Oskar Golz hatte die ungerechtfertigte Haft ein Nachspiel. Der sowjetische Major entschuldigte sich zwar bei ihm und schenkte dem Deutschen zur Erinnerung eine Pistole, doch die Chronik von Burkau verzeichnet unter dem Datum 19. Dezember 1945:

„Erste Gemeinderatsitzung nach dem faschistischen Zusammenbruch. Erich Neumann wird als Polizeiwachtmeister eingesetzt und löst Oskar G. ab, der bis dahin diese Funktion ausübte."

Noch eins ist zu berichten: Richard Strecker, Golz' Stellvertreter, verließ bei Nacht und Nebel Burkau. Über vier Ecken war ihm zu Ohren gekommen, daß die Kommission nach Wehrmachtsangehörigen fahnde, die an der Autobahn Dresden – Bautzen im Kampfeinsatz gelegen hatten. „Bevor sie auf mich kommen, Oskar, verdrücke ich mich lieber", vertraute er sich seinem ehemaligen Vorgesetzten an. „Wer weiß, was die einem noch anhängen."

Weder Ministerialrat Seifert noch ein anderer Vertreter der sächsischen Polizeiführung traten vor die Presse, um eine Erklärung abzugeben. So wurden die Leser der „Sächsischen Volkszeitung" von dem unvorhergesehenen Ende der Fahndung nach den „unbekannten Minenlegern von Burkau" nicht informiert.

Der Fall geriet in Vergessenheit. Der Staub der Geschichte legte sich auch auf das „Eisenbahnattentat vor Burkau".

1979 erschien im VEB Deutscher Verlag der Wissenschaften Berlin der erste Band einer „Geschichte der Deutschen Volkspolizei 1945-1961". Zunächst „nur für den Dienstgebrauch" als eine Art Geheimliteratur für Polizeiangehörige eingestuft, wurde sie erst im Jahre 1987 in einer überarbeiteten Fassung für die Öffentlichkeit zugängig.

Im Kapitel I dieses Buches schilderten die Autoren die Schwierigkeiten beim Neuaufbau der Polizei und den Kampf gegen die Nachkriegskriminalität.

„Bei einem Attentat, das faschistische Elemente am 29. November 1945 in Burkau, Krs. Kamenz, auf einen von einer antifaschistischen Brigade gefahrenen Personenzug verübten, wurden sechs Reisende getötet und zahlreiche verletzt. Durch hervorragenden Einsatz aller beteiligten Dienstzweige der Polizei konnten die Täter innerhalb kurzer Zeit ermittelt und dem Gericht übergeben werden.
Im Verlauf der Aktion wurden größere Mengen Kriegsmaterial der faschistischen Wehrmacht, darunter Panzerfäuste, Handfeuerwaffen, Munition, Tornisterfunkgeräte und Handgranaten sichergestellt."

Eine Fotoaufnahme der zerstörten Lokomotive belegte das Ereignis dokumentarisch.

1984 schrieb der Chronist, der über dreißig Jahre im Polizeidienst stand, eine Fortsetzungsserie zur Geschichte der Transportpolizei (jetzt Bahnpolizei) für eine Zeitungsredaktion der Deutschen Reichsbahn und kolportierte die Zeilen über das „Eisenbahnattentat von Burkau", an deren Wahrheitsgehalt er zu diesem Zeitpunkt keine Zweifel hegte. Bestärkt wurde er in seiner Auffassung durch einen Band literarischer Porträts, den die Publikationsabteilung des Ministeriums des Innern der DDR unter dem Titel „Leben und Kampf im Dienst des Volkes" 1984 auf den Markt brachte. Hohe Offiziere der Volkspolizei hatten mit Schriftstellern über ihr Leben geplaudert. Unter ihnen ein Generalleutnant a.D. Willi Seifert, der dem Autor Manfred Drews eine Schilderung der Burkauer Ereignisse lieferte, die der Version in der „Geschichte der Deutschen Volkspolizei" bis in die Einzelheiten glich.

In der Monographie „Kriminologie – Theoretische Grundlagen

und Analysen", von einem Autorenkollektiv unter Leitung des Juristen Dr. John Lekschas im Staatsverlag der DDR 1983 publiziert, wurden bei der Erwähnung der Katastrophe von Burkau merkwürdigerweise die Festnahme und Bestrafung der Attentäter ausgespart.

Warum? Der Chronist sah sich in der Pflicht, diesen Widerspruch aufzuklären. Er bat die Reichsbahndirektion Cottbus um Unterstützung bei den Recherchen. Wenig später erhielt er aus Kamenz eine Festschrift, die dem 100. Jubiläum der Eisenbahnstrecke Kamenz – Radeberg im Jahre 1971 gewidmet war.

Einer der Autoren, Reichsbahnoberamtmann Otto Schydlik, hatte geschrieben:

> „Leider – auch daran sei hier noch einmal erinnert – kam es nach der Aufnahme des Verkehrs in Richtung Bischofswerda zu einem tragischen Unglücksfall, bei dem durch die Explosion einer zuvor nicht entdeckten, noch unter dem Gleiskörper liegenden Fliegerbombe vier Eisenbahner den Tod fanden."

Der Chronist ahnte nun, daß es mit dem „Eisenbahnattentat von Burkau" eine besondere Bewandtnis haben müsse. Von der Neugier des Schriftstellers und des Kriminalisten zugleich getrieben, suchte er weiter. Er entdeckte eine Kopie des ersten Entwurfs zum „Grundriß der Geschichte der Deutschen Volkspolizei 1945-1961". Auf Seite 27 befaßten sich die Autoren Dr. Reinhold Röder, Werner Byszio und Joachim Sommerfeld mit der Burkauer Katastrophe. Die angebliche Festnahme und Bestrafung der Täter war auch dort nicht beschrieben. Dafür nannte das Manuskript eine dem Chronisten bis dahin unbekannte Quelle. Dokumente mit der Archivkennung L II, Nr. 96 im Staatsarchiv Dresden.

Diese Quellen auszuwerten war jedoch erst im Frühjahr 1991 möglich. Gestützt durch Recherchen in Kamenz und Burkau und durch zahlreiche Gespräche mit Betroffenen und Augenzeugen, entstand dem Chronisten ein Bild über die tatsächlichen Vorgänge vom November 1945. Er fand bestätigt, daß das Eisenbahnunglück nahe Burkau kein „vorsätzliches Attentat faschistischer Elemente auf einen von einer antifaschistischen Brigade gefahrenen Personenzug" war, sondern eine unglückselige Verkettung von Nachkriegsfolgen. Niemand wurde vor Gericht gestellt! Die drei Autoren des „Grundriß der Geschichte der Deutschen Volkspolizei 1945-1961" hatten sich in ihrem Manuskriptentwurf an den Informationsgehalt der archivierten Meldungen und Sachstandsberichte gehalten.

Die neue Etappe beginnt · Unser Weg ist richtig!

Heraus aus der Mutlosigkeit und anpacken!
Tatkräftig mithelfen an der Beseitigung der Trümmer und Schäden!

Dieser Gedanke, zuerst von jenen vertreten, die wir heute zu Recht „Aktivisten der ersten Stunde" nennen, bestimmte mehr und mehr das Handeln vieler Eisenbahner. Er war Voraussetzung dafür, daß es stetig, freilich auch unter großen Opfern und Entbehrungen und harten Auseinandersetzungen, vorwärtsging.

Gleise wurden befahrbar gemacht, die Wiesaer Brücke wurde behelfsmäßig hergestellt und während der Bauarbeiten in Richtung Arnsdorf zwischen der Roten Mühle und Bischheim Pendelverkehr eingerichtet. Erste Züge brachten Kohle von Straßgräbchen und Wiednitz zur Versorgung der Betriebe und der Bevölkerung. Im Reiseverkehr fuhren die beiden ersten Zugpaare im Juni 1945 wieder in Richtung Senftenberg. Ab August 1945 erfolgte der Reiseverkehr in Richtung Arnsdorf.

Leider — und auch daran sei hier noch einmal erinnert — kam es nach Aufnahme des Verkehrs in Richtung Bischofswerda zu einem tragischen Unglücksfall, bei dem durch die Explosion einer zuvor nicht entdeckten, noch unter dem Bahnkörper liegenden Fliegerbombe vier Eisenbahner den Tod fanden.

Damals, als wir 1945 im 74. Jahr des Bestehens des Bahnhofes Kamenz neu begannen, war es sehr schwer. Doch schon hier war der Einfluß der neugebildeten Betriebsorganisationen der Partei der Arbeiterklasse spürbar.

„Am 11. Juni 1945 wandte sich die KPD als erste Partei mit ihrem Programm an die Arbeiterklasse, an die Männer und Frauen, an die Jugend und an die anderen werktätigen Schichten und wies dem deutschen Volk den sicheren Weg aus der nationalen Katastrophe in eine glückliche Zukunft."
(„Uns gehören die Schienenwege", S. 248)

Es waren die Besten, die diesem Ruf der Partei folgten, die durch ihr beispielhaftes Wirken zum Vorbild wurden. Zu ihnen gehören vor allem die Genossen:

Gnerlich, Erich,	Bahnhof Kamenz
Pietzsch, Gustav,	Bahnhof Kamenz
Richter, Else,	Bahnhof Kamenz
Ptok, Viktor,	Bahnbetriebswerk Kamenz
Meyer, Eduard,	Bahnbetriebswerk Kamenz
Reiffert, Heinrich,	Bahnbetriebswerk Kamenz
Papperitz, Richard,	Bahnmeisterei Kamenz
Kleinstück, Walter,	Bahnmeisterei Kamenz
Guttmann, Erich,	Bahnmeisterei Kamenz
Groß, Paul,	Bahnmeisterei Kamenz

*Festschrift zum 100. Jubiläum der Eisenbahnstrecke Kamenz -
Radeberg 1871 · 1971. Autor des Kapitels: Reichsbahnoberamtmann
Otto Schydlik, Reichsbahndirektion Cottbus*

Der Chronist wandte sich an den Oberstleutnant der VP a. D. Dr. Joachim Sommerfeld. Der Akademiker im Ruhestand war höchst betroffen, als er von den Ergebnissen der Recherche erfuhr. Er erinnerte sich: Der erste Entwurf war 1969 bei den Mitgliedern der Kommission zur Erforschung der Polizeigeschichte im DDR-Innenministerium, zu der ein Generalleutnant Willi Seifert, damals

Aus dem Standardwerk
„Geschichte der Deutschen
Volkspolizei. Band 1.
1945-1961", Seite 52

verursachten und dem Ansehen der Polizei und der Besatzungsmacht großen Schaden zufügten.«

Bei einem Attentat, das faschistische Elemente am 29. November 1945 in Burkau, Kreis Kamenz, auf einen von einer antifaschistischen Brigade gefahrenen Personenzug verübten, wurden sechs Reisende getötet und zahlreiche verletzt. Durch hervorragenden Einsatz aller beteiligten Dienstzweige der Polizei konnten die Täter innerhalb kurzer Zeit ermittelt und dem Gericht übergeben werden. Im Verlauf der Aktion wurden große Mengen Kriegsmaterial der faschistischen Wehrmacht, darunter Panzerfäuste, Handfeuerwaffen, Munition, Tornisterfunkgeräte und Handgranaten sichergestellt. In ... wurden von der Polizei Werwolfban-

Stellvertreter des Chefs der Deutschen Volkspolizei, gehörte, auf herbe Kritik gestoßen. Das Manuskript ging mit Textänderungen an die Autoren zurück.

Die beklagenswerte Eisenbahnkatastrophe von Burkau war in dieser zweiten Fassung zum „faschistischen Sprengstoffattentat" stilisiert und glich in allen Details einer Gesprächsaufzeichnung in

Einen erbitterten Kampf führten die Polizeiorgane gegen die Bandentätigkeit, da sie eine besondere Gefahr für die Bevölkerung und eine Form des Klassenkampfes der Reaktion gegen die antifaschistisch-demokratische Ordnung darstellte. So verübten faschistische Elemente am 29. November 1945 in Burkau/Kamenz ein Attentat auf einen fahrenden Zug, wobei zahlreiche Reisende verletzt und fünf Personen getötet wurden. 41) Bei der Durchsuchung der Gehöfte in der Umgebung des Tatortes stellte die Polizei große Mengen Kriegsmaterial der faschistischen Wehrmacht sicher. In Wittenberge gelang es,

Die gleiche Textstelle aus dem „Entwurf zur Geschichte der Deutschen Volkspolizei" in der Fassung vom April 1969.

Auszug aus: Manfred Drews, „Generalleutnant a.D. Willi Seifert", in: „Leben und Kampf im Dienst des Volkes. Literarische Porträts, Band 1", herausgegeben von der Publikationsabteilung im Ministerium des Innern, Berlin 1984, S. 145.

Am 29. November 1945 kommt es in Burkau im Kreis K̶menz zu einem Sprengstoffanschlag auf einen Eisenbahnzug. Fünf Reisende finden den Tod, zahlreiche werden verletzt. Willi Seiferts Meldesystem bewährt sich erneut. Arthur Hofmann überträgt seinem Stellvertreter die Untersuchung des Tatherganges und die Ermittlung der Täter. Noch in Dresden leitet Willi Seifert Sofortmaßnahmen ein. Bald darauf ist er in Burkau. Die von ihm befohlenen Experten und Volkspolizisten nehmen die Arbeit auf. Während der umfangreichen Ermittlungen werden „große Mengen Kriegsmaterial der faschistischen Wehrmacht, darunter Panzerfäuste, Handfeuerwaffen, Munition, Tornisterfunkgeräte und Handgranaten sichergestellt", so in der „Geschichte der Deutschen Volkspolizei 1945—1961" nachzulesen. Die Täter konnten bereits Tage später gestellt und als Faschisten entlarvt werden. Sie hatten es auf die antifaschistische Brigade der Eisenbahner abgesehen, die diesen Personenzug führte.

Dr. Kurt Fischer und Arthur Hofmann machten gegenüber Willi Seifert nicht viele Worte. Sie waren mit seiner Auffassung von volkspolizeilicher Arbeit sehr einverstanden. Vielleicht war Burkau die entscheidende Bewährungssituation. Jedenfalls schickten die erfahrenen Kommunisten Fischer und Hofmann

Manfred Drews' erwähntem literarischem Porträt des Generalleutnants a.D. W. Seifert von 1984 :

„Am 29. November 1945 kommt es in Burkau im Kreis Kamenz zu einem Sprengstoffanschlag auf einen Personenzug. Fünf Reisende finden den Tod, zahlreiche werden verletzt.

Willi Seiferts Meldesystem bewährt sich erneut. Arthur Hofmann überträgt seinem Stellvertreter die Untersuchung des Tatherganges und die Ermittlung der Täter.

Noch in Dresden leitet Willi Seifert Sofortmaßnahmen ein. Bald darauf ist er in Burkau. Die von ihm befohlenen Experten und Volkspolizisten nehmen ihre Arbeit auf ... Die Täter konnten bereits Tage später gestellt und als Faschisten entlarvt werden. Sie hatten es auf die antifaschistische Brigade der Eisenbahner abgesehen, die diesen Personenzug führte ..."

In Burkau sind heute kaum noch Spuren der Katastrophe aufzufinden. An der Unfallstelle, gut einen Kilometer außerhalb des Ortes gelegen, erinnern nur vereinzelte Schottersteine daran, daß man sich auf dem ehemaligen Bahndamm befindet. Rechts von der Trasse hat man ein Gewerbezentrum gebaut. Über die Autobahnbrücke, die gerade instandgesetzt wurde, fließt der Autoverkehr.

Der Rückweg ins Dorf führt am 1847 erbauten Mittelgasthof vorbei, wo die festgenommenen „Attentäter von Burkau" einst vernommen wurden. Er heißt jetzt „SPIELCENTER LAS VEGAS". Im Fenster verkündet ein handgemaltes Schild: „Einbruch zwecklos! Zahlröhren und Kasse werden jeden Abend vom Wirt entnommen!"

AFFÄRE CONTI
Der Schauprozeß um die DCGG in Dessau

Nachrichten über spektakuläre Raubverbrechen, bei denen die Beute nach Millionen zählte, haben zu allen Zeiten für Aufsehen gesorgt. Wer erinnert sich nicht an den legendären Coup der Brüder Saß, die im Januar 1929 im Tresorraum der Berliner Disconto-Bank-Gesellschaft zwei Millionen Reichsmark erbeuteten? Oder an das Millionending des Knackertrios Mikulla-Kremmin-Pannewitz, die in der Nacht vom 6. zum 7. Oktober 1951 mehr als eine Million Mark aus der Ostberliner Eisenbahn-Verkehrskasse, Unter den Linden, raubten?

Nahezu unvergleichlich in der deutschen Kriminalgeschichte aber dürfte der Fall sein, der sich 1950 in Dessau zutrug. „100 MILLIONEN MARK DER DEUTSCHEN CONTINENTALEN GAS-GESELLSCHAFT GESTOHLEN / EINE BANDE VON VERBRECHERN AM VOLKSEIGENTUM VOR GERICHT", lauteten die Schlagzeilen, die den Prozeß im April 1950 begleiteten. Da er zu den bedeutenden Ereignissen des kalten Krieges in Deutschland gehörte, war die Berichterstattung in Ost und West stark polarisiert. Die später publizierten Kommentare zweier Betroffener zu den Vorgängen konnten zwar zur Erhellung des tatsächlichen Geschehens einiges beitragen, dennoch blieb es dem Chronisten vorbehalten, bei der Bewertung der Archivakten einen dichten Propagandaschleier aufzuheben, ehe der faktische Kern des Falles um die Dessauer Conti sichtbar wurde.

Die Vorgänge reichen zurück bis zum 9. Juli 1945, mit dem unser Bericht beginnt.

„Ihr Frühstück, Herr Direktor."

„Danke." Friedrich Methfessel nickte dem Hausmädchen zu. Wohlgelaunt rieb er sich die Hände, trat auf die sonnenüberflutete Terasse hinaus und nahm in einem der bequemen Korbsessel Platz.

Zwei Eier im Glas, Toast, Butter und goldgelber Honig standen

auf dem Tisch. Dazu duftender Bohnenkaffee, den der kaufmännische Direktor der Deutschen Continentalen Gas-Gesellschaft in
Dessau als krönenden Abschluß seiner Frühstücksminuten zur
Morgenzigarre schätzte. Für diesen 9. Juli 1945 ein wahrhaft fürst-
liches Gedeck. Noch vor wenigen Wochen hatte zudem der „Völ-
kische Beobachter" für den Hausherren bereitgelegen, aber dieses
Blatt gab es nicht mehr. Eingestellt im April 1945; gewissermaßen
als Vorbote des unausweichlichen Untergangs des „Dritten Rei-
ches", das eigentlich tausend Jahre währen sollte. Schon vierzehn
Tage später waren amerikanische Panzer in Dessau eingerückt. Mit
den amerikanischen Offizieren hatte man sich arrangieren können.
An tiefgreifenden Umwälzungen im Dessauer Wirtschafts- und
Verwaltungsapparat zeigten sie wenig Interesse. Die belasteten
Nazigrößen waren ohnehin untergetaucht. Die Zusammenarbeit
gestaltete sich für alle Seiten zufriedenstellend. Ende Juni kam der
große Schock. Ein Befehl des Oberkommandos der Alliierten Streit-
kräfte in Deutschland legte fest, daß die Amerikaner die von ihnen
besetzten Gebiete westlich der Elbe räumen und bis hinter den Harz
zurückgehen würden.

Am 3. Juli 1945 verließ der letzte amerikanische Soldat um sechs
Uhr morgens die Stadt Dessau. Vierundzwanzig Stunden später
bestimmten russische Uniformen das Straßenbild. Am 5. Juli übernahm Oberst Romanjuk die russische Kommandantur.

Zu Methfessels Leidwesen waren mit den Amerikanern auch Dr.
Darge, Dr. Schalfejew und der Prokurist Dr. Glatzel aus der Dessauer Conti-Zentrale westwärts gezogen. Schalfejew, der Aufsichtsratsvorsitzende, war von den Nazis mit dem Titel eines „Wehr-
wirtschaftsführers" behängt worden. Nun fürchtete er, nicht ganz
zu unrecht, daß dieser Titel ihm unter der neuen Besatzungsmacht
zum Verhängnis werden könnte.

Methfessel seufzte. Der Korbsessel ächzte unter seinem Gewicht. Der zweiundfünfzigjährige Friedrich Methfessel dachte
keineswegs daran, das Flaggschiff der Dessauer Konzernzentrale
ohne zwingende Gründe zu verlassen. Sein Herz hing mit allen
Fasern an der Conti, in deren Dienste er 1927 eingetreten war. Bis
zum kaufmännischen Direktor hatte er es gebracht. Eine Position,
die ihm gewisse Machtbefugnis verlieh, die ihn am aufregenden
Getriebe eines der ältesten und bedeutendsten Industrieunterneh-
men Mitteldeutschlands teilhaben ließ.

„Guten Morgen, Friedrich."

Direktor Methfessel sah auf. Seine Frau kam aus dem Haus. Sie

warf sich in den zweiten Sessel am Frühstückstisch. Wie gewöhnlich war sie über den neuesten Dessauer Klatsch informiert und
wollte ihn bei ihrem Gatten loswerden.

„Hast du gehört, Friedrich, wir bekommen einen neuen Bürgermeister. Stell dir vor", sie stülpte die Lippen auf, „es ist ein Schlosser. Die Russen haben ihn eingesetzt."

„Das wird nicht die letzte Überraschung sein, die wir mit den
Russen erleben", murmelte Methfessel.

„In Halle haben die Kommunisten gestern einen Jubelempfang
für die Befreier aus dem Osten veranstaltet. Sollen aber nicht viel
Leute gekommen sein."

Methfessel trank den letzten Schluck Kaffee. Er sah zur Uhr.
„Entschuldige, Liebes, ich muß ins Büro."

Wenige Augenblicke später verließ er die Villa in der Hardenbergstraße. Am Fahrbandrand wartete der Chauffeur im dunklen
Firmenwagen.

Dessau, Hardenbergstraße 40

Die Deutsche Continentale Gas-Gesellschaft war 1856 mit Sitz
in Dessau gegründet worden. Zunächst für den Bau und Betrieb von
Gaswerken geplant, hatte sie 1886 auch die elektrische Stromer-
zeugung in ihr Unternehmenskonzept aufgenommen.

Inzwischen verfügte die DCGG über 21 Eigenbetriebe und 33 Tochtergesellschaften, wie die Charlottenburger Wasserwerke, verschiedene Straßenbahnbetriebe, Handelsgesellschaften und Bergbauschächte, deren Standorte über ganz Deutschland verteilt waren.

Das Auto fuhr durch die Antoinettenstraße und bog nach rechts zum Georgengarten ab. Die Verwaltung der Conti hatte dort im ehemaligen NSDAP-Gebäude ihr neues Domizil, seitdem am 7. März 1945 ihre Geschäftsräume in der Kavalierstraße in Flammen aufgegangen waren. Achtzig Prozent der historischen Dessauer Altstadt war an diesem Tag den Bomben eines anglo-amerikanischen Luftangriffes zum Opfer gefallen.

Der Pförtner, ein einarmiger Kriegsinvalide, nahm Haltung an. „Guten Morgen, Herr Direktor!" Eilfertig riß er die Flügeltür auf.

Methfessel dankte leutselig. „Dolles Wetter heute, wie? Was sagt denn Ihr Arm dazu?"

„Schmerzt wieder, Herr Direktor. Wird Regen geben."

„Naja", tröstete Methfessel, „wir haben alle unser Päckchen zu tragen."

In der Direktionsetage stieß er auf Hermann Müller. Der Dreiundsechzigjährige war der technische Direktor der DCGG. Müllers längliches Gesicht, mit hoher Stirn und stark gelichtetem Haar, ließ ein fröhliches Grinsen sehen. „Da haben uns doch die Russen einen zweiten Bürgermeister vor die Nase gesetzt. Der Mann heißt Wilhelm Bahn. Ein Kommunist."

Methfessel nickte gleichmütig. „Ich weiß. Er ist Schlosser. An solche Leute werden wir uns gewöhnen müssen."

„Bis sie eines Tages auch uns den Stuhl vor die Tür stellen."

„Du siehst mal wieder zu schwarz, Müller. An uns kann man nicht vorbei. Die Wirtschaft braucht Fachleute, wenn sie wieder in Gang kommen soll."

Methfessel gab sich optimistisch. Nur seine Ehefrau wußte, wie es um den Nachtschlaf ihres Friedrich bestellt war. Er litt seit Wochen unter Alpträumen.

Eine Stunde später setzten sich die Herren zur Direktionsbesprechung zusammen. Rechtsanwalt Dr. Heil, der die Interessen der DCGG seit vielen Jahren vertrat, hatte sich gleichfalls eingestellt.

Daß die Sieger des Krieges sich an der deutschen Wirtschaft schadlos halten würden, stand außer Zweifel. Demontagen und Enteignungen waren seit der Konferenz der Alliierten von Jalta im

Februar 1945 vorprogrammiert. Für die UdSSR stand in Jalta die Zerstörung des deutschen Kriegspotentials an erster Stelle. Reparationsleistungen sollten die Deutschen sowohl durch einmalige Entnahmen aus dem „Nationaleigentum Deutschlands" als auch durch jährliche Warenlieferungen aus der laufenden Produktion erbringen.

Doch wie weit würden die Alliierten in ihren Reparationsforderungen gehen? Die DCGG hatte von Hitlers Raubkrieg profitiert. Ihre Askania Werke in Berlin und das Tochterunternehmen Staßfurter Rundfunk AG waren zu achtzig Prozent in die Kriegswirtschaft eingebunden. Nach dem Einmarsch der Wehrmacht ins Sudetenland waren auch die Nordböhmischen Elektrizitätswerke an die Dessauer Zentrale gefallen. Und im Rußlandfeldzug hatte man sich die Herrschaft über das riesenhafte Dynamowerk in Charkow vermittels einer „Patenschaft" sichern können.

In der Tat – die Zukunftsaussichten der DCGG in Dessau waren nicht rosig.

Müller, der Techniker, versuchte entgegenzuhalten: „Unsere Hauptprodukte sind Gas und Elektrizität", sagte er. „Wir haben zu allen Zeiten für die Bedürfnisse der Bevölkerung produziert. Das wird auch in Zukunft so sein. Keine Besatzungsmacht, ob Russen oder Amerikaner, kann den volkswirtschaftlichen Nutzen unserer Arbeit bestreiten."

Dr. Heil riet: „Warten wir die Entscheidung der Besatzungsbehörde ab, bevor wir unsere Dispositionen treffen. Letztendlich ist alles eine Frage des Standpunktes."

Friedrich Methfessel kehrte an seinen Schreibtisch zurück. Er beschloß, einen Brief an Dr. Schalfejew zu schreiben. Die Geschäftsordnung gebot, daß der Aufsichtsratsvorsitzende auch in seinem selbstgewählten Exil über den Stand der Dinge unterrichtet war.

Methfessel rief die Sekretärin. Wie gewohnt, diktierte er ihr den Text sofort in die Schreibmaschine.

„Lieber Herr Dr. Schalfejew!
Ich danke Ihnen für Ihren Brief vom 29. Juni des Jahres.
Nachdem, wie schon erwähnt, in der russischen Zone etwa
75 % des Gesellschaftsvermögens der DCGG festliegen, ist
es u. E. nicht zu verantworten, dieses Herzstück unserer
Gesellschaft mehr oder weniger sich selbst zu überlassen.
Es muß vielmehr der Versuch gemacht werden, diesen
wertvollen Besitz selbst unter Inkaufnahme persönlicher

Dessau, den 9. Juli 1945

Lieber Herr Dr. Schalfejew!

Ich danke Ihnen für Ihren Brief vom 29.Juni ... Nachdem, wie
schon erwähnt, in der russischen Zone etwa 75 % des Gesellschaftsvermögens der ICOS festliegen, ist es m.E. nicht zu verantworten,
diesem Herzstück unserer Gesellschaft mehr oder weniger sich selbst
zu überlassen. Es muß vielmehr unbedingt der Versuch gemacht werden,
diesen wertvollsten Besitz selbst unter Inkaufnahme persönlicher
Gefahren und Unannehmlichkeiten für die Gesellschaft in eine bessere Zukunft hinüberzuretten. Wir sind sogar der Auffassung, daß
der Wiederaufbau der im Westen gelegenen Industriewerke nur möglich
sein wird, wenn es gelingt, die in der russischen Besatzungszone
liegenden großen Vermögenswerte für die Gesellschaft zu erhalten.

... Erschwerend kommt noch hinzu, daß Hand in Hand mit dem Erstarken
der russischen Besatzungsmacht der Einfluß der Kommunisten stark
gewachsen ist und überall zur Vorherrschaft drängt. Wir sind uns
darüber klar, daß innerhalb der russischen Besatzungszone die
innenpolitischen Kämpfe erst jetzt mit aller Schärfe einsetzen
werden. Auch mit diesen Schwierigkeiten wird ein schlagkräftiger
und arbeitsfähiger Vorstand fertig werden können. Der Ernst der
Situation wird u.a. dadurch gekennzeichnet, daß z.B. in Dessau der
von der amerikanischen Besatzungsmacht eingesetzte zweite Bürgermeister über Nacht abgesetzt und durch einen führenden Kommunisten
(Beruf Schlosser) ersetzt worden ist...

Mit herzlichen Grüßen an Sie und Ihre Gattin, sowie an die
Herren Dr. Darge und Dr. Glaesel bin ich

Ihr

Gefahren und Unannehmlichkeiten für die Gesellschaft in
eine bessere Zukunft hinüberzuretten. Wir sind sogar der
Auffassung, daß dieser Wiederaufbau der im Westen gelegenen Industriewerke nur möglich sein wird, wenn es gelingt, die in der russischen Besatzungszone liegenden großen Vermögenswerte für die Gesellschaft zu erhalten ...“

Methfessel sortierte seine Unterlagen. Nicht jeder im Direktori-
um war mit Schalfejews Weggang aus Dessau vorbehaltlos einverstanden. Sein eiliger Schritt erinnerte wohl auch ein wenig an Fah-

nenflucht. Der Direktor war sich sicher, daß Schalfejew die versteckte Kritik aus dem Brief herauslesen würde.

Die Sekretärin hatte einen neuen Bogen eingespannt. „Kann weitergehen", signalisierte sie ihrem Chef.

Methfessel nahm den Faden wieder auf.

„Erschwerend kommt noch hinzu, daß Hand in Hand mit dem Erscheinen der russischen Besatzungsmacht der Einfluß der Kommunisten stark gewachsen ist und überall zur Vorherrschaft drängt. Wir sind uns darüber im klaren, daß innerhalb der russischen Besatzungszone die innerpolitischen Kämpfe erst jetzt mit aller Schärfe einsetzen werden. Auch mit den Schwierigkeiten wird nur ein schlagkräftiger und arbeitsfähiger Vorstand fertig werden können."

Methfessel schloß mit einigen persönlichen Nachrichten. „So, das wär's für heute", meinte er. „Mit herzlichen Grüßen an Sie und Ihre Gattin, sowie an die Herren Dr. Darge und Dr. Glatzel bin ich Ihr Friedrich Methfessel. – Haben Sie?"

Der kaufmännische Direktor unterschrieb den Brief. Den Durchschlag nahm er zu seinen persönlichen Akten, die Methfessel mit dem Vermerk „Vertraulich" zu kennzeichnen pflegte.

Vier Jahre später sollte die Briefkopie in einem grauen Leitz-Ordner gefunden werden und als Beweismittel erhebliche Bedeutung erlangen.

Mit der Potsdamer Konferenz vom 17. Juli bis 2. August 1945 wurde die Lösung des Reparationsproblems im Unterschied zu Jalta weitgehend dem Ermessen der einzelnen Besatzungsmächte selbst überlassen. Die Erfüllung ihrer Reparationsforderungen sollte auf das jeweilige Besatzungsgebiet beschränkt werden. Der Trend zur Integration der Teile Deutschlands in die Wirtschaftssysteme der Besatzungsmächte gewann die Oberhand.

Während die Westmächte lediglich kriegsbelastete Konzerne, wie die IG Farben, auflösten, ging man im Osten Deutschlands rigoroser zu Werke. Am 30. Oktober 1945 erließ der Oberste Chef der Sowjetischen Militäradministration in Deutschland (SMAD) den Befehl Nr. 124, der eine Vernichtung der Rechtspersönlichkeit aller Kartelle und Monopolvereinigungen bedeutete. Dieser als Sequesterbefehl in die Nachkriegsgeschichte eingegangene Ukas sah eine Einziehung allen Konzernvermögens vor, bis eine Entscheidung entweder für die Rückgabe an den früheren Eigentümer oder für die Überführung in Volkseigentum gefallen war. Entscheidend hierfür war, ob die von den Länderregierungen berufenen Sequesterkommissionen die Prädikate „Rüstungsbetrieb", „gemischtes Werk" oder „ziviles Unternehmen" vergaben.

In Dessau begannen Demontageaktionen nach dem Einmarsch der Roten Armee im Juli 1945. Auch mehrere Betriebsstätten der Deutschen Continentalen Gas-Gesellschaft waren davon betroffen.

Direktor Friedrich Methfessel legte das Kalenderblatt auf dem Schreibtisch in seinem Arbeitszimmer um. Freitag, der 13. Dezember 1946. Mit grimmiger Kälte war der Winter über das Land hergefallen. Die ohnehin unzureichende Energieversorgung wurde prekär. Stromabschaltungen häuften sich. Die Menschen froren und hungerten.

Methfessel starrte auf die frostbemalten Fensterscheiben. Seit einem dreiviertel Jahr saßen er und Müller nun als treuhänderischer Vorstand am Georgengarten.

Am 11. Dezember 1945 hatte der Präsident der Provinz Sachsen-Anhalt den Aufsichtsrat für aufgelöst erklärt. Dr. Schalfejew, Dr. Darge und der Prokurist Dr. Glatzel wurden in Abwesenheit ihrer Positionen enthoben. An ihrer Stelle wurden die Herren Dr. Leo Herwegen, Minister für Arbeit und Soziales des Landes Sachsen-Anhalt, Dr. Leopold Kaatz, Präsident der Industrie- und Handelskammer, und der Direktor der Landeskreditbank Sachsen-Anhalt, Heinrich Scharf, in den treuhänderischen Aufsichtsrat berufen.

Am 14. Februar 1946 bekundeten Müller und Methfessel ihre Bereitschaft, die Geschäfte des Vorstandes weiterzuführen. Im Haus des Wirtschaftsministers Dieker, seit April 1946 SED, überwog die Einsicht, daß der Wiederaufbau der Wirtschaft Sachsen-Anhalts ohne das Fachwissen der Leitungskräfte nicht zu bewältigen war.

Friedrich Methfessel griff zur Mappe mit dem Posteingang. Er sah die Papiere durch. Am Nachmittag stand die Aufsichtsratssitzung zum Jahresabschluß auf dem Programm. Da wollte er gerüstet sein.

Während er las, flog die Tür zu seinem Büro auf. Zwei Männer traten aktentaschenschwenkend in den Raum.

„Doktor Darge und Doktor Glatzel in Dessau?" Methfessel staunte. „Welcher Wind hat Sie denn hergeweht?"

„Die Sehnsucht nach der alten Heimat", meinte Darge lachend. „Sie verstehen."

Die Herren begrüßten einander überschwenglich. Dann schälten sich die Ankömmlinge aus ihren Mänteln. Darge und Glatzel waren nach Frankfurt am Main gegangen, wo sie ein Verbindungsbüro aufbauten, dessen Aufgabe es war, die Fäden zwischen den Conti-Betrieben West und der Dessauer Zentrale nicht ganz und gar abreißen zu lassen. Um ihnen nach ihrer Amtsenthebung als Aufsichtsrat die Geschäftsfähigkeit zu erhalten, hatten Müller und Methfessel ihnen weitgehende Vollmachten über das Vermögen der Gaswerke Hagen-Eckesey in Westfalen übertragen.

„Macht sich übrigens gut, Ihr neues Firmenschild", meinte Dr. Glatzel. „Allgemeine Gas-Aktiengesellschaft. Erinnert nicht so vordergründig an die gute alte Conti. Ist die Enteignung dadurch passé?"

„Ich fürchte, die ist noch lange nicht vom Tisch", knurrte Methfessel mit säuerlicher Miene.

„Und das wollen Sie widerspruchslos hinnehmen?"

„Ich bitte Sie, lieber Freund! Unsere Existenz hängt natürlich vom Fortbestand der Conti ab. Noch haben wir keinen offiziellen Enteignungsbescheid. Uns sind die Hände gebunden. Aber Müller hat schon mal vorsorglich beim Leiter der Städtischen Wirtschaftsabteilung eine Erklärung besorgt, aus der hervorgeht, daß unser Unternehmen nicht unter Sequester gestellt ist."

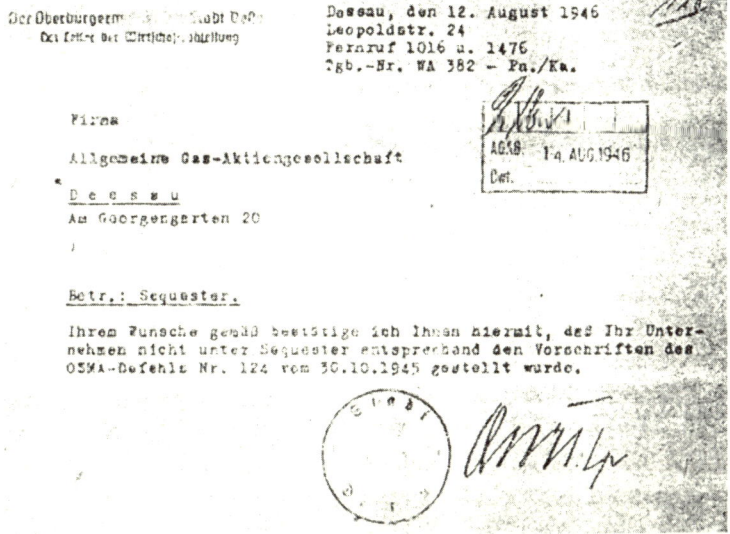

Bescheinigung für die DCGG, von Pauli beschafft

Dr. Darge hegte Zweifel. „Glauben Sie, daß dieses Papier ausreichenden Schutz bietet?"

„Selbstverständlich haben wir uns auch auf der Landesebene bemüht. Vom Minister für Arbeit und Soziales, Dr. Herwegen, er sitzt übrigens in unserem Aufsichtsrat, stammt ein Gutachten, das die Allgemeine Gas-Aktiengesellschaft zur reinen Fachgesellschaft erklärt. Der Charakter einer Monopolvereinigung wird darin ausdrücklich verneint."

„Na bravo! Das eröffnet Ihnen die Chance, als ‚ziviles Unternehmen' eingestuft zu werden", sagte Glatzel. „Wie kommen Sie denn mit den neuen Leuten im Aufsichtsrat zurecht?"

„Doktor Herwegen ist Bergbaufachmann. Erstklassige Schule. Kommt aus den Riebekschen Montanwerken in Halle. Vor dreiunddreißig in der Zentrumspartei aktiv. Nach dem Zusammenbruch Mitbegründer und Landesvorsitzender der CDU."

„Habe schon von ihm gehört," bestätigte Dr. Darge. „Und Kaatz?"

„Der dürfte Ihnen kein Unbekannter sein. Regierungsdirektor a. D., jetzt Treuhänder der Zuckerraffinerie und Präsident der Industrie- und Handelskammer. Von Scharf weiß ich, daß er Filialleiter der Deutschen Bank in Halle war, bevor er Direktor der Landeskreditbank wurde. – Wenn Sie wollen, kann ich Sie noch heute mit den Herren bekanntmachen. Nehmen Sie doch als Gäste an der Aufsichtsratssitzung teil. Einverstanden?"

„Wenn sich die Gelegenheit bietet." Dr. Darge lächelte hintergründig. „Die Sehnsucht allein hat uns natürlich nicht nach Dessau getrieben."

Die Aufsichtsratsmitglieder Dr. Herwegen, Dr. Kaatz und Bankdirektor Scharf sahen keinen Anlaß, gegen die Anwesenheit der Gäste aus Frankfurt am Main zu protestieren. Die Begrüßung fiel steif, aber nicht unfreundlich aus. Der Minister erwies sich als ein Mann um die Sechzig. Tiefliegende Augen beherrschten sein müdes Gesicht. Der grauhaarige Dr. Kaatz hatte die Sechzig längst überschritten, aber seine stämmige Gestalt und straffe Haltung ließen den ehemaligen Offizier jünger aussehen.

Man tagte im kleinen Konferenzzimmer. Wie bei solchen Anlässen üblich, war ein Imbiß vorbereitet. Die Reisenden aus Frankfurt ließen es sich nicht nehmen, eine Kiste Rotwein, die sie im Auto über die Demarkationslinie geschmuggelt hatten, beizusteuern.

Dr. Müller beklagte in seinem Tätigkeitsbericht die noch immer ungeklärte Rechtslage der DCGG. Minister Herwegen merkte an, daß seit dem 21. Mai des Jahres der Befehl Nr. 154 in Kraft getreten sei, der formal alle Vermögenswerte den Länderregierungen unterstelle. In Wahrheit aber werde der Entscheidungsprozeß durch die Sowjetische Militäradministration hinausgezögert, weil niemand so genau wisse, welche Werke die Besatzungsmacht zu übernehmen gedenke. Dieser Zustand blieb tatsächlich bis Mitte 1947 bestehen.

Zu den Aktivposten des Jahresberichtes 1946 zählte Dr. Müller den im März ausgehandelten Konsortialvertrag über den Eintritt der Energieversorgungs-Betriebe der Conti in die Prevag AG. Die „Provinziale Energieversorgungs-Aktiengesellschaft" war ein Zusammenschluß der maßgeblichen Energiewirtschaftsunternehmen im Land Sachsen-Anhalt. In ihrem Bemühen, der Wirtschaft des Landes so rasch wie möglich auf die Beine zu helfen, fand sie die Unterstützung der liberal geführten Landesregierung. Den Wegbereitern einer Planwirtschaft nach sowjetischem Typus war die Prevag ein Dorn im Auge. Sie favorisierten einen Verband der Volkseigenen Industriewerke.

Direktor Methfessel meldete sich zu Wort. „Was halten Sie davon, meine Herren, wenn wir alle Conti-Betriebe in die Prevag überführen? Unter gewissen Umständen – ich habe das mal durchgerechnet – kämen wir auf eine Aktienmajorität von zweiundsechzig Prozent."

Minister Herwegen nickte lebhaft. „Ich kann Sie an einen guten Mann im Aufsichtsrat empfehlen. Ministerialdirektor Brundert gehört zwar der SED an, doch er vertritt in Enteignungsfragen durchaus gemäßigte Ansichten. Mit ihm läßt sich reden."

Beim letzten Tagesordnungspunkt erhielt der Gast aus Frankfurt, Dr. Glatzel, das Wort. „Ich beginne ohne Umschweife, meine Herren. Die Lage, in der sich unsere gute alte Conti befindet, ist zweifellos kompliziert, aber dank Ihrer umsichtigen Arbeit im Vorstand und im Aufsichtsrat nicht ohne Hoffnungen. Was aber wird aus den Werken in den westlichen Besatzungszonen? Von einer Aussöhnung der Westalliierten mit den Russen sind wir mehr denn je entfernt. In Aussicht steht, daß sich die Fronten eher noch verhärten. Einen direkten Zugriff der Russen auf die Westniederlassungen der Conti wird es nicht geben. Damit erheben sich Fragen: Werden wir im Westen zu herrenlosen Gesellschaftern? Und vor allem, wie bleiben wir unter diesen Umständen geschäftsfähig? Mein Kollege, Herr Doktor Darge, und ich möchten mit Ihnen die notwendigen Schritte koordinieren. Wir schlagen vor, die westlichen Betriebe in einer GmbH zusammenzuführen, deren Sitz in Hagen zu errichten wäre."

Dr. Herwegen schien nicht abgeneigt. „Auf jeden Fall erreicht man eine Bereinigung der Interessenlage", begründete er seinen Standpunkt.

Auch Dr. Kaatz bekundete Bereitschaft, das Vorhaben zu unterstützen. Lediglich der Bankfachmann Scharf äußerte Bedenken. „Das muß vorher juristisch sehr sorgfältig insistiert werden", warnte er die Runde.

„Wenn die Herren gestatten." Dr. Glatzel ergriff abermals das Wort. „Ich muß Sie auf ein zweites Problem aufmerksam machen. Rechtsanwalt Doktor Koenemann teilte aus Berlin mit, daß der Magistrat eine Enteignung aller Betriebe mit einem Grundvermögen von über zehn Millionen Reichsmark ins Auge gefaßt hat. Das betrifft auch unser Askania Werk. Das Ganze ist wohl eine Initiative der SED-Abgeordneten. Wenn Sie sich mit Koenemanns Büro ins Benehmen setzen wollen, er steht Ihnen zur Verfügung."

Glatzel reichte die Geschäftskarte über den Tisch. Methfessel notierte einen Vermerk für das Sitzungsprotokoll.

Der Frankfurter Prokurist steuerte ein neues Thema an. Sachlich und anscheinend unbeteiligt verkündete er: „Seit geraumer Zeit

Entwertete Voigt & Hoeffner-Aktie

64

registrieren wir erhebliche Abwanderungen ehemaliger Conti-Fachkräfte in die Westzonen. Die Leute klopfen bei uns in der Verbindungsstelle an und fragen nach den Versorgungsansprüchen, die sie bei der DCGG erworben haben."

„Die Leute sind im Recht. Wir werden ihre Forderungen erfüllen müssen", erklärte Dr. Darge, verwies aber gleichzeitig darauf, daß man die Pensionsansprüche nicht allein aus dem Gewinn des Gaswerkes Hagen-Eckesey bestreiten könne. „Das übersteigt unsere Finanzkraft", beteuerte er.

„Um Himmelswillen, Sie überschütten uns ja geradezu mit Problemen", stöhnte Müller. „Sehen Sie wenigstens eine Lösung?"

„Der einfachste Weg wäre die Errichtung eines Sonderfonds, der in angemessener Höhe aus dem Gesamtvermögen der DCGG auszustatten ist."

„Tja, verehrte Herren vom Aufsichtsrat, jetzt sind Sie am Zug." Dr. Glatzels Blick ging fordernd in die Runde. „Die Entscheidung liegt bei Ihnen."

Ministerialdirektor Willi Brundert war ein Mann in den besten Jahren. Kurz vor seinem fünfunddreißigsten Geburtstag stand er am Beginn einer erfolgversprechenden Karriere. Durch sein energisches, sachliches Auftreten und seine blendenden Kenntnisse auf dem Gebiet des Wirtschaftsrechts hatte er sich den Ruf eines führenden Wirtschaftspolitikers im Land Sachsen-Anhalt erworben. Seit Beginn des letzten Studiensemesters lehrte er auch an der Hallenser Universität. Man munkelte schon hinter vorgehaltener Hand, daß mit seiner Ernennung zum Professor zu rechnen sei.

Als Brundert an diesem 7. März 1947 von der Besprechung beim Wirtschaftsminister Dieker kam, erwarteten ihn drei Herren im Vorzimmer.

„Direktor Müller und Direktor Methfessel aus Dessau", erinnerte ihn die Sekretärin. Der dritte Gast deutete eine knappe Verbeugung an. „Doktor Koenemann. Rechtsanwalt aus Berlin."

Der Ministerialdirektor griff sich an die Stirn. „Ahja – wir hatten einen Termin vereinbart. Entschuldigen Sie, aber der Herr Minister ..." Er öffnete die ledergepolsterte Tür zu seinem Büro und bat die Herren einzutreten. „Glauben Sie mir, noch so einen Winter wie in diesem Jahr kann unsere Wirtschaft nicht verkraften. Der Dauerfrost hat katastrophale Schäden verursacht." Während Brundert zum Schreibtisch lief, setzte er seinen Monolog fort: „Um vierzig Prozent ist die Industrieproduktion zurückgefallen. Und wenn ich an die Reparationen denke, wird mir angst und bange. Die Offiziere der Besatzungsmacht sind nicht gewillt, ihre Forderungen auch nur um einen Deut zurückzunehmen." Brunderts schwarze Arbeitsmappe flog auf den Tisch. Der Ministerialdirektor plumpste in seinen Sessel. „Wozu erzähle ich Ihnen das", seufzte er. „Sie haben gewiß andere Sorgen. Bitte, nehmen Sie Platz."

„Unser Besuch dient gewissermaßen einem sozialen Zweck", klärte Methfessel den Ministerialdrektor auf, der zugleich stellvertretender Wirtschaftsminister war.

Brundert lachte. „Pardon, meine Herren, da sind Sie im Wirtschaftsministerium vor der falschen Schmiede! Der Minister für Arbeit und Soziales heißt Leo Herwegen."

„Doktor Herwegen weiß von unserem Besuch. Er ist der Ansicht, daß Sie allein helfen könnten."

„Danke für das Kompliment. Sie machen mich neugierig."

Im anschließenden Gespräch wurde der Ministerialdirektor in die Pläne des DCGG-Vorstandes, einen Sonderfonds zur Auszahlung von Pensionsansprüchen zu errichten, eingeweiht. Brundert hörte schweigend zu. Er hielt den Blick auf die Tischplatte gerichtet. Seine Finger berührten spielerisch den halbmondförmigen Tintenlöscher, zwangen ihn zu kreiselnden Bewegungen.

Nach Methfessel sprach Dr. Koenemann. „Der Fall liegt aus juristischer Sicht ..., nun sagen wir mal – ungewöhnlich. Ich kenne in der Fachliteratur keinen vergleichbaren Fall." Er versuchte ein gewinnendes Lächeln. „Deutschland war auch noch nie in vier Besatzungszonen aufgeteilt."

Brundert ließ keine Gefühlsregung erkennen. Sachlich fragte er: „Wie stellen Sie sich denn die Finanzierung Ihres Sonderfonds vor?"

„Eben da liegt, wie man so sagt, der Hase im Pfeffer. Wir müßten das Gaswerk in Lemgo verkaufen."

„Lemgo – nie gehört."

„Liegt in Westfalen. Gehört aber zur Agag in Dessau."

„Eine Tochtergesellschaft der Conti, wie ich vermute. Wo steckt das Problem?"

„Die Agag steht unter Verfügungsgewalt der Landesregierung. Wenn wir das Gaswerk von der Agag übernehmen, sagen wir zu einem Nennbetrag von siebenhunderttausend Mark, müßte zuerst der Sperrvermerk im Handelsregister – wenigstens zeitweilig – aufgehoben werden. Wir übertragen die Verfügungsgewalt für Lemgo auf die Gesellschafter in Hagen, die wiederum die Zahlungsverpflichtungen gegenüber allen DCGG-Pensionären in den Westzonen übernehmen."

Willi Brundert schloß die Augen. Daumen und Mittelfinger seiner rechten Hand massierten die Nasenwurzel. Der Ministerialdirektor überdachte die Rechtslage. Eine Vermögensverfügung, die in Wirklichkeit nur auf dem Papier stattfand. Das Gesamtvermögen der Deutschen Continentalen Gas-Gesellschaft nahm keinen Schaden, wenn das Gaswerk Lemgo in die Hagener Regie überging.

Dr. Willi Brundert, der als Sozialdemokrat in die SED geraten war, verstand sich nicht als Gegner der Enteignungspolitik seiner Landesregierung, doch er warnte stets vor übereilten Schritten. Während in der Privatindustrie die seit Jahren eingeschliffenen Betriebsregime trotz aller Widrigkeiten für eine kontinuierliche Produktionssteigerung sorgten, geriet in den neuen volkseigenen Betrieben noch so manches drunter und drüber. Brundert lag der Erhalt der Prevag, zu deren Mitbegründern und Aufsichtsrat er gehörte, am Herzen.

Der Ministerialdirektor raffte sich zu einer Entscheidung auf.

„Also gut, meine Herren, ich veranlasse die Aufhebung des Sperrvermerkes. Einzige Bedingung, auf die ich nachdrücklich verweise: Der von Ihnen benannte nominale Aktienwert darf im Gegenzug nur in den Pensionsfond einfließen."

Wohlgemut verließen die drei Besucher das Hallenser Wirtschaftsministerium. Nach einem ausgedehnten Bummel durchs Stadtzentrum der Landeshauptstadt fuhren sie nach Dessau zurück. In der Vorstandszentrale, Am Georgengarten Nr. 20, erlebten sie eine böse Überraschung. Der formale Enteignungsbescheid der Landesregierung über das Gesamtvermögen der DCGG war mit Ausstellungsdatum vom 25. Februar 1947 eingetroffen.

„Keine Panik, Herrschaften!" beruhigte Dr. Koenemann die aufgeschreckten Direktoren. „Wir werden alle Rechtsmittel ausschöpfen, die uns zur Verfügung stehen. Die DCGG legt Einspruch ein."

Schon am 6. März hatten Aufsichtsrat und Vorstand einen solchen Schritt in Erwägung gezogen und für alle Fälle Dr. Koenemann, der über Erfahrungen im Einspruchsrecht verfügte, um juristischen Beistand gebeten.

Gleich am nächsten Tag, am 8. März 1947, brachten Dr. Koenemann, Methfessel, Müller und der Dessauer Rechtsanwalt, Dr. Paul Heil, das Einspruchsbegehren der DCGG zu Papier.

Nach getaner Arbeit wählte Koenemann den Nachtzug nach Berlin. Müller und Methfessel begleiteten ihn zum Bahnhof. Bevor Koenemann in den Waggon stieg, empfahl er den Direktoren: „Ich will die Qualifikation Ihres Herrn Heil beileibe nicht in Zweifel ziehen, kann mich aber des Eindruckes nicht erwehren, daß der Mann überfordert ist. Schauen Sie sich nach einem versierten Juristen um."

„Doktor Heil vertritt die Conti seit mehr als zehn Jahren."

„Mag sein, lieber Herr Müller, mag sein. In schwierigen Zeiten darf die DCGG keine Kosten scheuen. Sie sollten sich einen juristischen Mitarbeiter leisten. Mein Tip: Wenden Sie sich an Doktor Simon."

„Ernst Simon, der ehemalige Landgerichtsrat? Der Mann ist NS-belastet!"

„Stimmt. Dafür wurde er aus dem Justizdienst entlassen. Ich bin kein Freund von Beckmesserei. Räumen Sie ihm eine Chance ein. Beauftragen Sie ihn mit dem Lemgo-Vertrag." Der Zug ruckte an. Dr. Koenemann stand am Abteilfenster und winkte den Zurückbleibenden. „Vielleicht sehen wir uns demnächst in Berlin. Ich lade Sie ein!"

Zu Koenemanns Handgepäck zählte ein Brief an die Adresse der Firmenleitung Voigt & Haeffner AG in Frankfurt am Main. Am 6. März hatte der DCGG-Vorstand beschlossen, die in Dessau eingelagerten Voigt-&-Haeffner-Aktien, die einem Schwarm von Kleinaktionären im Rheinland und der DCGG gehörten, durch einen Scherenschnitt ungültig zu machen. Die Frankfurter Firmenleitung sollte neue Aktien drucken lassen, um sie an die rechtmäßigen Besitzer neu zu verteilen.

Ministerialdirektor Brundert hielt Wort. Am 27. April hob er den Sperrvermerk für die Agag im Dessauer Handelsregister auf.

Zwei Tage später lehnte die Landesregierung den Einspruch der DCGG gegen die entschädigungslose Enteignung endgültig ab. Allgemeine Verwunderung in Dessau; den Ablehnungsbescheid hatte Professor Dr. Brundert im Auftrag des Wirtschaftsministers unterzeichnet.

Als der Aufsichtsrat am 17. Juni 1947 zur routinemäßigen Sitzung zusammentrat, gab er der Forderung des Vorstandes nach, die Geschicke aller in Westdeutschland gelegenen Conti-Betriebe in die Obhut der DCGG m.b.H. Hagen/Westfalen zu legen. Im Gegenzug avancierten Müller und Methfessel zu „delegierten Vorstandsmitgliedern" in Hagen. Die Legitimierung dieser Maßnahme bot ein juristisches Gutachten, aus dem hervorging, daß die Betriebe der DCGG weder nach britischem noch nach amerikanischem Rechtsverständnis unter Sequester nach dem Gesetz Nr. 52 der westalliierten Militärregierungen fallen. Das Protokoll der Sitzung schloß mit der Unterschrift des Aufsichtsratsvorsitzenden Dr. Leopold Kaatz.

Kaatz, der Sohn eines Likörfabrikanten, hatte Jura studiert. Zu Beginn der zwanziger Jahre als Rechtsanwalt tätig, war er später in der anhaltinischen Finanzverwaltung bis zum Regierungsrat aufgestiegen. Danach bewarb er sich um den Posten eines Direktors bei der Dessauer Zuckerraffinerie, den er seit mehr als zwanzig Jahren innehatte, seit 1946 in der Funktion eines Treuhänders. Während der NS-Diktatur hatte Kaatz sich als unauffälliges Mitglied des „Stahlhelm-Bundes" aus allen politischen Intrigen heraushalten können. Er ließ sich nicht zum Eintritt in die NSDAP überreden. 1945 trat er der neuerstandenen SPD bei. Auch die SED nahm ihn bei der Vereinigung willig in ihre Reihen auf, obwohl Kaatz, jetzt Präsident der Industrie- und Handelskammer und Besitzer eines Rittergutes, eher ins Lager des Todfeindes Bourgeoisie gehörte.

Einem harten Winter folgte 1947 ein langer, heißer Sommer. Infolge von Dürreschäden, infolge der vehement wachsenden Rohstoffknappheit und der drückenden Lasten sowjetischer Reparationsforderungen stand Ostdeutschland vor einem Wirtschaftskollaps. Die Produktion stagnierte, und die Versorgung der Bevölkerung konnte kaum noch gesichert werden. In Kreisen der CDU und der LDP sprach man immer offener über die Notwendigkeit, enteignete Betriebe zu reprivatisieren, um neue Wirtschaftsmotivationen zu setzen. Selbst eingeschworene Kommunisten, wie der sächsische Industrieminister Fritz Selbmann, meldeten Bedenken hinsichtlich der sowjetischen Reparationspolitik an.

Die SED-Führung reagierte mit Administration, Repression und Kontrolle. Die Volkskontrollausschüsse für die Sicherung der Ernährung und die Verteilung von Brennstoffen überwachten vor allem Betriebe und Handelsunternehmungen, die sich in Privatbesitz befanden. Mit der Deutschen Wirtschaftskommission (DWK), im Juni 1947 in Berlin gegründet, die den parteienpluralistisch besetzten Länderregierungen weisungsberechtigt war, schuf sich die SED darüber hinaus ein zentrales Machtorgan, das ihren Führungsanspruch in Staat und Wirtschaft sichern sollte.

Die Gelegenheit für einen Besuch bei Dr. Koenemann in Berlin-Wilmersdorf ergab sich für Methfessel im Oktober 1947. Der Vorstand der Charlottenburger Wasserwerke A. G. hatte zur Generalversammlung geladen, und da die DCGG Aktien im Nominalwert von einer Million Reichsmark hielt, nahm Direktor Methfessel die Interessen der Conti wahr.

Die Nachricht, die ihm während der Versammlung zugetragen wurde, war nicht mehr taufrisch, doch für die DCGG im höchsten Grad alarmierend. Der Berliner Magistrat trug sich mit der Absicht, das Wasserwerk zu kommunalisieren.

Am Abend saßen Methfessel und Dr. Koeneman bei einer Flasche Rotwein in der Wohnung des Anwaltes beieinander. Koenemann, mit den Berliner Verhältnissen bestens vertraut, erwies sich als charmanter Plauderer. „Wenn der linkslastige Magistrat die Mehrheit im Abgeordnetenhaus wider Erwarten zusammenbekommen sollte, sehe ich schwarz für die Anteile der Conti."

Methfessels Freude an der gedämpften Musik, am Schimmer der Kerzen und am Funkeln des rubinroten Weines schwand dahin. „Ich mag gar nicht dran denken. Ein böser Verlust für uns."

Dr. Koenemann beugte sich zu seinem Gast. „Wenn es Sie beruhigt, teurer Freund, ich glaube nicht, daß dieser Coup zustande kommt. Und wenn – das letzte Wort haben immer noch die Sektorenkommandanten. Können sie sich vorstellen, daß ausgerechnet die Briten über Nacht ihre Liebe für den Bolschewismus entdecken."

„Ihr Wort in Gottes Ohr."

Der Hausherr winkte lässig ab. Er lehnte sich behaglich zurück, hob sein Glas, einen stilvollen Römer, gegen das Kerzenlicht und ließ den Wein sanft kreisen. „Ein achtunddreißiger Beaujolais, lieber Methfessel. Schauen Sie nur, welch herrliche Farben." Der Anwalt schnalzte genießerisch mit der Zunge. „Vielleicht ziehen Sie und die Herren vom Aufsichtsrat aber doch einen Verkauf der Charlotte-Aktien ins Kalkül? Ich hätte da einen Draht zu Stadtrat Ernst Reuter. Passabler Mann in der SPD. Ich weiß nicht, ob Sie seine Geschichte schon gehört haben? Reuter wurde am 26. Juni von der Stadtverordnetenversammlung zum Oberbürgermeister gewählt. Er kann dieses Amt aber nicht antreten, weil sich die Sowjets in der Alliierten Stadtkommandantur weigern, die Wahl zu bestätigen. Reuter ist kein Mann ihres Vertrauens. Woran Sie erkennen mögen, wie weit das Demokratieverständnis der Russen tatsächlich reicht."

Friedrich Methfessel kam auf Koenemanns Angebot zurück:

„Ihr Vorschlag gefällt mir, Doktor. Vorbehaltlich der Entscheidung des Aufsichtsrates plädiere ich für einen Verkauf."

Koenemann verzog keine Miene. „Geht in Ordnung, lieber Freund", sagte er knapp. Anglizismen wie das immer mehr in Mode kommende „Okay" lehnte der Doktor aus Prinzip ab. „Ich gehe bei den Herrn im Magistrat auf Tuchfühlung. – N. d. P.!" Er hob sein Glas und fügte, als er Methfessels verdutztes Gesicht bemerkte, vergnügt hinzu: „Na denn Prost!"

Am 12. November informierte Methfessel Vorstand und Aufsichtsrat über das Gespräch mit Dr. Koenemann. Wieder war es Bankdirektor Scharf, der Bedenken anmeldete.

„Aber was wollen Sie denn, Scharf", redete Minister Herwegen seinem Parteifreund zu. „Wenn wir die Aktien für das Wasserwerk im englischen Sektor verkaufen, entsteht doch dem Volksvermögen kein Schaden. Das Geld bleibt ja auf der Berliner Bank."

Der Beschluß, der nach dieser Belehrung gefaßt wurde, fiel einstimmig aus. Sollte Koenemanns Erkundungsvorstoß von Erfolg gekrönt sein, so war man bereit, die Charlotte-Aktien an den Magistrat von Groß-Berlin zu verkaufen.

11. Februar 1948. Mittwoch, gegen 15.30 Uhr.

Ein eiskalter Wind fegte mit Schnee- und Graupelschauern über die Dächer Berlins. Die Joachimsthaler Straße am Bahnhof Zoo stand seit jeher in dem Ruf, eine Brücke zwischen Luxus und Elend, zwischen Amüsement und Verbrechen, zwischen oben und unten zu sein. Der Krieg hatte auch hier deutliche Spuren hinterlassen. Die Menschen waren bald daran gegangen, die traurigen Überreste der Bobennächte, so gut es eben ging, zu beseitigen. Unternehmergeist und Geschäftssinn regten sich wieder. Es störte wenig, daß dabei architektonisch seltsame Gebilde aus der Not geboren wurden. Wer zum Beispiel den mit einer Samtportiere verhängten Notausgang an der Rückfront des eleganten Tanzlokals verlassen wollte, stand unvermittelt in einer Trümmerlandschaft. Die gediegene Fensterfront des Juwelierladens, die luxuriöse Blumenfiliale in der Nachbarschaft, aber auch das Delikatessengeschäft gegenüber bildeten nur die ausgeputzten Fassaden der Hausruinen. Wo Lücken zwischen den Trümmern gähnten, wurden sie zum Teil durch Holzwände verstellt, von denen farbenfrohe Bildreklamen grüßten. Und wenn es dunkelte, verwandelte eine Lichterflut die bei Tage öde und grau erscheinenden Häuserfronten in ein verwirrendes buntes Kaleidoskop.

Donnernd fuhr ein S-Bahnzug über die Brücke in den Bahnhof Zoologischer Garten ein. Friedrich Methfessel, Direktor Müller und Dr. Leopold Kaatz verließen den Bahnsteig. Sie waren mit dem Auto bis Potsdam gereist und dort auf die Stadtbahn umgestiegen. Methfessel, der sich in Westberlin schon auskannte, übernahm die Führung durch das brodelnde und quirlende Gewühl in der Joachimsthaler. Am U-Bahneingang verscheuchte er einige aufdringliche Burschen, die ihnen Schmuck, Penicillin oder Ia-Pariser andrehen wollten. Zeitungsverkäufer mühten sich mit monotonen Ausrufen, ihre Blätter unter die Käufer zu bringen. Sie tauchten ein in den Strom von Menschen, Autos, Bussen und Straßenbahnen. Die Männer aus Dessau erreichten den Kurfürstendamm, Berlins Prachtstraße im britischen Sektor.

Holla, ist das ein Trubel, dachte Kaatz beeindruckt. Das flirrt und rollt und braust nur so. An der Ecke Fasanenstraße blickte er einer mondänen Mittvierzigerin nach, wobei ihm die „Grünen Wochen" vergangener Jahre in Erinnerung kamen. Die massenhaften Ausflüge der Junker und Rittergutsbesitzer aus den Brandenburgischen und Mecklenburgischen Landen zu den Ausstellungshallen am Funkturm endeten für gewöhnlich mit einem Abstecher zum Kudamm, zu den Damen des ältesten Gewerbes der Welt. Lächelnd schüttelte er seine Erinnerungen ab.

Die Männer gelangten zur Uhlandstraße. Die Gegend war bedeutend ruhiger. Die Häuser, vier Stockwerke hoch, strahlten Solidität und Wohlstand aus. Rechtsanwälte, Zahnärzte, Ex- und Importbüros hatten sich in dem Viertel zwischen Zoo und Savignyplatz angesiedelt.

Zigarrenrauch, Gläserklingen und eine heiter gestimmte Gesellschaft beherrschten das Berliner Büro. Die Wände des kleinen Geschäftszimmers und der daran anschließende Sitzungssaal waren in Nußbaum getäfelt.

Die Sekretärin bemühte sich, den Herren aus den Mänteln zu helfen. Aber ja, meinte sie, Herr Minister Herwegen und Bankdirektor Scharf seien schon eingetroffen.

Dr. Darge eilte den Neuankömmlingen mit ausgestreckten Armen entgegen. Er war, wie immer, nobel gekleidet. „Stabsbesprechung!" röhrte er militärisch forsch und grinste die Dessauer Vorstandsmitglieder spitzbübisch an. „Dank der Findigkeit unseres Herrn Doktor Koenemann erleben wir heute einen historischen

Augenblick. Die Conti-Vorstände Ost und West an einem Tisch! Da sage mir noch einer, wir nähmen die Forderungen der SED-Führung nach gesamtdeutscher Zusammenarbeit nicht ernst!"

In Darges Begleitung waren Dr. Glatzel und ein Dr. Keßler aus Hagen angereist. Man begrüßte sich mit Handschlag.

„Bevor ich es vergesse", sagte Glatzel, „unser Freund Eduard Schalfejew läßt Ihnen herzliche Grüße bestellen."

„Danke. Wie geht's ihm denn?"

„Der Mann hat's geschafft, sage ich Ihnen. Momentan sitzt er im Zweizonenwirtschaftsrat in Frankfurt. Soll eine wichtige Aufgabe im Stab von Professor Ludwig Erhard übernommen haben. Wer weiß, vielleicht winkt ihm eines Tages der Sessel eines Staatssekretärs."

Dr. Koenemann, der Hausherr, schlug in die Hände. „Wie ich sehe, sind alle Herrschaften eingetroffen. Unsere Zeit ist bemessen, lassen Sie uns daher beginnen."

Die Männer setzten sich um den Konferenztisch. Was danach in dem kleinen Saal besprochen wurde, ist zwei Jahre später vom Generalstaatsanwalt der DDR mit solchen Sätzen beschrieben worden:

„In einer am 11. Februar 1948 im Westsektor Berlins stattgefundenen konspirativen Zusammenkunft zwischen den West-Conti-Vertretern Dr. Darge, Dr. Glatzel, Dr. Keßler und Koenemann einerseits und den Angeschuldigten Herwegen, Kaatz, Scharf, Müller und Methfessel andererseits wurde der Herausgabeanspruch über die bei Heil hinterlegten ELG-Aktien und über die Kuxe der Gewerkschaft Westfalen auf die West-Conti-Vertreter übertragen."

Halten wir fest: Es ging in dieser Beratung um Wertpapiere der DCGG, die zu den in Westdeutschland gelegenen Vermögenswerten gehörten. Die Aktien der ELG, das heißt das Geschäftskapital der Hamburger Elektro-Großhandels GmbH, war aus einer Fusion der DCGG-Büros in Hamburg und München hervorgegangen. Und die „Kuxe" waren Anteile der DCGG an einer bergrechtlichen Gewerkschaft in Westfalen.

Dr. Herwegen, der Minister für Arbeit und Soziales in der Landesregierung Sachsen-Anhalt, kommentierte später aus seiner Sicht:

„Ich hatte tatsächlich den Eindruck und die Überzeugung, man will wohl jetzt klare Bahnen schaffen; was in unserem

Lande liegt, soll unser sein, was an Betrieben dort liegt, soll denen sein. Diese Auffassung hatte ich."

Die Konferenz dauerte lange. In der Pause sagte Koenemann den Dessauer Direktoren: „Meine Verhandlungen mit Stadtrat Reuter sind zufriedenstellend verlaufen. Die Adressaten haben verbindlich zugesagt, bei Vorlage der Charlotte-Wasser-Aktien eine Kaufsumme von einer Million Reichsmark zuzüglich vierzigtausend Mark Zinsen zu überweisen. Ich schlage vor, daß Sie zwei Herren als Bevollmächtigte für die Abwicklung des Verkaufs benennen."

Wenige Tage vor der Währungsreform war der Verkauf perfekt.

Fast zur gleichen Stunde strichen die westlichen Sektorenkommandanten gegen den Protest des sowjetischen Vertreters, Oberst Jelisarow, die Erörterung eines Gesetzes über die Enteignung von Berliner Großunternehmen aus der Tagesordnung der Stadtkommandanten-Konferenz. Die Probleme zwischen den einstigen Verbündeten der Antihitlerkoalition bündelten sich in Berlin wie in einem Brennspiegel. Die Wirksamkeit des ohnehin schwerfälligen Kontrollrats, den sich die Siegermächte 1945 in Potsdam zur Vermittlung der unterschiedlichen Interessen geschaffen hatten, wurde immer stärker ausgehöhlt. Als im Herbst 1947 Gerüchte über eine Währungsreform in den Westzonen auftauchten, wurde die diesbezügliche offizielle Anfrage der sowjetischen Seite mit einem Dementi des amerikanischen Militärgouverneurs Clay in der „Frankfurter Allgemeinen Zeitung" beantwortet. Mit der Währungsreform im Frühjahr 1948 schließlich wurden historische Tatsachen geschaffen.

Die Befürchtungen des DCGG-Vorstandes, daß von seiten der westlichen Besatzungsbehörden ebenfalls Enteignungen drohen könnten, erwiesen sich immer mehr als grundlos.

Seit dem frühen Morgen saß Professor Willi Brundert hinter seinem Schreibtisch im Wirtschaftsministerium und erledigte Büroarbeit. Er diktierte Briefe, verfaßte Berichte und empfing zwischendurch den einen oder anderen Mitarbeiter seines Fachbereiches zur Berichterstattung. Auf Grund der Vielfalt in Brunderts Arbeitsgebiet war es ihm kaum möglich, mit jedem Aktenvorgang bis ins letzte Detail vertraut zu sein.

Der Professor galt als Arbeitstier. Er liebte die geistige Herausforderung, den intellektuellen Streit um Ideologien, und er spielte, wann immer es ging, theoretisch die Folgen ihrer praktischen

Umsetzung durch. Am wohlsten aber fühlte er sich, wenn er im Hörsaal der ehrwürdigen Alma mater hallensis vor die Studenten trat. Dann war Brundert in seinem Element. Gern dachte er an jene Zeit zurück, in der er selbst als junger Student hier die Schulbank drückte. Zu den schönsten Erlebnissen seiner Sturm- und Drang-Zeit zählten die Diskussionsabende im Leuchtenberg-Kreis, den Dr. Borinski, ein Politiker auf dem rechten Flügel der SPD, um sich versammelt hatte. Unter Borinskis Einfluß war Brundert 1930 in die SPD eingetreten. 1931 wählte man ihn schon zum Vorsitzenden der sozialistischen Studentenschaft in Halle. Mit Borinski, der während des Krieges nach England emigriert war, unterhielt Brundert noch brieflichen Kontakt. Andere Mitglieder des Leuchtenberg-Kreises hatte er bei gelegentlichen Dienstreisen in das benachbarte Bundesland Hessen getroffen.

Der Professor wurde aus seinen Gedanken gerissen. Ein Mitarbeiter aus dem Hauptreferat Energie wünschte ein Gespräch. Der Ministerialdirektor ließ bitten.

„Es handelt sich um die Conti", sagte der schreckensbleiche Verwaltungsangestellte. Er legte einen Aktenordner auf den Tisch. „Am neunundzwanzigsten April des vergangenen Jahres ist der Einspruch der Conti gegen die Enteignung rechtswirksam abgelehnt worden. Ich erlaube mir den Hinweis, Herr Ministerialdirektor, daß die Löschung der Conti im Handelsregister versäumt wurde."

„Zeigen Sie mal her!" Brundert blätterte in dem Ordner. Tatsächlich, der Vorgang lag seit zehn Monaten auf Eis. Der Tatmensch Brundert hatte geschlampt. Wortreich bedankte er sich bei dem Mitarbeiter, rief die Sekretärin herein und diktierte ihr sofort die Benachrichtigung an das Amtsgericht in Dessau. Dabei fiel ihm ein, daß die verspätete Löschung der Conti Anlaß zu Mißdeutungen im Vorstand und im Aufsichtsrat geben könnte. Um solchen vorzubeugen, entschloß er sich, einen zweiten Brief an die Adresse der Direktoren Müller und Methfessel zu richten.

„Die Firma Deutsche-Continentale-Gas-Gesellschaft besteht damit im Land Sachsen-Anhalt nicht mehr. Jegliche Tätigkeit der Gesellschaftsorgane (Vorstand, Aufsichtsrat, Hauptversammlung) im Land Sachsen-Anhalt ist ausgeschlossen. Ich habe unter Hinweis auf § 2 Absatz 3 der Verordnung betreffend die Industriewerke der Provinz Sachsen vom 23. September 1946 (Gesetzblatt Sachsen-Anhalt I 1947 Seite 51) die Löschung der Firma im Handelsregister veranlaßt."

Brundert unterschrieb schwungvoll und glaubte, den Aktenvorgang um die DCGG ein für allemal erledigt zu haben.

Noch bevor die beiden Briefe auf dem schwergängigen Verwaltungsweg in Dessau eintrafen, waren Methfessel, Müller, der Notar Heil sowie der neue juristische Beistand Simon, ehemaliger Landgerichtsdirektor, aktiv geworden. Während der Berliner Konferenz hatten Darge und Glatzel um Handelsregisterauszüge gebeten, die sie für einen Eintrag der DCGG mbH Hagen/Westfalen beim Registergericht in Düsseldorf benötigten. Simon nahm sich der Sache an.

Ein Telefonat mit einem Justizangestellten, den Simon noch aus seiner früheren Tätigkeit als Richter am Dessauer Landgericht kannte, brachte schnellen Erfolg. Innerhalb von zwei Stunden hielt Simon die Papiere in den Händen.

Methfessel und Heil waren unterdessen zum Gebäude der Landesbank in Dessau gefahren. Als sie sich beim zweiten Direktor legitimieren wollten, winkte der Mann lässig ab. So groß und so anonym sei die Dessauer Geschäftswelt nun auch wieder nicht, meinte er. Gewiß möchten die Herren ans Safedepot der Conti?

Der Bankdirektor führte sie eine Treppe hinab. Er schloß die Tür zum vorderen Keller auf. Eine verkleidete Stahlplatte schwang geräuschlos zurück. Heil und Methfessel durften eintreten. Drunten im Kellergeschoß knipste der Direktor das Licht an. Sie starrten auf graue Betonwände und auf das Metall der Tresorraumtür. Die Tür mußte mehrere Tonnen wiegen, aber der Direktor schob sie leicht mit einer Hand auf. Wieder klickte ein Schalter, und die enge Stahlkammer, an deren Wänden sich Dutzende von flachen Schubladen hinzogen, jede mit Zahlen gekennzeichnet, war hell erleuchtet.

„Läuten Sie, wenn Sie fertig sind." Diskret zog sich der Direktor zurück.

In der Mitte der Kammer standen ein schmaler Tisch und vier Stühle. Methfessel öffnete mit seinem Schlüssel das Depot. Er zog die Lade heraus und stellte den stählernen Kasten auf den Tisch. Während Dr. Heil den Inhalt anhand einer Inventarliste verglich, sortierte Methfessel die westfälischen Kuxe, die ELG- und die Voigt-&-Haeffner-Aktien heraus.

„Nehmen Sie die Wertpapiere lieber mit", sagte er zu Heil. „Es ist nicht nötig, daß die Aktien Unbefugten unter die Augen kommen."

„Rechnen Sie mit Kontrollen?"

„Ich schließe es nicht aus. Sie haben doch einen Safe in Ihrer Kanzlei?"

Der Notar pfiff durch die Zähne. „Dort liegen die Interimsscheine, die Simon für die Agag-Betriebe beschafft hat."

„Keine Angst, Doktor. Sie wird niemand belästigen."

„Also gut, machen wir es so. Ich stelle Ihnen für die Aktien Hinterlegungsscheine aus. Und den Safeschlüssel verwahren wir bei Ihnen oder in Müllers Büro."

„Sie sind ein vorsichtiger Mann", schmunzelte Methfessel. „Es ist ja nicht für lange." Er hob die Lade auf und schob sie in das Stahlfach zurück. Nachdem sie das Depot verschlossen hatten, trat Dr. Heil zur Wand und betätigte den Klingelknopf.

Ein paar Wochen später, während der Frühjahrsmesse, erhielt Friedrich Methfessel einen Anruf aus Leipzig.

„Hallo ...? Hier spricht Direktor Birkmann aus Vohwinkel. Von den Kabel- und Drahtwerken. Sie erinnern sich ...? Ich habe Ihnen Grüße von Doktor Glatzel auszurichten. Er bat mich, gewisse Hinterlegungsscheine – Sie wüßten schon Bescheid – mit nach Frankfurt zu bringen."

Noch am gleichen Abend fuhr Methfessel zur Übergabe der Papiere nach Leipzig. Er traf sich mit Glatzels Gewährsmann in einer Bar in der Nähe des Hauptbahnhofes.

Die notariell beglaubigten Hinterlegungsscheine gelangten nach Frankfurt, wo sie ihren Zweck erfüllten. Die Rechtsfähigkeit der westfälischen DCGG konnte beim zuständigen Registergericht hergestellt werden.

Am 26. Mai 1948 richteten Darge und Glatzel ein Schreiben an den Dessauer Notar Dr. Heil. Sie baten ihn, die eingelagerten Kuxe und Aktien zu vernichten, über den Sachverhalt ein notarielles Protokoll aufzunehmen und dieses dem Berliner Anwalt Koenemann zuzustellen.

Mit diesem Akt fand ein Vorgang seinen Abschluß, der zweifelsohne mit juristischen Winkelzügen belastet war, an manchen Stellen – geben wir es ruhig zu – sogar nach Konspiration roch. Es kann daher kaum verwundern, daß die Ereignisse in der DDR-Propaganda eine höchst dramatische Ausschmückung fanden:

„Die Deutsche Continentale Gas-Gesellschaft mbh Hagen, Westfalen, ... eignete sich widerrechtlich einen großen Teil des Besitzes des Dessauer Unternehmens an. Aus dem

Firmentresor verschwanden zunächst Aktien im Wert von 12 926 300 RM und danach weitere Anteile (Kuxe) in einem Bilanzwert von 13 132 000 RM ... Wenig später entwendeten die Verbrecher abermals ein Aktienpaket, das sie in Westberlin verkauften. Nominalwert der Aktien: 1 Million RM. Erlös in Westberlin nach der inzwischen erfolgten Währungsspaltung 1 040 000 Westmark. Sie stahlen in Dessau außerdem Patente und Produktionsunterlagen, die sie an eine Schweizer Firma verschacherten."

Am 31. Mai 1948 wurden Methfessel und Müller von der Deutschen Wirtschaftskommission in Berlin aufgefordert, eine Bilanz der DCGG zwecks Übernahme der Betriebe in das Volkseigentum zu erstellen. Mit dem Hinweis, daß das Unternehmen bereits gelöscht sei und ein Schreiben des Wirtschaftsministeriums Sachsen-Anhalt ihnen jegliche Tätigkeit als Vorstand, Aufsichtsrat etc. verbiete, lehnten sie das Ansinnen ab.

Eine Absage, die die Funktionäre der DWK wie eine Ohrfeige traf. Eine Reaktion konnte nicht ausbleiben.

Die Konfrontation der Siegermächte spitzte sich zu dieser Zeit dramatisch zu. Am 18. Juni 1948 veröffentlichten die Militärgouverneure der drei Westmächte die Proklamation über die Durchführung der Währungsreform in den Westzonen.

Marschall Sokolowski, der Oberste Chef der SMAD, ordnete daraufhin die Sperrung des Güter- und Kraftfahrzeugverkehrs aus den Westzonen auf Straßen, Schienen- und Wasserwegen einschließlich des Verkehrs auf der Autobahn von Helmstedt nach Berlin an.

Sokolowskis Maßnahmen ergaben sich zwangsläufig. Selbst der antikommunistisch eingestellte „Telegraf" räumte in diesen Tagen ein:

„Die Ostzone wird, und das darf niemand den sowjetischen und den deutschen Verwaltungsstellen verdenken, sich erst einmal gegenüber der vom Westen zu erwartenden Flut der Markbeträge abschirmen."

Am 23. Juni trat der Befehl Nr. 111 der SMAD über die Durchführung einer Währungsreform in der Sowjetischen Besatzungszone einschließlich Groß-Berlin in Kraft. Die westlichen Sektorenkommandanten Berlins antworteten mit der Einführung der „B-

Mark", die erst 1949 von den D-Mark-Noten abgelöst wurde.

Als Sokolowski am 24. Juni zudem die Lebensmittel- und Energielieferungen aus der SBZ in die Westsektoren Berlins demonstrativ stoppte, starteten die Amerikaner die „Operation Vittles". Versorgungsgüter für die alliierten Garnisonen und die Bevölkerung Westberlins wurden auf dem Luftweg von den „Rosinenbombern" in die Stadt eingeflogen.

Der Ost-West-Konflikt der Siegermächte beschleunigte die Integration der fünf Länder der SBZ in das Herrschaftssystem der Sowjetunion. Er lieferte der Führungsclique der SED die Argumente, um systemimmanente Maßnahmen zu begründen. Der kalte Krieg trug nicht unwesentlich dazu bei, daß die Kritiker und Opponenten der SED-Politik stets als „Agenten des Westens" diffamiert werden konnten. Anfangs waren es solche, die einstmals irgendeiner „abweichenden Gruppe" angehört hatten, dann schon bald „Abweichler" aus den eigenen Reihen, und später mußten Sündenböcke für die Schwächen des Staatsgefüges oder die Mängel in der Wirtschaft gefunden werden.

Die Deutsche Wirtschaftskommission, die ihren Sitz in der Leipziger Straße in Berlin hatte, übte in wachsendem Maße die Funktion eines zentralen staatlichen Führungsgremiums aus, das die angeblichen Interessen der „Arbeiterklasse und ihrer Verbündeten" vertrat, in Wahrheit aber die Linie der auf den Stalinismus eingeschwenkten SED durchsetzte. Der Apparat der DWK wuchs in kurzer Zeit auf 10 000 Mitarbeiter an. Unter der Regie des Kommunisten Heinrich Rau entstanden die Zentrale Kontrollkommission bei der DWK in Berlin und die Länderkontrollkommissionen bei den Ministerpräsidenten der fünf Länder.

Chef der Zentralen Kontrollkommission wurde Fritz Lange. Ein Mann, der von der Statur her biedere Gemütlichkeit ausstrahlte, dem man aber auch Feldwebelmanieren und zuweilen basedowiden Jähzorn nachsagte. Seine Biografie hatte ihn zu einem der Bescheidwisser gemacht, die, aus Lagerhaft oder Exil kommend, ein besseres Deutschland aufbauen wollten, nach dem Vorbild des stalinistischen Sowjetstaates, versteht sich.

Langes Vertreter hieß Toni Ruh. Zu den weiteren Mitgliedern der aus acht Personen bestehenden ZKK zählten der Justitiar Dr. Masius und Roebsteck.

Die Landeskontrollkommission in Halle war mit den Genossen Kaestner und Max Krinne besetzt. Sie logierten in der Willi-Lohmann-Straße.

Richtlinien

über die Aufgaben der Zentralen Kontrollkommission
bei der Deutschen Wirtschaftskommission, der
Landes-Kontrollkommissionen bei den Landesregierungen
und der Kontrollbeauftragten in den kreisen und
kreisfreien Städten der sowjetischen Besatzungszone
Deutschlands.

I. Organisation.

a) Die Zentrale Kontrollkommission ist ein selbständiges
Organ bei der ...

III. Vollmachten

a) **Die Zentrale Kontrollkommission und die Landes-Kontrollkommissionen haben das Recht, zwecks Aufdeckung ungesetzlicher Handlungen Untersuchungen durchzuführen und
Verwaltungsangestellte, bei denen ein begründeter Verdacht ungesetzlicher Handlungen vorliegt, bis zur endgültigen Klärung durch die zuständigen Verwaltungs- oder
Gerichtsbehörden zur Disposition zu stellen.**

— 3 —

b) Alle in Verwaltung, Justiz und Wirtschaft verantwortlich tätigen Organe und Personen sind verpflichtet, der Zentralen Kontrollkommission, der zuständigen Landes-Kontrollkommission wirtschaftsschädigende
Vorgänge mitzuteilen, auf Anforderung die zur Untersuchung notwendigen Unterlagen zugänglich zu machen
und über getroffene Maßnahmen zu berichten. Die
Zentrale Kontrollkommission sowie die Landes-Kontrollkommissionen können Angestellte von ihrer Aussage-
schweigepflicht entbinden, wenn es zur Aufklärung des
Sachverhaltes erforderlich ist.

c) Die Zentrale Kontrollkommission sowie die Landes-
Kontrollkommissionen sind verpflichtet, den Verwaltungen, der Polizei und Gerichten Material und Hinweise über die von ihnen festgestellten wirtschafts-
schädigenden Vorgänge zur Verfügung zu stellen.

d) Die Zentrale Kontrollkommission sowie die Landes-
Kontrollkommissionen haben das Recht, falls begründeter
Verdacht strafbarer Handlungen vorliegt, die Polizei
bzw. die Justiz verpflichtend zu beauftragen, Personen
festnehmen und Sachen sicherstellen zu lassen.

e) Die Zentrale Kontrollkommission sowie die Landes-
Kontrollkommissionen sind berechtigt, die Strafverfolgung zu veranlassen, sowie Bericht über die jeweils
getroffenen Maßnahmen sowohl von den Organen der Verwaltung als auch von denen der Justiz zu verlangen,

Die Allmacht, die den Kontrollkommissionen verliehen war, leitete sich aus einer Richtlinie her, die als juristisches Alibi für die Tätigkeit der „Sonderpolizei" zusammengezimmert worden war. Zur „Aufdeckung wirtschaftsschädigender, ungesetzlicher Handlungen, insbesondere wirtschaftlicher Sabotage, Spekulation und unzulässiger Kompensationsgeschäfte" hatte die ZKK alle Vollmachten:

> „Die Zentrale Kontrollkommission sowie die Landeskontrollkommissionen haben das Recht, falls begründeter Verdacht strafbarer Handlungen vorliegt, die Polizei bzw. die Justiz verpflichtend zu beauftragen, Personen festzunehmen und Sachen sicherstellen zu lassen." Sie ist „berechtigt, die Strafverfolgung zu veranlassen, sowie Bericht über die jeweils getroffenen Maßnahmen sowohl von den Organen der Verwaltung als auch von denen der Justiz zu verlangen".

Die wichtigsten Industriezentren der sowjetischen Besatzungszone befanden sich in Sachsen und Sachsen-Anhalt. Sachsen war das Pionierland der industriellen Revolution in Deutschland schlechthin. Und Sachsen-Anhalt bildete den mitteldeutschen Schwerpunkt der um die Jahrhundertwende entstandenen chemischen Großindustrie, der Energie- und der Elektrowirtschaft. Unternehmen wie die Leuna-Werke, die Mansfelder Kupfer AG, der Solvay-Konzern, Junkers, Krupp-Gruson, die IG Farben, aber auch Kali und Maizena waren hier zu Hause.

Die Aktivitäten der ZKK orientierten sich zwangsläufig auf diese Region. Bei der Überprüfung von dreizehn privaten Textilbetrieben im Raum Glauchau-Meerane zum Beispiel stieß man auf „ungesetzliche Barverkäufe" von Textilien „im Wert von 8,5 Millionen Mark und 1,2 Millionen Meter Stoffe", die dem Schwarzen Markt zugeführt worden waren. Die Verantwortlichen dieser „Wirtschaftssabotageakte" wurden in einem Musterprozeß in Zwickau zur Rechenschaft gezogen, der mit fünf Todesurteilen und Zuchthausstrafen zwischen zehn und fünfzehn Jahren endete.

Engpässe bei der Versorgung der Bevölkerung wurden nun nach bewährtem Muster ausschließlich gezielter „Wirtschaftssabotage" angelastet. Fritz Lange und die Männer seiner ZKK ließen, bestärkt durch ihren Erfolg in Zwickau, weitere Recherchen folgen.

Im Zuge dieser Kampagnen geriet auch das Ministerium für Wirtschaft und Verkehr in Sachsen-Anhalt ins Schußfeld, das im Oktober 1948 eine Liste über Materialanforderungen von 113 landesgelenkten Betrieben für Reparationsaufträge bei der zuständigen Abteilung in der DWK eingereicht hatte. Die Liste, mit einem von Ministerialdirektor Brundert unterzeichneten Begleitschreiben übersandt, wurde argwöhnisch geprüft, hatten doch nach Einschätzung der ZKK einige Positionen der Materialanforderung nichts mit Reparationsaufträgen zu tun. Nachforschungen in der Industrieabteilung des Wirtschaftsministeriums ergaben, daß nur von 103 der aufgeführten 113 Firmen entsprechende Unterlagen aufzufinden waren.

Am 12. Dezember 1948 veröffentlichte Lange in der Tageszeitung „Neues Deutschland" einen Artikel unter der Überschrift „Gibt es bei uns eine Bedarfskontrolle?" Der Verfasser attackierte Ministerialdirektor Professor Dr. Brundert und erklärte:

> „Bei der DWK erkannte man auf den ersten Blick, daß hier ein großangelegter Betrug einer großen Anzahl spekulativer Elemente, vornehmlich aus der Privatindustrie, vorlag, weil Rohstoffe und Materialien angefordert wurden, die unmöglich dem echten Bedarf entsprechen konnten."

Schon wenige Tage darauf flatterten der Redaktion Protestbriefe ins Haus. Unter anderem verwahrte sich der Volkseigene Betrieb Kühltechnik G.m.b.H. Halle gegen Langes Behauptungen:

> „Zu unserer Überraschung haben wir aus der Veröffentlichung des Vorsitzenden der ZKK in Ihrer Ausgabe vom 12. 12. erfahren, daß wir uns schwerwiegender Wirtschaftsvergehen schuldig gemacht haben sollen. Wir haben heute mit der Betriebsgewerkschaftsleitung und der SED-Betriebsgruppe unseres Stammhauses ... die Angelegenheit nach allen Seiten geprüft und dabei festgestellt, daß die dem Vorsitzenden der ZKK, Herrn Fritz Lange, vorgelegten Unterlagen über die in Halle durchgeführten Revisionen Irrtümer enthalten müssen, die allein der Grund dafür sein können, daß unsere Firma eines Vergehens bei der Anmeldung von Materialbedarf beschuldigt wurde ..."

Professor Willi Brundert machte seinem Ärger über das Vorgehen der DWK und ihrer Organe öffentlich Luft. In seinen Vorlesungen an der Universität streute er deutliche Bemerkungen ein. Er sah keinen Anlaß, mit seiner Meinung besonders über die von der DWK verfügte Auflösung der Prevag hinter dem Berg zu halten. Seine Aufmüpfigkeit rief den Parteivorstand auf den Plan. Wirtschaftsminister Dieker und Brundert als sein Stellvertreter wurden aus der SED ausgeschlossen.

Immer häufiger griffen die Veröffentlichungen der Lange-Kommission Minister und Ministerien an, die liberaldemokratisch geführt oder mit Funktionären der CDU besetzt waren. Fachministerien in Thüringen, Sachsen und Mecklenburg wurden in Berichten der LKK öffentlich diffamiert, ohne daß die zuständigen Minister über die angeblich festgestellten Unregelmäßigkeiten informiert waren. Gegen dieses Vorgehen protestierte am 15.2.1949 der Vorsitzende der CDU in der SBZ, Dr. Otto Nuschke, allerdings mit wenig Erfolg. Der Leiter des Amtes Volkseigene Betriebe in Sachsen-Anhalts Landeshauptstadt wurde am 21.3.1949 auf Veranlassung der LKK in Untersuchungshaft genommen, wiederum ohne Kenntnis der zuständigen Ministerien. Fritz Langes Machtanspruch ging sogar soweit, daß er am 2. März 1949 vom Präsidenten der Deutschen Verwaltung des Innern ein Verbot der Veröffentlichung von Zeitungsannoncen verlangte, in denen für den Geschenkdienstversand zwischen den Besatzungszonen geworben wurde. Dr. Fischer lehnte das Ansinnen mit dem Hinweis auf fehlende rechtliche Handhabe ab. Ein Argument, das nicht in jedem Fall erfolgreich ins Feld geführt wurde.

Der Januar des Jahres 1949 neigte sich dem Ende zu. Mit Schippen und Besen rückten die Einwohner Dessaus dem Schnee zu Leibe, der in der Nacht gefallen war.

Kurz nach neun Uhr eilte Direktor Methfessel die Stufen zum Portal der Landesbank hinauf. Methfessel wollte rasch einen Scheck einlösen. Meistens erledigte seine Frau diese privaten Dinge, aber da er im Stadtzentrum dienstlich zu tun hatte, wollte er ihr den Gang zur Bank abnehmen. Beim Anblick der vielen Menschen, die hinter dem Tresen des Bankschalters beschäftigt waren, stutzte Methfessel. Ein halbes Dutzend Männer und Frauen blätterten in Akten und endlosen Listen. Ihre Gesichter waren Methfessel noch nie in der Bank begegnet.

„Wer sind denn diese Leute da?" fragte er den zweiten Bankdirektor, der geschäftig herbeieilte, um Methfessels Wünsche entgegenzunehmen. „Neues Personal?"

Der Dicke lehnte sich vertraulich über den Tresen. „Eine Revisionsgruppe der Wirtschaftskommission. Aus Halle, glaube ich. Oder noch höher." Sein Daumen wies unauffällig zur Decke. „Aus Berlin."

„Und was suchen die?" entfuhr es Methfessel. „Die Währungsreform ist doch abgeschlossen."

Der Bankdirektor setzte eine Verschwörermiene oder das, was er dafür hielt, auf. Er neigte sich zu Methfessels Ohr. „Das hängt, soviel ich gehört habe, mit der Prevag zusammen. Da soll sich herausgestellt haben, daß irgendwelche Aktien unauffindbar sind." Der Dicke vergewisserte sich mit einem verstohlenen Blick über die Schulter, daß er unbeobachtet war. „Die Herrschaften haben auch das Depot der Conti kontrolliert", raunte er. „Die haben alle Vollmachten."

Methfessel nickte wie betäubt. Er ließ sich sein Geld auszahlen und strebte dem Ausgang zu. Am Bordstein der winterlichen Straße wartete der Dienstwagen. Methfessel stieg ein. In seinem Kopf schwirrten die Gedanken wie ein aufgescheuchter Vogelschwarm um das Erlebnis in der Bank. Er durchschaute nicht, was da vorging, ahnte aber die Gefahr, die für die Conti heraufzog.

„Zum Büro!" wies er endlich den Chauffeur an, der seinen Chef auf dem Rücksitz verwundert musterte. So verstört hatte er den Direktor noch nie erlebt.

Hermann Müller, die Frohnatur, ließ sich von Methfessels Bericht nicht ins Bockshorn jagen. „Ah geh, die suchen nach Steuerhinterziehern", wiegelte er sorglos ab. „Mach dich nicht verrückt, Friedrich!"

Methfessel ging in sein Zimmer. Er nahm den Telefonhörer ab und wählte die Nummer von Notar Heils Anschluß. In der Kanzlei meldete sich die Sekretärin. Nein, der Herr Doktor sei im Moment nicht zu erreichen, erklärte sie. Wann? Sie wisse es auch nicht genau. Vielleicht am Nachmittag.

Methfessel bat um einen Rückruf. Nichts geschah.

Am darauffolgenden Tag versuchte der Direktor erneut, den Rechtsberater der Conti am Telefon zu konsultieren. Die Sekretärin bedauerte außerordentlich, aber der Herr Anwalt sei schon wieder zu einem dringenden Termin außer Haus. Selbstverständlich habe sie ihren Chef über Direktor Methfessels Anruf in Kenntnis gesetzt.

Ein weiterer Versuch, den neuerdings sehr beschäftigten Dr. Heil an die Strippe zu bekommen, scheiterte am Nachmittag. Methfessel wäre bereit gewesen, jeden Eid zu schwören, daß er während des kurzen Gespräches Dr. Heils Stimme aus dem Hintergrund der Kanzlei vernommen hatte.

Auf einmal waren die Zweifel wieder da. Mißtrauen quälte Methfessel. Von Unruhe getrieben, begab er sich am Abend zu Dr.

Heils Wohnung. Der Notar war peinlich überrascht, als der Conti-Direktor vor der Tür stand. Sein Gesicht verzog sich zu eisiger Abwehr. Friedrich Methfessel begriff: Der Anwalt ließ sich bewußt verleugnen!

„Was wollen Sie denn hier?" entfuhr es Dr. Heil. Seine Stimme klang seltsam gepreßt. Er machte keine Anstalten, den späten Gast hereinzubitten.

Methfessel riß der Geduldsfaden. „Warum gehen Sie nicht ans Telefon, wenn ich mit Ihnen reden will?" entrüstete er sich. „Was soll das Versteckspiel?"

„Wissen Sie nicht, daß bei der Prevag eine Untersuchung in Gang gekommen ist?"

„Deshalb sollten wir uns bemühen, so schnell wie möglich klar zu sehen. Wenn sich der erste Sturm gelegt hat, dann können wir ..."

„Den Teufel werde ich tun!" konterte Heil erbost. „Warum haben Sie mir nicht gesagt, daß die Agag schon gelöscht war, als ich Ihnen die Handelsregisterauszüge für Lemgo besorgen mußte?" Er schnaufte empört. „Jetzt soll ich die Suppe auslöffeln, wie? Ich denke, es wird für uns beide von Nutzen sein, wenn wir uns eine Weile nicht über den Weg laufen. Guten Abend, Herr Direktor Methfessel!"

Paul Heil schlug seinem Besucher die Tür vor der Nase zu.

Auf die Spur der Conti in Dessau waren Langes Rechercheure wohl zuerst durch die Charlottenburger Wasserwerke AG und durch die Prevag geraten. Es war ihrer Aufmerksamkeit nicht entgangen, daß die Wasserwerke inzwischen in den alleinigen Besitz des Westberliner Magistrats übergegangen war und daß die DCGG mit zweiundsechzig Prozent die Aktienmehrheit in der Prevag gehalten hatte. Seit Berlin im Dezember 1948 durch die Bildung zweier Magistratsverwaltungen gespalten worden war, beobachtete die DWK argwöhnisch jede Veränderung in der Westberliner Wirtschaft. Welche ostdeutschen Firmen hatten Niederlassungen in Westberlin?

Anhand von Handelsregisterauszügen ermittelte die ZKK, daß fünfundzwanzig Prozent des Gesamtvermögens der Conti auf westdeutschem Boden lagen. Die Jagd nach den Wertpapieren, die ostdeutsche Besitzansprüche rechtswirksam begründen sollten, wurde eingeläutet.

Am Mittwoch, dem 2. Februar 1949, erschien ein Polizeikommando unter Führung der Landeskontrollkommission in den Büroräumen der Dessauer Conti-Verwaltung. Die Weisungen gaben die LKK-Mitarbeiter.

Hermann Müller und Dr. Simon wurden festgenommen. Von Friedrich Methfessel fehlte jede Spur. Er war seit zwei Tagen nicht mehr im Büro erschienen.

Als das Polizeikommando an der Villa in der Hardenbergstraße klingelte, fanden die Beamten eine leere Wohnung vor. Der kaufmännische Direktor hatte sich mit seiner Familie nach Westberlin abgesetzt.

Die Durchsuchung der Wohn- und Geschäftsräume nahm die Dessauer Polizei vor. Sie beschlagnahmte Wertpapiere und schriftliche Aufzeichnungen, die als Beweismittel von Bedeutung sein konnten.

Müller und Simon wurden von den Männern der Landeskontrollkommission verhört. Ernst Simon, der kregle Jurist mit der Berufserfahrung eines Landgerichtsrates, berief sich auf die Bestimmungen der Strafprozeßordnung. Diese sichere ihm ein Recht auf Verteidigung gesetzlich zu. Simon verlangte von den Kriminalbeamten, denen er sich gegenüber wähnte, Auskünfte über die Straftaten, die man ihm zur Last lege.

„Für uns gelten andere Gesetze!" wurde er belehrt. „Die Landeskontrollkommission Sachsen-Anhalt verlangt von Ihnen Rechenschaft über Ihre Tätigkeit für die Deutsche Continentale Gas-Gesellschaft."

Ernst Simon blieb stur. Er habe seine juristische Tätigkeit im Auftrag des Aufsichtsrates ausgeführt, nur diesem sei er rechenschaftspflichtig. Es sei denn, der Vorsitzende entbinde ihn von seiner Schweigepflicht. Irgendwelche ominösen Richtlinien, auf die man ihn aufmerksam mache, hätten keine Gesetzeskraft.

Auch Hermann Müller erklärte, als treuhänderischer Direktor an die Weisungen des Aufsichtsrates gebunden gewesen zu sein. Im übrigen habe Direktor Methfessel die Geschäfte geführt.

„Schluß mit dem Theater!" schimpfte Max Krinne verärgert. Er ließ den Leiter des Polizeieinsatzkommandos rufen. „Morgen in aller Frühe nehmen Sie diesen Kaatz fest!"

„Wenn der nach einer Begründung fragt?"

„Verdacht auf Wirtschaftssabotage!"

Die Untersuchung schleppte sich dahin. Am 29. März teilte das Registergericht in Düsseldorf dem Dessauer Amtsgericht den Eintrag der DCGG mbH mit Sitz in Hagen in Westfalen mit.

Aus Berlin eilte Fritz Lange herbei, um die Männer der LKK auf Trab zu bringen. Körbe voller Akten und Unmengen archivierter Geschäftspost wurden durchforstet. Ein Protokoll aus dem Jahre 1947, an das Müller sich schon gar nicht mehr erinnerte, wurde dem Diplom-Ingenieur zum Verhängnis.

Frohlockend legten ihm die Vernehmer das Papier vor. „Nun erklären Sie uns doch mal, Müller, um welche außerordentliche Hauptversammlung es sich bei diesem Protokoll handelte?"

Hermann Müller hatte ein trockenes Gefühl im Hals. „Das war eine Zusammenkunft der Hauptaktionäre der Askania Werke AG Berlin ..."

„... deren nominales Grundkapital zu Beginn der Sitzung noch zwölf Millionen Reichsmark betrug. Als das Protokoll vom anwesenden Notar unterzeichnet wurde, war das Kapital auf zwei Millionen Mark geschrumpft. Und das in fünfzehn Minuten!" höhnte der Beamte.

Mit zitternden Händen wollte Müller nach dem Papier greifen. Der Vernehmer zog es zurück, hielt es aber immer noch so, daß der Ingenieur die Schriftzüge deutlich vor Augen hatte.

„Von uns wurde – wie es da steht – eine beschleunigte Bilanzberichtigung gefordert."

„Und welches Geheimnis steckt hinter der ungewöhnlichen Formulierung ‚Anpassung an die derzeitigen Vermögensverhältnisse'?"

„Bedenken Sie doch, meine Herren, das Askania Werk ist zu zwei Dritteln durch Luftangriffe zerstört worden. Eine Abwertung des Grundkapitals kann daher nur rechtens sein. Diese Praxis ist – wenn ich mir die Bemerkung erlauben darf – auch von den russischen Behörden bei der Übernahme deutscher Betriebe in sowjetische Aktiengesellschaften ausgeübt worden."

„Für wie dämlich halten Sie uns eigentlich?" polterte Max Krinne. „Da setzen sich die Herren Methfessel, Müller und ein gewisser Quilitzsch mal ganz kurz an den Tisch, um einander das Einverständnis mit einer Herabsetzung des Askania-Vermögens zu bekunden. – Eindeutig ein Betrugsmanöver!"

„Ich bestreite entschieden ..."

„Die Absicht ist doch offenkundig. Sie wollten einer Enteignung der Askania vorbeugen. Für das Volksvermögen ein Verlust von zehn Millionen Mark."

Müller konnte sich einen kleinen Triumph nicht verkneifen. „Vielleicht darf ich Sie daran erinnern, daß das Askania Werk nicht zum sowjetischen Sektor gehört", sagte er. „In Westberlin wird nicht enteignet."

Das Kommando „Abführen!" beendete das mitternächtliche Verhör. Die Geständnisbereitschaft ihrer Delinquenten durch Schlafentzug zu befördern gehörte zum Handwerk der Vernehmer in der Lange-Kommission.

Auch gegen Kaatz wurden die Ermittlungen vorangetrieben. Der Morgenrapport der Hauptabteilung Kriminalpolizei in der Deutschen Verwaltung des Innern, Berlin, meldete am 14. Juli 1949 die Flucht des Abteilungsleiters Handel und Versorgung der Stadtverwaltung Dessau. Der Flüchtige „werde als Mittäter bei Wirtschaftsverbrechen" gesucht. Die Kriminalpolizei fand eine Verbindung zur Zuckerraffinerie. Sie nahm den Prokuristen Hasenzogel fest, setzte ihn aber wieder auf freien Fuß, als sich herausstellte, daß fehlerhafte Eintragungen in den Abrechnungsbüchern über Spirituosenkäufe und die Schwarzlagerung von vier Zentnern Zucker durch die Direktoren Kaatz und Gronzig angewiesen waren. Viel schwerer wog die Erkenntnis, daß in der Zuckerraffinerie bis zum Jahre 1945 Giftgas hergestellt worden war.

Nun saß Dr. Kaatz seinen Vernehmern gegenüber. Der Präsident der Industrie- und Handelskammer starrte auf die Tischplatte, hin und wieder lehnte er sich nervös zurück und ließ den Blick über die Zimmerdecke wandern.

„Seit wann sind Sie als Direktor in der Zuckerfabrik tätig?"

„Seit 1922. Habe aber anfangs als Prokurist gearbeitet."

„Was wurde in der Raffinerie produziert?"

„Ammonsulfat, Zyan, Pottasche."

„Wozu diente die Zyanstation?"

„Hier wurde in einer kleineren Abteilung Zyklon B hergestellt."

„Wofür benötigte man Zyklon B?"

Kaatz zuckte die Schultern. „Wir verkauften es, soviel ich weiß, zur Durchgasung von Mühlen, Schiffen oder Massenquartieren."

„Daß während der Nazizeit auch Konzentrationslager unter den Begriff Massenquartiere fielen, ist Ihnen bekannt?"

„Ich habe es 1945 – also nach dem Zusammenbruch – gehört."

„Und dennoch haben Sie sich seit 1945 dafür eingesetzt, daß die Dessauer Zuckerraffinerie nicht als Kriegverbrecherbetrieb behandelt wurde."

„Ja, ich war der Ansicht, daß eine entschädigungslose Enteignung nur dann in Frage kommt, wenn der Unternehmer den Verwendungszweck seiner Produkte definitiv kannte."

„Während des Krieges gehörte ein Zwangsarbeiterlager zur Zuckerfabrik?"

Kaatz nickte. „Die meisten Arbeiter stammten aus Polen."

„Der Dessauer Kriminalpolizei liegen Aussagen vor, daß im vorletzten Kriegsjahr zwei polnische Arbeiter im Lager öffentlich gehängt wurden. Äußern Sie sich dazu, Herr Kaatz!"

„Ich habe von dem traurigen Vorfall nichts gewußt. Erst später habe ich es erfahren. Die Betriebsleitung hatte mit der Angelegenheit nichts zu schaffen. Die Initiative ging von der SS aus, die verwaltete das Lager."

„Ich wiederhole meine Frage: Trotzdem haben Sie dafür plädiert, daß die Raffinerie nicht als kriegsverbrecherisches Unternehmen behandelt wurde?"

Kaatz verlor seine kontrollierte Zurückhaltung: „Man kann doch nicht verlangen, daß ich meiner eigenen Enteignung zustimme!"

„Das ist der springende Punkt, Herr Kaatz. Hier liegen auch die Gründe für Ihre Mitwirkung bei der Verschiebung von Aktien aus dem DCGG-Gesamtvermögen, das Ihnen als Mitglied des treuhänderischen Aufsichtsrates anvertraut war."

Leopold Kaatz schnappte nach Luft. „Ich war doch nicht allein im Aufsichtsrat", entrüstete er sich. „Herr Minister Herwegen gehörte ebenso dazu wie Herr Direktor Scharf von der Landeskreditbank in Halle."

Heinrich Scharf wurde zur Vernehmung in die Hallenser Willi-Lohmann-Straße gebracht. Geschockt und reichlich verunsichert, setzte er den Vernehmern der Landeskontrollkommission kaum Widerstand entgegen. Er gab bereitwillig Auskunft. So erklärt sich wohl, daß der neunundfünfzigjährige Bankdirektor nach seinem ersten Verhör zunächst wieder frei kam.

Scharf entstammte einer gutsituierten Kaufmannsfamilie. Im ersten Weltkrieg diente er als Offizier und stieg danach ins Bankfach ein, wo er seit 1918 ununterbrochen tätig war. Seine Berufung in den Aufsichtsrat der DCGG hatte Friedrich Methfessel vermittelt, der in Scharf einen berechenbaren Helfer witterte.

Heinrich Scharf räumte in seiner ersten Vernehmung ein, daß ihn schon bei der Berufung ein „ungutes Gefühl" überkommen sei.

„Sie wußten doch, Herr Scharf, daß ein Treuhänder nicht gegen die Enteignungspolitik der Regierung kämpfen darf!" hielt ihm der Vernehmer vor.

„Ich habe die Bedenken, die ich hegte, beiseitegeschoben, weil mich die Ausführungen des Herrn Minister Herwegen eines anderen belehrten."

„Sie hätten aber mit dem Minister, der zugleich Ihr Parteifreund war, über diese Bedenken sprechen können."

Scharf seufzte schuldbewußt. „Vielleicht können Sie das nicht verstehen, aber die Argumente haben mich überzeugt. So ein Minister hat doch eine gewisse Autorität."

„Eine Autorität, der Sie unbedingt folgen mußten?"

Scharf war zu arglos, um den Fallstrick zu erkennen, der jetzt gelegt war. „Unbedingt", nickte er brav. „Minister Herwegen kam ja aus dem Kabinett, das die Enteignungsgesetze beschlossen hatte. Da mußte er doch besser Bescheid wissen, als ich."

„Hören Sie zu, Herr Scharf. Sie erleichtern Ihre Lage, wenn Sie uns alles erzählen. Die Sache sieht dann mit einem Schlag günstiger für Sie aus."

Der Bankdirektor erzählte von dem Ausflug nach Westberlin, von der großen Aufsichtsratssitzung in Charlottenburg, an der sogar Minister Herwegen teilgenommen hatte.

Der Vernehmer fixierte sein Gegenüber. Lange, schweigend. Um die Mundwinkel ein kaum wahrnehmbares zufriedenes Lächeln.

Minister Herwegen, ein Spitzenmann der CDU, war ins Schußfeld geraten. Kaestner und Krinne mußten sich eingestehen, daß die Affäre Conti für die Landeskontrollkommission eine Nummer zu groß war. Kaestner fuhr mit den Akten nach Berlin.

Fritz Lange, Toni Ruh, Dr. Masius und Roebsteck machten sich über das Material her. Die Chefdetektive der ZKK benötigten immerhin zwei Tage, bis sie alle Berichte und Vernehmungsprotokolle gesichtet hatten. Nach einem vertraulichen Gespräch im Zentralvorstand der SED, deren Beauftragter Lauffen gleichfalls zur Untersuchungskommission stieß, wurde die „zonale Bedeutung der Angelegenheit Deutsche Continentale Gas-Gesellschaft erkannt und da sie in ihrem Umfang den Bereich eines Landes überschritt, die Zuständigkeit der Zentralen Kontrollkommission erklärt". Die Karten wurden neu gemischt.

„Wenn dieser Scharf zu seiner Aussage steht, ist Herwegen geliefert", belehrte Lange die ZKK-Emissäre. „Unsere Aufgabe hat

einen politischen Charakter. Indem wir Herwegen die Konzernverbrechen nachweisen, ihn öffentlich des Verrates an den Interessen des Volkes überführen, schalten wir gleichzeitig den Landesvorsitzenden der CDU in Sachsen-Anhalt aus. Und dann soll es uns
nicht schwerfallen, die Querulanten in den anderen Parteien auch
zur Räson zu bringen."

Von Walter Ulbricht ist der Satz überliefert: „Herwegen ist der
typische Vertreter der reaktionären Gruppierung innerhalb der
CDU, die versucht, im Auftrage der westlichen Konzernherren das
Rad der Geschichte zurückzudrehen."

Während der Beratung in Langes Zimmer ließ Kaestner die
Bemerkung fallen: „Herwegen saß im Aufsichtsrat der Prevag.
Wissen Sie, wer dort noch einen Sitz hatte? – Ministerialdirektor
Brundert!"

„Sieh an, der saubere Herr Professor!" Lange triumphierte. „Dem
treibe ich die Wühltätigkeit auch noch aus!"

Lauffen vom Parteivorstand der SED meinte: „Ich kann dir
einen Tip geben. Seht euch Brunderts Personalakte gründlich an.
Die Protokolle aus dem Parteiausschlußverfahren belegen, daß
Brundert in englischer Gefangenschaft war."

„Das ist ja die reinste Verschwörung", brummte Roebsteck.
„Fehlt nur noch das Motiv."

Auch dieses fand sich im Wust der beschlagnahmten Conti-
Papiere. Es war der Brief, den Friedrich Methfessel am 9. Juli 1945
an Dr. Schalfejew geschrieben hatte.

Dr. Masius, der Rechtskundige in der ZKK, gab zu bedenken:
„Ich weiß nicht, ob dieser Brief geeignet ist, eine gemeinsame
Sabotageabsicht zu unterstellen. Er wurde lange Zeit vor der Be-
stellung der Treuhänder verfaßt. Ich lese hier nur, daß der Vorstand
in Dessau gewillt war, auf seinem Posten zu verbleiben."

„Haben Sie vergessen, wer Schalfejew ist? – Staatssekretär im
Bonner Wirtschaftsministerium!"

Fritz Lange setzte seinen Willen durch. Der Brief wurde zu den
Untersuchungsakten genommen und spielte im Dessauer Prozeß
die Rolle eines Beweismittels für die subjektive Tatmotivation der
Angeklagten.

Das Netz zog sich zusammen. Bevor es in Halle und Dessau zur
Sache ging, waren organisatorische Probleme zu lösen. Der Sicher-
heitsstandard in den Untersuchungshaftanstalten und in den Polizeigefängnissen Sachsen-Anhalts war in den Nachkriegsjahren
bedenklich gesunken. Wiederholt war es Gefangenen gelungen,

auszubrechen und in den Westen zu flüchten. Um den Erfolg seiner Mission nicht zu gefährden, sah Lange sich nach einer Isolationsmöglichkeit für die Delinquenten um.

Seine Wahl fiel auf das Polizeigefängnis in Gommern. Ein muffiger Altbau, der gegen den Verfall ankämpfte. An die Landespolizeibehörde erging die Weisung, einen Flügel des dreistöckigen Gebäudes herzurichten und ein Sonderbewachungskommando aus zuverlässigen Bediensteten abzukommandieren.

Müller, Simon und Dr. Kaatz, die seit Anfang Februar in Haft saßen, wurden nach Gommern verlegt.

Während in der großen Politik mit der Gründung der Bundesrepublik und der späteren Proklamation der DDR Fakten geschaffen wurden, die Europa für viele Jahre prägen sollten, ruhten die Ermittlungen der Lange-Kommission, die sich nun bald „Zentrale Kommission für Staatliche Kontrolle" (ZKSK) nennen durfte. Ende Oktober lebte das Verfahren wieder auf.

Am 28. Oktober 1949 wurde Bankdirektor Heinrich Scharf verhaftet. Die Polizei nahm ihn an seinem Arbeitsplatz fest. Bevor er die Fahrt nach Gommern ins Sondergefängnis der Lange-Kommission antrat, durchsuchten ihn die Beamten vorschriftsgemäß. Dabei nahmen sie ihm Gürtel und Schnürsenkel ab und entdeckten in Scharfs Strumpf eine tödliche Dosis Zyankali.

In den Amtsstuben der Landeshauptstadt kursierten Gerüchte. Sie blieben Professor Willi Brundert nicht verborgen. Durch einen Zufall erfuhr er, daß man mehrere Angestellte des Wirtschaftsministeriums ausgefragt hatte. Über ihm braute sich etwas zusammen. Als er am Nachmittag das Ministerium verließ und zur Universität fuhr, glaubte er sich von einer Limousine verfolgt, in der drei Männer saßen. Aufs höchste beunruhigt, beschloß Brundert, den Stier bei den Hörnern zu packen. Am Abend wählte er in seiner Wohnung, August-Bebel-Straße 70, den Privatanschluß des Generalstaatsanwalts für Sachsen-Anhalt an. Er hörte, wie am anderen Ende der Leitung abgenommen wurde.

„Hallo?" Eine männliche Stimme, die kratzig lang. Ihr Besitzer rauchte wohl zuviel.

Brundert fragte: „Ist dort Fischl?"

„Was wollen Sie? Wer sind Sie?"

„Hier spricht Brundert. Professor Willi Brundert. Entschuldigen Sie die Störung, Herr Generalstaatsanwalt."

„Ja, ich verstehe. Von wo aus rufen Sie an?"

„Ich bin in meiner Wohnung."

„Was ist passiert?"

„Ich hörte, Sie führen die Untersuchung in der sogenannten Conti-Affäre?"

„Ich nicht", tönte es sofort aus dem Hörer. „Sie überschätzen meine Möglichkeiten. Das ist Sache der ZKSK in Berlin. Aber das nur nebenbei. Was haben Sie auf dem Herzen?"

„Ich bin etwas in Sorge", gestand Brundert. „In letzter Zeit geschehen in meiner Umgebung seltsame Dinge. Ihnen steht doch der Machtapparat rechtmäßig zur Verfügung, und da dachte ich ..."

„Ja?"

„Es ist mir natürlich unangenehm, so direkt zu fragen, aber vielleicht wissen Sie, ob ich ... ich meine, ob ich auf meine Sicherheit achten muß?"

„Lieber Herr Professor Brundert, wie kommen Sie denn darauf?"

„Eine dunkle Ahnung, verstehen Sie."

„Neenee, mein Lieber, ich bitte Sie. Nichts wird geschehen." Fischl lachte kurz auf.

„Ich wünsche Ihnen eine angenehme Nacht."

In aller Herrgottsfrühe stürmten nach heftigem Klingeln mehrere Polizeibeamte in Brunderts Wohnung.

„Ziehen Sie sich an!" befahl ein Zivilist.

Das Blut schoß Brundert ins Gesicht, das Herz hämmerte, es rumorte in den Schläfen. „Ich protestiere! Haben Sie einen Ausweis?"

„Zentrale Kommission für Staatliche Kontrolle, Berlin!"

Zur gleichen Zeit ein ähnliches Bild in der nur wenige Straßenzüge entfernten Wohnung des Ministers Dr. Leo Herwegen. Herwegen hatte tags zuvor einen Anruf aus der Bundesrepublik erhalten. Ein Freund, der kürzlich aus Halle geflüchtet war, hatte vor möglichen Eskalationen in der Conti-Affäre gewarnt.

Familie Herwegen wurde beim Kofferpacken überrascht.

„Eine Erholungsreise", sagte der Minister verdattert.

Der ZKSK-Mann bückte sich rasch. Er kramte eine wertvolle alte Bibel aus dem aufgeklappten Koffer. „Ein kostspieliges Reisegepäck, nicht wahr?"

Am 3. November, einem Donnerstag, nahm die ZKSK Dr. Heil und Ernst Pauli, zuletzt Abteilungsleiter Industrie bei der Industrie- und Handelskammer in Dessau, fest. Pauli hatte der DCGG im August 1946, als er Wirtschaftsbeauftragter beim Oberbürgermei-

hinterlegt worden. Wir bitten Sie, diese Aktien und Kuxe
Herr Dr. Wilhelm Könemann, Berlin, Marienburger Allee 6
oder einem von ihn bevollmächtigten Dritten auszuhändigen.
Sollte diese Aushändigung aus irgendwelchen Gründen nicht
möglich sein, bitten wir Sie, diese Aktien und Kuxe in
geeigneter Form zu vernichten und darüber ein notarielles
Protokoll mit Bezeichnung der vernichteten Aktien und
Kuxe aufzunehmen. Dieses Protokoll .... wir Sie dann
.... auszuhändig...

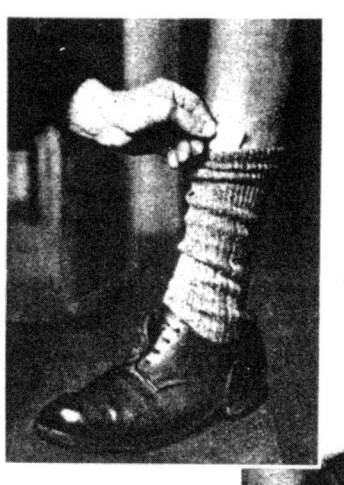

▲
Wie der Diebstahl vor sich ging.
In diesem Dokument beauftragt ein Dr.
Darge aus Hagen den Rechtsanwalt Dr.
Heil, einen Posten unterschlagener Aktien
an den berliner Mittelsmann Dr. Könemann weiterzuleiten. Durch Diebstahl der
Wertpapiere aus dem Tresor, Buchungs-
manipulationen, Bilanzverschleierungen
und durch Auslieferung von Patenten sollte
der Wiederaufbau des DCGG - Konzerns
im Westen auf Kosten des in Dessau befindlichen volkseigenen Betriebs erfolgen

◄ **Symptom der Schuld.** Die Volkspolizei fand bei Scharf Cyankali, das er
im Strumpf versteckt mit sich führte, um
bei Verhaftung Selbstmord zu verüben

„Du sollst nicht steh- ►
len!" steht in der Heiligen
Schrift. Dr. Herwegen, der in
seinem Fluchtgepäck 6 Bi-
beln und religiöse Schriften
trug, fühlte sich den Auftraggebern in Hagen mehr ver-
pflichtet, als den elementar-
sten Geboten seines Glaubens

ster war, die amtliche Bescheinigung ausgestellt, die der Conti
Sequesterfreiheit bestätigte.

Willi Brundert schilderte später die Vorgänge dieser Tage in seinem
1958 in Hannover erschienenen Buch „Es begann im Theater" auf
Seite 36 folgendermaßen:

94

„Die Verhaftung der acht Angeklagten des Dessauer Schauprozesses erfolgte schlagartig am 28.10.1949 morgens
zwischen sechs und sieben Uhr, also in der für NKWD-Bräu-
che typischen Verhaftungsstunde. Daß die Aktion schlagartig
durchgeführt wurde und unter dramatischen Begleitumstän-
den – wie die polizeiliche Absperrung aller Ausfallstraßen der
Stadt Halle –, veranschaulicht die Nachahmungssucht der
Kommunisten gegenüber den Gestapo-Methoden der brau-
nen Diktatur. Nach kurzer Unterbringung in der Haftanstalt
des Polizeipräsidiums Halle erfolgte die getrennte Überführung der Verhafteten nach dem kleinen Gefängnis in Gommern
bei Magdeburg."

Diese dramatische Darstellung des Geschehens vom 28. Oktober 1949 entspricht allerdings nicht den Tatsachen. Die Verhaftungen sind nicht schlagartig erfolgt, sondern im Zeitraum von
Februar bis November 1949 nach dem Domino-Prinzip. So war es
aus dem Eröffnungsbeschluß des Obersten Gerichtes zu entneh-
men, der zu Prozeßbeginn in Dessau verlesen wurde. Der Aufruf
jedes Angeklagten endete mit der Formulierung „In Untersuchungshaft seit ..."

Unterlage über eine großangelegte Polizeiaktion in den Hallen-
ser Ausfallstraßen sind nicht aufzufinden. Die Morgenrapporte der
Hauptabteilung Kriminalpolizei in der Deutschen Verwaltung des
Innern Berlin, die 1949 jede polizeiliche Festnahme in Sachen
Wirtschaftsverbrechen penibel registrierte, enthalten die Namen
der in Dessau und Halle Verhafteten nicht. Ein sicheres Indiz für die
Tatsache, daß die Verhaftungen nicht in der Verantwortung der
Polizeibehörden lagen.

Erst am 12. Dezember 1949 meldete die Landespolizeibehörde
Sachsen-Anhalt vier Zentner verdorbenen Zucker und die unsach-
gemäße Lagerung von Chemikalien in der VVB Dessauer Zuckerraffinerie als Wirtschaftsverbrechen des ehemaligen Direktors
Kaatz, der zu dieser Zeit bereits in Haft saß.

Am 23. November 1949 boten fast alle Tageszeitungen in der DDR
ihren Lesern den mehrspaltigen Aufmacher „EINE BANDE VON
VERBRECHERN AM VOLKSEIGENTUM GEFASST / WERTE
VON HUNDERT MILLIONEN NACH WESTDEUTSCHLAND
VERSCHOBEN / VERBINDUNG MIT AUSLÄNDISCHER
SPIONAGE".

Die SED-Zeitung „Neues Deutschland" druckte auf der Titelsei-

Amtlicher Bericht der Zentralen Kommission für Staatliche Kontrolle über Verbrechen am Volkseigentum

Infolge ungenügender demokratischer Wachsamkeit ist es einer Anzahl monopolkapitalistischer Agenten im Lande Sachsen-Anhalt gelungen, in den Regierungsapparat und in etliche wirtschaftliche Institutionen einzudringen und mangelndes demokratisches Bewußtsein bei einigen verantwortlichen, leitenden Personen des öffentlichen Lebens auszunutzen für verbrecherische Manipulationen zum Schaden des Volkseigentums.

Etliche dieser Agenten verbündeten sich in Durchführung ihrer volksfeindlichen und nationalverräterischen Verbrechen mit kosmopolitisch versippten monopolkapitalistischen Elementen in Westdeutschland und in Westberlin und konspirierten mit Spionen in ausländischen Diensten.

Folgender Tatbestand wurde von der Zentralen Kommission für Staatliche Kontrolle ermittelt:

In Durchführung des Befehls 124 war der monopolkapitalistische Konzern, die Deutsche Continentale Gas-Gesellschaft (DCGG), unter Sequester gestellt worden.

Am 14. Januar 1946 wurde die DCGG in die unmittelbare Aufsicht und ausschließliche und tatsächliche Verfügungsgewalt der damaligen Provinz Sachsen übernommen.

Die kraft Gesetz erfolgte Enteignung der DCGG wurde von dem Präsidenten und dem 1. Vizepräsidenten der damaligen Provinz Sachsen in einem Schreiben vom 30. September 1946 bestätigt.

Obwohl also eindeutig feststand, daß nur noch die Provinzialverwaltung und spätere Landesregierung Sachsen-Anhalt über das Vermögen der DCGG zu verfügen hatte, wurden die mit der Sequestrierung und Enteignung verbundenen Maßnahmen zum Schaden des Volkes systematisch sabotiert, und zwar:

1. Der widerrechtlich tätige Vorstand und Aufsichtsrat der DCGG beschloß im Sommer 1947 eigens die Gründung einer Parallelfirma, nämlich der DCGG m. b. H. in Hagen in Westfalen.

Der Zweck dieses Unternehmens war die Schaffung einer neuen finanziellen Basis für den Wiederaufbau des DCGG-Konzerns in Westdeutschland auf Kosten der in der Ostzone im Volkseigentum befindlichen Vermögenswerte.

a) So wurden u. a. diesem neugegründeten Konzernunternehmen, vermittels raffinierter, verbrecherischer Finanztransaktionen, das Gaswerk Lemgo/Westfalen, Grundstücke in Westberlin und andere Betriebe, deren Besitztitel Volkseigentum geworden waren und sich in Dessau befanden, in die Hände gespielt.

b) Aus dem Tresor der DCGG-Dessau wurden Aktien im Nominalwert von RM 12 926 300,— sowie 9956 Kuxe der Gewerkschaft Westfalen mit einer Bilanzwert von RM 13 132 000,— entwendet, dem Rechtsanwalt und Notar Dr. H e i l , Dessau, zur Verwahrung übergeben und die entsprechenden Hinterlegungsscheine nach dem Westen verbracht.

c) Noch im Frühjahr 1948 wurden, auf Veranlassung des Vorstandes der DCGG-Dessau, durch eine Buchungsmanipulation RM 230 456,51 an das Sonderbüro der DCGG in Berlin-Nikolassee (amerikanischer Sektor) verschoben.

d) Im Sommer 1946 wurde aus den Vermögensbeständen der enteigneten DCGG ein Aktienpaket der Charlottenburger Wasserwerke AG im Nominal- und Zeitwert von 1 Million Reichsmark nach Westberlin verschoben und in Zusammenarbeit mit dem Oberbürgermeister des Westberliner Spaltermagistrats, Reuter, und dessen Stadtkämmerer, Dr. Haas, in Westberlin für 1 040 000,— Westmark verkauft. Der Erlös wurde ebenfalls nach der britisch-amerikanisch besetzten Zone verbracht.

e) Durch die Agenten des DCGG-Konzerns wurde in Hamburg, im Jahre 1947 eigens eine Elektro-Großhandels GmbH als Nachfolgerin der Büros Hamburg und München der DCGG gehörenden Elektro-Großhandels AG Waldersee bei Dessau gegründet. Das Geschäftskapital dieser Hamburger GmbH, in Höhe von RM 800 000,—, wurde in Form eines gleichwertigen Interimsscheines aus dem Vermögensbestand der enteigneten DCGG Dessau entwendet.

2. In den Jahren 1945 bis 1948 wurden aus den vorhandenen Barbeständen

te den Amtlichen Bericht der Zentralen Kommission für Staatliche Kontrolle.

„Infolge ungenügender demokratischer Wachsamkeit ist es einer Anzahl monopolkapitalistischer Agenten im Lande Sachsen-Anhalt gelungen, in den Regierungsapparat und in etliche wirtschaftliche Institutionen einzudringen und mangelndes demokratisches Bewußtsein bei einigen verantwortlichen, leitenden Personen des öffentlichen Lebens auszunutzen für verbrecherische Manipulationen zum Schaden des Volkseigentums. Etliche dieser Agenten verbündeten sich in Durchführung ihrer volksfeindlichen und nationalverräterischen Verbrechen mit kosmopolitisch versippten monopolkapitalistischen Elementen in Westdeutschland und in Westberlin und konspirierten mit Spionen in ausländischen Diensten."

Der weitere Text beschrieb die Aktivitäten der Vorstands- und Aufsichtsratsmitglieder. Der Bericht schloß:

„Der Amtliche Bericht der zentralen Kommission für Staatliche Kontrolle stützt sich auf unwiderlegbare beweiskräftige Dokumente und enthält nur einen Teil der Verbrechen, die von den monopolkapitalistischen Kreaturen im Lande Sachsen-Anhalt begangen worden sind. Die Ermittlungen werden fortgesetzt. Die Zentrale Kommission für Staatliche Kontrolle fordert alle demokratisch bewußten Kräfte in den früheren Konzernbetrieben auf, der Provisorischen Regierung der Deutschen Demokratischen Republik behilflich zu sein bei der Ausschaltung schädlicher monopolkapitalistischer Einflüsse auf die volkseigenen Betriebe.
Berlin, den 21. November 1949
Fritz Lange
Der Vorsitzende der Zentralen Kommission für Staatliche Kontrolle"

Nach der Ankunft in Gommern mußten die Festgenommenen die Zivilkleidung ablegen. Sie erhielten Anstaltskleidung aus reißfestem Drillich. Obwohl in den Polizeigefängnissen Sachsen-Anhalts gemeinhin Platzmangel herrschte, hatte die Verwaltung in Gommern einen kompletten Gebäudeflügel für die Gefangenen der Lange-Kommission geräumt. Vier Häftlinge lagen in der ersten Etage, vier im Erdgeschoß, jeweils zwei links und rechts vom Treppenhaus. Dazwischen Leerzellen, so daß keine Klopfverbindung möglich war. Die Isolierung war total. Nicht einmal das Stammpersonal von Gommern durfte an die Gefangenen heran. Den Wachdienst übernahm ein Sonderkommando in einer Stärke von 1 : 12. Diese verschärften Haftbedingungen verfehlten ihre Wirkung nicht. Heinrich Scharf unternahm in seiner Zelle einen Selbstmordversuch.

Die Vernehmer der ZKSK fühlten sich dem Berufsethos eines Andrej Wyschinski verpflichtet. Der gnadenlose Chefankläger der UdSSR hatte sich in den stalinistischen Schauprozessen der dreißiger und vierziger Jahre einen Namen gemacht. Von ihm stammt der Satz: „Ein Geständnis ist Beweis der Schuld." Ein Freibrief für alle, die vorgaben, das „Schwert der proletarischen Revolution" im Namen und zum Nutzen des Volkes zu handhaben.

Häufig beteiligte sich Fritz Lange selbst an den Vernehmungen. Er leitete auch die Dauervernehmung vom 25. November, die in den Abendstunden begann und fast vierundzwanzig Stunden dauerte.

Brundert ließ sich von der rüden Behandlung, die ihm und seinen Schicksalsgefährten widerfuhr, nicht einschüchtern.

„Das ganze Verfahren ist ungesetzlich!" erklärte er entschlossen. „Ich verlange, von Kriminalbeamten oder einem Untersuchungsrichter angehört zu werden."

Der ZKSK-Vorsitzende verfärbte sich. „Das Untersuchungsorgan sind wir!" trumpfte er auf. „Daß Sie sich Ihrer Lage noch immer nicht bewußt sind, beweist nur Ihre Infantilität!"

„Das ist kein ordentliches Verfahren!" beharrte der Professor.

„Wir kennen Ihre parteifeindliche Tätigkeit sehr genau, Herr Brundert! Ihre Zusammenarbeit mit dem englischen Geheimdienst. Ihre Sabotagetätigkeit zugunsten der Konzernherren im Westen. Sie sind entlarvt!"

„Ich protestiere gegen diese Unterstellungen!"

Lange winkte ab. „Protestieren Sie, soviel Sie wollen. An der Sachlage ändert das überhaupt nichts." Seine Worte waren voller Hohn. „Schon bei der Durchsicht Ihrer Personalakte ist mir klar geworden, welches feindliche Element sich im Wirtschaftsministerium in Halle eingenistet hat."

Willi Brundert war kein Amokläufer. Er lenkte ein. „Stellen Sie mir präzise Fragen. Ich bin sicher, die Dinge lassen sich aufklären."

„Na schön!" Lange blätterte die Akte auf. „Sie haben sich 1930 dem Leuchtenberg-Kreis in Halle angeschlossen. Und 1931 wurden Sie Vorsitzender der sozialistischen Studentenschaft. Alles säuberlich im Lebenslauf aufgeführt, mein Lieber. Aber daß Sie drei Jahre später Ihre Gesinnung verrieten, hat Ihr Gedächtnis verdrängt!"

„Wovon reden Sie?"

Brüning, Rudolf: Gegen Flugzeuge und Kampfwagen. — Berlin: Steiniger 1942.
Brüninghaus, Erhard: Heime der Hitler-Jugend. — Stuttgart: Krämer 1940.
Brütting, Georg: Das Echo von der Rhön. — Berlin: Scherl 1943.
Brütting, Georg s. S e g e l f l u g erobert die Welt. 1944.
Brütting, Georg: Segelflug und Segelflieger. — München: Knorr & Hirth 1935.
Brütting, Georg: Wagnis am Himmel. — Berlin: Scherl 1943.
Brugg, Vendelin: Die „Erlangen" in der Südsee. — Berlin: Steiniger 1940.
Bruhn, J. Wilhelm: Boden. — Berlin: Dt. Rechtsverl. 1939.
Brundert, Willi: Junge Nation und Kampfbund. — Eisenach: Röth 1934.
Brunowsky, Wladimir: In Sowjetkerkern. — Stuttgart: Union 1930.
Bruns, Dietrich: Deutschtum auf Vorposten im Grenzland und Ausland. —
    Paderborn: Schöningh 1934.

Roebsteck, der zweite Vernehmer, kam hinter dem Tisch hervor. Er legte Brundert eine dickleibige Broschüre im grauweißen Pappeinband in die Hand. „Liste der auszusondernden Literatur" stand auf dem Umschlag. „Herausgegeben von der Deutschen Verwaltung für Volksbildung in der sowjetischen Besatzungszone."

„Blättern Sie ruhig", schlug Roebsteck vor. „Die Seite sechsundfünfzig ist interessant."

Willi Brundert entdeckte seinen Namen im Verfasserregister. Daneben den Titel der Schrift „Junge Nation und Kampfbund". Er hatte sie 1934 im Eisenacher Röth-Verlag veröffentlicht.

„Ich verstehe nicht, was Sie damit beweisen wollen. Ich habe diese Broschüre vor fünfzehn Jahren geschrieben. Meine berufliche Existenz stand damals auf dem Spiel. Ich schrieb auch einen Aufsatz zum Thema ‚Aus deutscher Rechtsgeschichte'. Das gebe ich ja alles zu. Aber was haben die Schriften mit den Anschuldigungen zu tun, die Sie gegen mich erheben?"

Fritz Lange, die Überlegenheit in Person, brummte fast zärtlich: „Aber Professor, ich denke, Sie sind promovierter Jurist. Die Schriften beweisen natürlich, daß die volksfeindlichen Ideen des Sozialdemokratismus nicht von einem Tag auf den anderen in Ihrem Kopf entstanden sind!"

Brundert schüttelte nachdenklich den Kopf. „Die Fakten stimmen, das ist richtig. Aber die Bedeutung, die Sie ihnen beimessen, und die Schlußfolgerungen, die Sie daraus ableiten, sind absurd."

„Sie werden sich noch wundern, Brundert. Auch ohne Ihr Geständnis reicht die Summe unserer Beweise für eine Verurteilung aus. – Wann und wo sind Sie mit dem britischen Geheimdienst in Verbindung getreten? Von wem wurden Sie angeworben?"

„Ich bin niemals vom englischen Geheimdienst ..." Bei diesem Stichwort klinkte sich Toni Ruh, der für Geheimdienste zuständige Spezialist, ein:

„In Ihrem Lebenslauf haben Sie, Herr Brundert, erklärt, daß Sie 1944 als Leutnant in englische Gefangenschaft gegangen sind."

„An der Scheldemündung. Das ist richtig."

„In welches Lager?"

„Camp achtzehn, bei Haltwhistle."

„Sie haben dort juristische Vorlesungen gehalten?"

„Ja, im Rahmen der POW-University*. Ich habe es nicht verschwiegen."

---

* Prisoner of War-University: Kriegsgefangenen-Universität.

„Was wissen Sie über das Lager Wilton-Park?"

„Ich lernte es erst im März 1946 kennen, als meine Entlassung aus der Gefangenschaft bevorstand. Das Lager war kein Geheimnis."

„Wer unterrichtete in Wilton-Park?

„Engländer und Deutsche. Es gab zwei Gruppen unter den Dozenten. Als Gastdozenten traten deutsche Emigranten auf."

„Wer war der Leiter?"

„Ein Rektor mit Namen Kepler."

„Da muß ich Sie korrigieren. Es war der deutsche Emigrant Dr. Kepler, der unter dem englischen Decknamen Professor King auftrat."

„Ja, ich erinnere mich." Toni Ruh verfügte über Detailkenntnisse, die Brundert verblüfften. „Dr. Kepler war der erste Redner, der im Auftrag der PID** die Vorlesungsreihe eröffnete. Damals unter dem Namen Professor King."

„Gab es weitere Dozenten mit Decknamen?"

„Warum fragen Sie? Sie wissen es doch."

Fritz Lange schnarrte: „Wollen Sie behaupten, daß die Umschulungslager keine Spionageschulen waren? Niemand schützt seine Leute konspirativ, wenn es die Sache nicht zwingend verlangt."

„Ich habe es nicht als Spionage gedeutet."

„Sondern?"

„So, wie ich es auffaßte, ging es vornehmlich um eine anglophile Beeinflussung der deutschen Kriegsheimkehrer."

„Unsinn!" behauptete Lange. „Um Spione des englischen Geheimdienstes ging es, wie Sie einer sind!"

Brundert schüttelte energisch den Kopf. „Glauben Sie, meine Auftraggeber hätten mir dann gestattet, kurz vor meiner Rückkehr nach Deutschland einen Artikel über Wilton-Park in den deutschen Zeitungen zu veröffentlichen? Welcher Agent kündigt seine Ankunft an?"

Das Verhör steckte in einer Sackgasse. Langes Konzept, den Gefangenen mit Hilfe seiner eigenen Aussagen in die Enge zu treiben, ging nicht auf. Er versuchte es mit Drohungen: „Lassen Sie sich Zeit, Brundert. Halten Sie uns ruhig hin. Wenn ich müde werde, übernimmt einer meiner Leute das Verhör, und wenn er müde wird,

---

* Political Intelligence Department – Abteilung des Auswärtigen Amtes, der die Umerziehung der deutschen Kriegsgefangenen oblag.

löst ihn ein anderer ab. Wir wollen den Prozeß. Wenigstens das sollten Sie begriffen haben. Wenn Sie verstockt bleiben, wird der Staatsanwalt die Höchststrafe beantragen. Glauben Sie ja nicht, daß wir mit ungeladenen Pistolen in der Gegend herumfuchteln!"

Die Lager, die das PID in England unterhielt, unterschieden sich in ihrer Struktur und Organisation nicht von den Antifa-Umschulungslagern für deutsche Kriegsgefangene in der UdSSR. Stand hier die marxistische Ideologie auf dem Lehrplan, waren es dort die westlichen Leitbilder für eine Demokratie im Nachkriegsdeutschland. Tausende von Kriegsgefangenen sind durch diese Lager gegangen. Einen Teil seiner V-Leute gewann der britische Geheimdienst wohl auch unter Gefangenen, die in die sowjetisch besetzte Zone entlassen wurden. Professor Willi Brundert freilich konnte auch vor Gericht ein Spionageauftrag nicht nachgewiesen werden.

Wie der Autor Werner Kahl in seinem Report „Spionage in Deutschland heute" beschreibt, hatte der Secret Service unmittelbar nach Kriegsende ein leistungsfähiges Nachrichtennetz in der SBZ aufgebaut, das Hunderte von Agenten und Gewährsleuten beschäftigte.

Der sowjetische militärische Geheimdienst GRU sah im englischen Secret Service seinen Hauptgegner. Die Briten waren für ihre lange Geschichte erfolgreicher Geheimdienstoperationen bekannt. In den zwanziger Jahren unterhielten sie in Sowjetrußland mehrere Agentennetze, die von der Tscheka* nur in mühevoller Kleinarbeit zerschlagen wurden.

Weiträumig versuchte die GRU ab 1947, gestützt auf das deutsche Kripo-Kommissariat 5, ihre Besatzungszone gegen westliche Einflüsse abzuschirmen und die gegnerischen Nachrichtendienste auszuschalten. Der Geheimdienst warnte vor Heimkehrern, die Aufträge westlicher Geheimdienste in den Taschen hatten. Die Agenten-Hysterie mündete 1949 in den Sicherheitsbefehl Nr. 2 der SMAD, der sich gegen alle Personen richtete, die aus westlicher Emigration oder Kriegsgefangenschaft heimgekehrt waren und nun in sicherheitssensiblen Bereichen, wie Polizei, Justiz oder in den zentralen staatlichen Verwaltungsbehörden, arbeiteten.

Eine Welle von Kündigungen setzte ein. Allein in der Volkspolizei wurden mehr als 2000 Mitarbeiter Opfer dieses Berufsverbotes.

---

* sowjetrussischer Staatssicherheitsdienst, im Dezember 1917 gegründet

In einer weiteren Vernehmung, die zwei Tage später, wieder zur Nachtzeit, arrangiert war, konfrontierten Lange und Roebsteck den gestürzten Ministerialdirektor mit seinen Verwicklungen in die vermeintlichen Konzernverbrechen.

Roebsteck repetierte: „Im Frühjahr 1947 faßten Müller, Methfessel und die sauberen Herren aus Frankfurt am Main den frechen Plan, die West-Conti zu gründen. In diese sollten die aus der Ostzone verschobenen Vermögenswerte einfließen."

Lange: „An dieser Stelle kommen Sie ins Spiel, Professor Brundert! Sie haben natürlich von der Transaktion gewußt. Ach, was sag ich – Sie haben sie bewußt unterstützt! Die Aufhebung des Sperrvermerkes für die Agag war Ihr Werk!"

Wieder Roebsteck: „Obwohl Ihnen bekannt war, daß die Conti enteignet wurde, haben Sie die Löschung im Handelsregister verschleppt!"

„Beim Minister lag ein Einspruch gegen die Enteignung vor."

„Schon der Gedanke an einen solchen Einspruch ist Sabotage!" wetterte Lange.

Brundert setzte sich zur Wehr. „Ich kannte den Umfang des Wertpapierbesitzes nicht. Es gab kein Bestandsverzeichnis."

„Wer war für die Bearbeitung zuständig?"

„In unserem Ministerium? Das Hauptreferat Energie."

„Wem unterstand das Hauptreferat?"

„Doktor Almoss."

„Und Almoss?" Roebsteck blieb hartnäckig.

„Dem zuständigen Ministerialdirigenten."

„Und dessen Vorgesetzter ...?"

„... war der Minister. In seiner Vertretung allerdings ich."

Genugtuung stahl sich in Langes Gesicht. „Das ist doch schon ein halbes Geständnis, Herr Brundert. Begreifen Sie doch endlich: Die große Chance, die Sie haben, ist, früher zu gestehen als die anderen."

„Ich habe nichts zu gestehen!"

Der Tatverdächtige Brundert machte es den Männern der ZKSK schwer. Die gestandene Methode, Fakten mit ihren Deutungen so unkenntlich zu machen, daß am Schluß mancher Verdächtige selbst an seine Schuld glaubte, griff hier nicht.

Fritz Lange hatte das längst erkannt. Gemächlich schlenderte er zum Fenster und sah hinaus. Die Hände hatte er auf dem Rücken verschränkt. „Tut gut, einmal durchzuatmen", meinte er friedlich.

„Nicht in dieser Museumsgruft", murrte Brundert.

„Ach ja?" Pause. „Der Himmel bezieht sich wieder. Sieht aus, als sollten wir den ersten Schnee bekommen." Der ZKSK-Emissär drehte sich heftig vom Fenster weg. „Sie sind doch politisch geschult, Professor Brundert. Sie werden sich doch denken können, daß wir diesen Prozeß in Sachsen-Anhalt nicht ohne Grund anstreben. Ich glaube nicht, daß Sie so tief gesunken sind, uns Ihre Mithilfe zu verweigern. Wir wissen zum Beispiel von unseren Wachtmeistern, daß Herwegen von morgens bis abends in seiner Zelle hin und her rennt und den Rosenkranz betet. Das kann er. Das ist uns völlig egal. Uns interessiert seine Partei, die CDU, verstehen Sie. In Calbe haben die frommen Brüder ein Plakat aufgehängt, da steht drauf: ‚Werde Mitglied der CDU – der stärksten Partei Deutschlands.' Dazu wird es nicht kommen." Langes Stimme bekam einen werbenden Klang. „Der Name Brundert spielt in der Wirtschaftspolitik des Landes Sachsen-Anhalt eine große Rolle. Wenn Sie uns im Prozeß helfen, sind Sie gerettet."

Erwartungsvoll musterte er seinen Gefangenen.

Dessen Antwort ließ auf sich warten. Der Ministerialdirektor starrte zu Boden, bis er nach mehreren Minuten sagte: „Der einzige Fehler, den ich mir vorzuwerfen habe, ist die Vernachlässigung meiner Aufsichtspflicht gegenüber der DCGG."

Die Vernehmer der Kontrollkommission verstärkten den Druck auf die Verdächtigen. Sie zogen alle Register, um den Festgenommenen Schuldgefühle zu suggerieren. Am 21. Dezember 1949 nötigten Lange, Ruh und Roebsteck Leo Herwegen zu dieser Erklärung:

„Ich muß auf Vorhalt zugeben, daß ich, trotzdem ich als Regierungsvertreter im Aufsichtsrat dieser Gesellschaft nach 1945 war, nichts getan habe, um
1. die Manipulationen des Methfessel und Müller, als die Konzernvertreter, zum Schaden des Volkes und zum Schaden der Volkswirtschaft von Sachsen-Anhalt zu verhindern.
2. Ich habe nichts dagegen getan, um die Verschiebung des Aktienkapitals und der verschiedenen Aktien an die ehem. Konzernherren nach dem Westen zu verhindern.
Im Gegenteil, ich muß zugeben, daß ich bei verschiedenen Anlässen der Aufsichtsratssitzungen diesen verschleierten Transaktionen, die von Müller und Methfessel vorgetragen wurden, zugestimmt habe. Ich fühle mich schuldig, dadurch entscheidend an der Verschleppung des Aktienkapitals zum Schaden des Volkes mitgewirkt zu haben."

Der Minister hatte aufgegeben. Mit zitternden Fingern unterschrieb er den Revers, den die Vernehmer ihm diktierten. Dann wurde er, völlig erschöpft, in seine Einzelzelle zurückgeführt.

Von ihrem Erfolg überzeugt, eröffnete die Lange-Kommission ihren propagandistischen Feldzug in der Conti-Affäre. Noch während die Untersuchung lief, erhielt ein Reporterteam der „Neuen Berliner Illustrierten" die Erlaubnis zu einem Fototermin in der Haftanstalt. Die Gefangenen wurden einer nach dem anderen aus ihren Zellen geholt und vor der Kamera plaziert. Geschickte Regie erweckte den Eindruck, als habe der Fotograf Schnappschüsse von den Vernehmungen des „Inspirators Herwegen", des „Rechtsfälschers Dr. Heil", des „Spionage-Agenten Brundert", des „Vermögensschiebers Scharf", des „Hauptschuldigen Kaatz", des „Mithelfers Simon", des „Handlangers Pauli" und des „Organisators Müller" eingefangen. Eine weitere Aufnahme zeigte den Ex-Minister Herwegen beim gemütlichen Plausch mit einem Wärter an der Zellentür. Das Kameraobjektiv durfte sogar, mit Blick durch die Gitterstäbe, den täglichen Rundgang der prominenten Häftlinge auf dem Gefängnishof beobachten.

Der mit „Donath" gezeichnete Report erschien im 2. Dezemberheft der auflagenstärksten Illustrierten in der DDR unter dem reißerischen Titel „RATTEN IN DER FALLE". Die Unterzeile: „Erste Aufnahmen vom Untersuchungsverfahren gegen die in der Strafanstalt Gommern inhaftierten Schuldigen am 100-Millionen-Diebstahl des volkseigenen DCGG-Vermögens". Die Verdächtigen wurden zu Schuldigen gestempelt, bevor sie den Gerichtssaal überhaupt betreten hatten. Flankiert wurde diese Kampagne im Dezember 1948 u.a. von einem Auftritt Walter Ulbrichts auf der Landesdelegiertenkonferenz der SED Sachsen-Anhalt:

„Wir wissen, daß die Feinde Agenten in unser Gebiet geschickt haben, die auf lange Sicht arbeiten. Zu diesen Leuten gehört auch Brundert, der von der englischen Wilton-Park-Schule kommt. Er wurde dort geschult in der Richtung der Rettung der alten kapitalistischen Herrschaft in Deutschland. Ich habe die Arbeiten Brunderts studiert. Brundert hat kapitalistische Theorien bei uns in der Praxis umsetzen wollen."

Die innenpolitische Entwicklung verhieß nichts Gutes für den Ausgang des Strafverfahrens gegen die Häftlinge von Gommern. Am 26. Januar 1950 veröffentlichte der Ministerrat der DDR den

„**Inspirator:** *Den ehemaligen Minister Dr. L. Herwegen, der sich* für seine Mithilfe bezahlen ließ, nahm die Volkspolizei während seiner Flucht nach dem Westen im letzten Augenblick fest. "

„**Rechtsfälscher:** *Notar Dr. Heil, dessen Unschuldsbeteuerungen u.a. das unten wiedergegebene Dokument widerlegt, gab den meisten Transaktionen einen Schein der ‚Gesetzlichkeit'. "*

„**Spionage-Agent:** *Dr. Brundert, einst Dozent an einer britischen Agentenschule, ein Mann ‚mit Beziehungen', sabotierte durch geflissentliche Verwirrung der Vermögenslage. "*

„**Vermögens-Schieber:** *Bankdirektor Heinrich Scharf, dessen Handverletzung auf Selbstmordversuch hindeutet, nahm an den gesetzwidrigen Aufsichtsratssitzungen der DCGG teil. "*

*„**Hauptschuldiger:** ‚Treuhänder'
der DCGG, vormals Generaldirektor und Rittergutsbesitzer
Dr. Leopold Kaatz, organisierte
den 100-Millionen-Diebstahl,
spielt aber den Ahnungslosen."*

*„**Mithelfer:** Der sich vor dem
Untersuchungsrichter verschlagen
verteidigende Syndikus Ernst
Simon, leitete Geschäftsunterlagen
an einen westberliner Konzern-
Vertrauensmann."*

*„**Handlanger:** Der Wirtschafts-
beauftragte Pauli unterstützte
die Vermögens-Unterschlagung
durch Ausstellung einer falschen
Bescheinigung."*

*„**Organisator:** Dipl.-Ing. Müller,
Treuhänder des DCGG-
Vermögens, brach das in ihn
gesetzte Vertrauen und
ermöglichte die Betrügereien."*

„In der Zelle:
Herwegen, der seine
hohe Stellung zu
Gunsten der
Aktionäre des
ehemaligen DCGG-
Konzerns
mißbrauchte,
muß – wie alle
Angeklagten – aus
Sicherheitsgründen
Gefangenenkleidung
tragen. Auf Wunsch
erhielt er eine
Anstaltsbibel. "

„Im Gefängnishof: Durch die Gitter fotografierte unser Reporter die
Angeklagten Heil, Scharf, Pauli und Kaatz während ihres täglichen
Freistunden-Spazierganges. Damit sie sich nicht untereinander verstän-
digen können, müssen sie schweigend im 12-m-Abstand gehen. Um zu
verhindern, daß sie sich auch in der Untersuchungshaft unerlaubter Mittel
bedienen, befinden sich zwischen ihren Einzelunterkünften stets Leerzellen,
die Klopfsignale verhindern sollen. "

108

ZEITSCHRIFT FÜR DAS GESAMTE POLIZEIWESEN

Die **Volkspolizei**

3. JAHRGANG BERLIN, 10. FEBRUAR 1950 NUMMER **3**

ABWEHR GEGEN SABOTAGE

Die Regierung der Deutschen Demokratischen Republik faßte in ihrer Sitzung vom 26. Januar 1950 folgenden Beschluß:

Die Regierung nimmt von dem Bericht des Vorsitzenden der Zentralen Kommission für staatliche Kontrolle, des Chefs der Deutschen Volkspolizei und des Chefs der Hauptverwaltung zum Schutze der Volkswirtschaft Kenntnis und stellt fest, daß mit dem Aufstieg unserer Wirtschaft, der Festigung der demokratischen Ordnung und dem Wachsen der Friedensfront sich die Tätigkeit der Agenten, Spione und Saboteure verschärft hat.

Die Durchführung des Regierungsprogramms, insbesondere des W i r t s c h a f t s p l a n e s 1 9 5 0, welcher eine weitere Verbesserung der Lage des deutschen Volkes bringen wird, verlangt große Anstrengungen, verlangt den Kampf zur Überwindung der Schwierigkeiten. In dem Maße, wie der Feind feststellt, daß er die demokratischen Errungenschaften nicht mehr rückgängig machen kann, konzentriert er seine ganze Kraft, um durch Sabotage, Brandstiftung usw. die Durchführung des Wirtschaftsplanes und der sonstigen demokratischen Maßnahmen zu stören. Dabei haben auch die Organe des Staates nicht immer diese bewußt organisierten Sabotagemaßnahmen erkannt.

Organisierte B r a n d s t i f t u n g e n, die in erschreckendem Maße im ganzen Bereich der Republik festgestellt sind, sind nicht genügend untersucht. Zum Teil hat man Fahrlässigkeit als Brandursache angegeben.

Dabei ist erwiesen, daß die Sabotagefälle die ideologische Vorbereitung gefunden haben durch die verstärkte feindliche Propaganda, durch Hetznachrichten des RIAS und der anderen feindlichen Sender, durch die Verbreitung von illegalen Flugblättern, durch offene und geheime Feinde unserer demokratischen Ordnung, die im Bereich unserer Republik wohnen und zum Teil sogar in Staatsstellungen tätig sind.

Auf Grund dieser Tatsachen beschließt die Regierung.

1. Durch V e r b e s s e r u n g d e r A u s b i l d u n g und durch S c h u l u n g müssen die Organe der Sicherheit unseres Staates und der Volkswirtschaft in die Lage versetzt werden, der verstärkten Tätigkeit der Feinde unserer Ordnung in jeder Weise gewappnet zu sein. Durch die ständige Instruktion und Schulung für alle Volkspolizisten müssen diese zu den ersten Mahnern zur Wachsamkeit werden. Keine Maßnahme des Feindes, keine Propagandamaßnahme darf unbeachtet bleiben. Der Chef der Hauptverwaltung Deutsche Volkspolizei hat gemeinsam mit dem Chef der Hauptverwaltung zum Schutze der Volkswirtschaft das B e r i c h t s s y s t e m über vorkommende Fälle von Sabotage, Spionage usw. derart zu organisieren, daß in Verbindung mit der Feindpropaganda von außen und der Tätigkeit der Agenten im Lande ständig ein Gesamtüberblick über den Stand der Feindtätigkeit zu ersehen ist. Hieraus müssen dann die operativen Maßnahmen getroffen werden.

Der Chef der Hauptverwaltung Deutsche Volkspolizei hat Maßnahmen zu treffen, um eine b e s s e r e Z u s a m m e n a r b e i t z w i s c h e n d e n B r a n d s c h u t z ä m t e r n und der K r i m i n a l p o l i z e i zu garantieren. Durch Verbesserung des Nachrichtenwesens müssen alle vorkommenden Fälle von Brandstiftung und Sabotage schnellstens an die leitenden Sicherheitsorgane geleitet werden, um von hier aus operative Maßnahmen einzuleiten.

2. Der Minister für Industrie und der Minister des Innern haben eine eingehende I n s t r u k t i o n zum S c h u t z e d e r v o l k s e i g e n e n B e t r i e b e zu erstellen. In dieser Instruktion müssen besondere Maßnahmen zum Schutze der Betriebe erstellt werden, an deren Zerstörung der Feind ein besonderes Interesse hat. Für die Betriebe, für die eine stärkere Feuer- und Explosionsgefahr gegeben ist, müssen die bestehenden Vorschriften überarbeitet und auf strenge Einhaltung geachtet werden. Wo eine V e r s t ä r k u n g d e s B e t r i e b s s c h u t z e s notwendig ist, muß sie zwischen dem Ministerium für Industrie und der Hauptverwaltung Deutsche Volkspolizei vereinbart werden. Die Leiter dieser wichtigen volkseigenen Betriebe sind anzuweisen, daß sie für die Sicherheit in ihrem Betrieb verantwortlich sind. Engste Zusammenarbeit der Betriebsleitung mit den Betriebsschutzeinheiten sowie mit den übrigen Organen der deutschen Volkspolizei muß gewährleistet sein. Der Chef der Deutschen Volkspolizei hat Maßnahmen zu treffen, daß durch besondere Schulung und durch ständige Instruktion sowie durch K o n t r o l l e gewährleistet wird, daß die Volkspolizeieinheiten für den Betriebsschutz ihre Aufgaben verantwortungsbewußt erfüllen.

3. In allen Ministerien der Republik und der Länder sowie in allen nachgeordneten Dienststellen und volkseigenen Betrieben ist mit der Stellungnahme zum Bericht über den Wirtschaftsplan 1949 und den Plan 1950 auf die Feindtätigkeit hinzuweisen. Alle Angestellten des Staatsapparates sowie alle wahren Patrioten sind zur verstärkten Wachsamkeit gegen die Feinde unserer Ordnung aufzurufen.

Regierungsbeschluß „ABWEHR GEGEN SABOTAGE", der eine härtere Gangart der Justizorgane legitimierte. Und am 8. Februar 1950 entstand aus der bisherigen Hauptverwaltung zum Schutz der Volkswirtschaft im DDR-Innenministerium per Gesetz ein Ministerium für Staatssicherheit.

Mitte März reiste Dr. Ernst Melzheimer, der Generalstaatsanwalt der DDR, in das unbedeutende Provinzstädtchen vor den Toren Magdeburgs. Der hochrangige Jurist, der es in der Nazizeit bis zum Kammergerichtsrat gebracht hatte, verhörte nun höchstpersönlich die Häftlinge der ZKSK. Das Untersuchungsmaterial entsprach seinen Erwartungen. Melzheimer entwarf die 59 Seiten umfassende Anklageschrift. Der Text, der zu einem Konglomerat aus juristischen Behauptungen und politischem Traktat geriet, wurde unter dem Aktenzeichen „Az 1 Gen Sta 1/50" registriert und in einer unverhältnismäßig hohen Zahl von Exemplaren gedruckt.

Brundert beharrte weiterhin auf seinem Recht, einen Anwalt zu konsultieren. Melzheimer erlaubte Brundert drei Konsultationen mit seinem Verteidiger Dr. Bühling. Die Gespräche zwischen Anwalt und Klient fanden unter den wachsamen Augen eines Magdeburger Richters statt.

Auf höchster Ebene in Berlin fiel die Entscheidung, den Prozeß gegen die „Conti-Verschwörer" nach Dessau zu legen. Das Dessauer Theater, im März 1945 bis auf die Grundmauern niedergebrannt und auf besonderen Wunsch der sowjetischen Besatzungsmacht wieder aufgebaut, bot 1200 Zuschauern Platz. Der passende Rahmen für das Schauspiel, das vom 24. bis 29. April hier zur Aufführung gelangen sollte.

Der SED-Propagadaapparat rekrutierte aus Mitarbeitern der ZKSK, des Amtes für Informationen beim Ministerrat, aus Polizeioffizieren, Justizangestellten und Bevollmächtigten des Ministeriums für Staatssicherheit ein „Organisationsbüro Herwegen-Brundert-Prozeß". Das Büro ließ Ausweiskarten drucken. Grauweiß für alle Besucher, in Rot für die Mitarbeiter der Generalstaatsanwaltschaft und des Obersten Gerichts.

Als die Sachbearbeiter S 2 der Kreispolizeiämter Sachsen-Anhalts am 6. April zur Dienstberatung in der Landespolizeibehörde anreisten, forderte ein Inspekteur Paulsen die Anwesenden auf, „sich Gedanken zu machen, wer von ihrem Haftanstalts- und Gefangenentransportpersonal für die Bewachung der Verbrecherbande Herwegen und Brundert infrage käme". Nur die zuverlässigsten VP-Angehörigen seien „mit genauen Personalien und kurzer Persönlichkeitscharakteristik dem Referat S 2 der Landespolizeibehörde vorzuschlagen".

Am 19. April wies der Innenminister des Landes Sachsen-Anhalt die Verwaltungen der Landkreise und kreisfreien Städte an, den zu erwartenden Dessauer Prozeß in täglichen Belegschaftsversammlungen auszuwerten.

Während noch die Bühne des Dessauer Theaters für einen der größten Schauprozesse der Nachkriegszeit vorbereitet wurde, forderten die IG Banken und Versicherungen, 4000 Belegschaftsmitglieder der Stickstoffwerke Piesteritz und „Leserbriefe" in der Presse bereits die strengste Bestrafung der Konzernagenten.

In einer öffentlichen Ladung, am 21. April 1950 auf Ersuchen des Obersten Gerichts in allen Tageszeitungen der DDR veröffentlicht, wurde Friedrich Methfessel aufgefordert, zur Verhandlung zu erscheinen:

„Berlin (ADN). Der 1. Strafsenat des Obersten Gerichts der Deutschen Demokratischen Republik teilt mit:
Gegen den am 11. August 1893 in Freiburg im Breisgau geborenen Friedrich Methfessel, zuletzt wohnhaft in Dessau, Hardenbergstraße 40, ehemaliger Direktor der Deutschen Continentalen Gas-Gesellschaft in Dessau, zur Zeit flüchtig, steht Termin zur Hauptverhandlung vor dem Obersten Gericht der Republik am 24. April 1950 an.
Er wird beschuldigt, in Dessau seit Dezember 1945 als von der Regierung der damaligen Provinz Sachsen in der DCGG in Dessau eingesetzter treuhänderischer Geschäftsführer in Sabotageabsicht die Durchführung der gemäß Befehl Nr. 124/45 der SMAD und der Verordnung der damaligen Provinzialverwaltung Sachsen vom 30. Juli 1946 erfolgten Beschlagnahme und Enteignung dieser Gesellschaft durchkreuzt und weitgehend vereitelt zu haben. (Verbrechen nach Befehl 160/45 SMAD).
Er wird zur Verhandlung dieser Sache zu dem oben genannten Termin, vormittags 9 Uhr im Gebäude des Landgerichts Dessau, großer Sitzungssaal, geladen. Er wird darauf hingewiesen, daß die Hauptverhandlung auch bei seinem Ausbleiben stattfinden wird und daß das Urteil vollstreckbar ist."

Auf Seite 7 veröffentlichte das „Neue Deutschland" an diesem Tag außerdem einen Kommentar zum „Justizskandal" um das Schwarzmateriallager im Seifhennersdorfer Textilbetrieb Moritz. Die Richter in Bautzen hatten den inhaftierten Eigentümer wieder auf freien Fuß gesetzt, den Betrieb aber immer noch nicht als VEB ins Handelsregister eintragen lassen. „Solche Verhältnisse darf es bei uns nicht geben", wetterte der Kolumnist. „Wenn irgendwo in dem Justizapparat noch jemand sitzt, der den kleinen ‚Herwegen' noch Türen offen hält, während der Prozeß gegen ihre großen Komplizen schon vorbereitet wird, so müssen diese Menschen durch gute Arbeit der Verwaltungen gestellt und aus unseren Behörden entfernt werden – und es darf ihnen nicht erlaubt sein, Unsicherheit und Verwirrung zu stiften."

In der Nacht vom 21. zum 22. April wurden die Zellen in Gommern geöffnet. Die acht Gefangenen wurden in ihrer Zivilkleidung und in Handschellen nach 22.00 Uhr in dunklen Limousinen unter schärfster Bewachung zum Dessauer Justizgefängnis transportiert. Die Straßenkreuzungen waren abgesperrt, jede Ortsdurchfahrt von Polizeiposten gesichert. Weit nach Mitternacht bezogen die Häftlinge ihr neues Domizil im Dessauer Justizgefängnis, achtundvierzig Stunden vor Prozeßbeginn im Theater am Platz des Friedens.

Einen Tag darauf, am 23. April, wartete das ND nochmals mit einem Artikel zum Thema auf: „DESSAU – DER PROZESS GEGEN DIE HANDLANGER DER KRIEGSTREIBER VON HEUTE", Autor war Fritz Lange. Keinen Zweifel über die politischen Ziele des Prozesses ließ die mitteldeutsche Tageszeitung „Freiheit" am 24. April, die auf ihrer Titelseite textete:

„... Der Prozeß reicht in seiner Bedeutung weit über die Grenzen des Landes Sachsen-Anhalt und der Deutschen Demokratischen Republik hinaus. Es ist der erste Prozeß auf deutschem Boden, der die hinterhältige und verbrecherische Tätigkeit der Agenten des amerikanischen Monopolkapitals in der Deutschen Demokratischen Republik ebenso vor der breitesten Öffentlichkeit entlarven wird, wie es zuvor schon durch Prozesse in den volksdemokratischen Ländern vor der Welt geschehen ist ...
Die Prozesse gegen Rajk in Ungarn, gegen Kostoff in Bulgarien und weitere, gegen Spione des anglo-amerikanischen Imperialismus geführte Prozesse in den übrigen Volksdemokratien haben der Welt klar gezeigt, welcher Methoden sich die feindlichen Agenten bedienen, um den Staatsapparat der fortschrittlichen Länder zu zersetzen und den Kräften der Reaktion zum Siege zu verhelfen ..."

Blaßblauer Himmel spannte sich über der Stadt. Die Bäume am Theaterplatz hatten frisches Grün getrieben. Überall in den Grünanlagen und Gärten hatte der Frühling Einzug gehalten.

Stunden vor Prozeßbeginn war ein Polizeikordon um den Theaterbau gelegt worden. In den Seitenstraßen sammelten sich Menschengruppen. Arbeiterdelegationen wurden in Bussen und auf Lkw herangekarrt. An jedem Morgen waren es neue Gesichter. Das „handverlesene" Publikum wechselte täglich. Die Gültigkeit der Eintrittskarten war auf einen Tag begrenzt.

Auf der Freitreppe vor dem Theatereingang marschierte eine Abordnung der Freien Deutschen Jugend in Blauhemden auf und skandierte Sprechchöre. Sie forderte die strengste Bestrafung der Konzernverbrecher.

Richterwahl in der Volkskammer

Generalstaatsanwalt Dr. Ernst Melzheimer, Oberster Ankläger der DDR.

Berlin. – Die Abgeordneten der Provisorischen Volkskammer der Deutschen Demokratischen Republik verabschiedeten einstimmig das Gesetz über die Errichtung des Obersten Gerichts und der Obersten Staatsanwaltschaft. Zum Präsidenten des Obersten Gerichts wurde der bisherige Landgerichtsdirektor Kurt Schumann gewählt, zum Vizepräsidenten Frau Dr. Hilde Benjamin. Ebenfalls einstimmig wählten die Abgeordneten der Volkskammer Dr. Ernst Melzheimer zum Generalstaatsanwalt der DDR.

Vizepräsidentin des Obersten Gerichts, Frau Dr. Hilde Benjamin.

Az.: 1 Gen Sta 1 50

A n k l a g e

1. Dr.-Ing. Leo H e r w e g e n , ehem. Minister für Arbeit und
Sozialwesen des Landes Sachsen-Anhalt,

2. Prof. Dr. jur. Willi B r u n d e r t , ehem. Ministerialdirektor im Ministerium für Wirtschaft und Verkehr des
Landes Sachsen-Anhalt,

3. Friedrich M o t h f e s s e l , ehem. Direktor der Deutschen
Continental-Gas-Gesellschaft in Dessau, zur Zeit flüchtig,

4. Dipl.-Ing. Hermann M ü l l e r , ehem. Direktor der Deutschen
Continental-Gas-Gesellschaft in Dessau,

5. Dr. jur. Leopold K a a t z , ehem. Direktor der Dessauer
Zuckerraffinerie in Dessau und Präsident der Industrie- und
Handelskammer in Dessau,

6. Ernst S i m o n , ehem. Landgerichtsdirektor in Dessau und
später juristischer Hilfsarbeiter der Deutschen Continental-
Gas-Gesellschaft in Dessau,

7. Paul H e i l , ehem. Rechtsanwalt und Notar,

8. Ernst P a u l i , ehem. Wirtschaftsbeauftragter beim Oberbürgermeister der Stadt Dessau und gleichzeitig Leiter der
Abteilung Industrie bei der Industrie- und Handelskammer
in Dessau,

9. Heinrich S c h a r f , wohnhaft in Halle (Saale). Universitäts-
ring 6, ehem. Mitglied des Direktoriums der Landeskreditbank Sachsen-Anhalt

w e r d e n   a n g e k l a g t ,

in der Zeit seit Dezember 1945, fortgesetzt als Täter handelnd,
in Sabotageabsicht die wirtschaftlichen Maßnahmen der deutschen
Selbstverwaltungsorgane durchkreuzt zu haben, wodurch dem
wirtschaftlichen Wiederaufbau Deutschlands und dem Vermögen
des deutschen Volkes schwerster Schaden entstanden ist.

(Befehl Nr. 160 des Chefs der Sowjetischen Militäradministration
und Obersten Befehlshaber in der sowjetischen Besatzungszone
Deutschlands vom 3. Dezember 1945.)

Der Theatersaal war hellerleuchtet. Über der Bühne prangte ein
Transparent. „DIE STAATSGEWALT IN DER DEUTSCHEN
DEMOKRATISCHEN REPUBLIK DIENT DEM VOLKE." Für
den Gerichtshof war ein mit rotem Samt bedecktes, hufeisenförmi-
ges Podium vorbereitet. Auf die Bühnenmitte warfen zusätzliche
Scheinwerfer ihre Lichtkegel. Ein Kameramann des DEFA-Au-
genzeugen postierte sein Stativ auf einem hölzernen Seitenpodest,
das für die Wochenschaufilmer zurechtgezimmert worden war. Es

versteht sich, daß die vordersten Reihen im Zuschauerraum für die Politprominenz aus Stadt und Land reserviert waren. Dazwischen die unvermeidlichen Sicherheitsbeamten im unauffälligen Zivil. Fritz Lange hatte sich mit seinem Vertreter Toni Ruh in die Intendantenloge zurückgezogen. Hinter der Bühne, gewissermaßen in Reichweite der Anklagebehörde, hockte Roebsteck. Er nahm deren Regieanweisungen entgegen und organisierte die Weitergabe per Zettelpost.

An den Pressetischen drängten sich die Vertreter der inländischen Zeitungen neben den Korrespondenten der Nachrichtenagenturen Reuter, AP, UP, DPA und des „Nye Dag". Der Berliner Rundfunk, der allabendlich in Sondersendungen vom Prozeßverlauf berichtete, hatte einen damals noch unbekannten Reporter entsandt. Sein Name wurde seinerzeit nicht genannt, doch die archivierten Tonkonserven weisen ihn als den Mann aus, der später zum Chef der Anti-BRD-Propaganda im Fernsehen der DDR aufstieg.

Zehn Minuten vor neun Uhr. Der Saal war bis auf den letzten Platz gefüllt. Als die acht Angeklagten, von je einem Wachmann begleitet, hereingeführt wurden, tauchten sie ein in das Blitzlichtgewitter der Fotografen. Die Kamera der Wochenschau begann mit einem Totalschwenk, erfaßte die Bühnenaufbauten und blickte in die

Gesichter der Angeklagten. Der Mann am Mikro des Berliner Rundfunks eröffnete die Originalreportage mit einer Milieuschilderung. Zwei Minuten vor neun nahm die Anklagevertretung, Generalstaatsanwalt Dr. Ernst Melzheimer, sekundiert von Staatsanwalt Dr. Cohn, der sich schon im Glauchau-Meerane-Prozeß bewährt hatte, Platz.

Das hohe Gericht erschien pünktlich. Es war mit Hilde Benjamin, der Vizepräsidentin am Obersten Gericht der DDR, und den Beisitzern Dr. Rothschild und Richter Trapp besetzt.

Hilde Benjamin erklärte die Verhandlung vor dem 1. Strafsenat des Obersten Gerichtes der Deutschen Demokratischen Republik für eröffnet. Die neun Angeklagten (also auch der abwesende Friedrich Methfessel) wurden der Form nach durch die Rechtsanwälte Jäckel, Dr. Bühling, Kästner, Dr. Miehe, Dr. Pein, Kretschmar, Jaeger, Dr. Bundschuh und Frau Genz vertreten.

Nach dem Aufruf der Angeklagten erhielt der Generalstaatsanwalt das Wort. Dr. Melzheimer erhob sich. Im Saal herrschte vollkommene Stille, als er den Männern auf der Anklagebank vorwarf, „in der Zeit seit Dezember 1945, fortgesetzt als Täter handelnd, in Sabotageabsicht die wirtschaftlichen Maßnahmen der deutschen Selbstverwaltungsorgane durchkreuzt zu haben, wodurch dem wirtschaftlichen Wiederaufbau Deutschlands und dem Vermögen des deutschen Volkes schwerster Schaden entstanden ist".

Er fuhr fort: „Strafbar nach Befehl 160 des Chefs der Sowjetischen Militäradministration und Obersten Befehlshabers in der sowjetischen Besatzungszone Deutschlands vom 3. Dezember 1945."

Die dreistündige Anklagerede endete mit den Worten:

„Die Angeschuldigten haben ungeheure Verbrechen gegen unsere Demokratie, gegen unseren wirtschaftlichen Aufbau und dadurch gegen den Frieden des deutschen Volkes und der Welt begangen und schwerste Schuld auf sich geladen. ... Während seit Jahren die Massen unseres werktätigen Volkes Tag für Tag in zäher und erfolgreicher Arbeit am Wiederaufbau unseres Vaterlandes und an der Wiedergeburt unseres Staates auf friedlicher und demokratischer Grundlage unermüdlich schaffen, sind ihnen diese Angeschuldigten in verräterischer und heimtückischer Weise in den Rücken gefallen ... Die Angeschuldigten ..., die im Solde einer zwar kleinen, doch einflußreichen Clique von deutschen imperialistischen Kriegshetzern und ihrer angloamerikanischen Hintermännern stehen, müssen für ihre schändlichen Verbrechen die ganze Härte unserer demokratischen Gesetzlichkeit spüren. Sie müssen schwerstens bestraft werden."

Am Nachmittag trat das Gericht in die Beweisaufnahme ein. Dr. Herwegen wurde als erster vernommen. Die Anklage warf dem Mitbegründer und Landesvorsitzenden der CDU in Sachsen-Anhalt seine konzernfreundliche Haltung vor.

Diese Einstellung wäre unter dem Druck einer gewissen Rechtsströmung in seiner Partei entstanden, verteidigte sich Herwegen. Einige dieser Mitglieder seien inzwischen in den Westen geflüchtet.

Hilde Benjamin fragte scharf: „Wollen Sie damit vielleicht sagen, daß Ihre Partei gegen die fortschrittlichen Maßnahmen eingestellt war?"

„Nein, die Partei nicht! Aber sehr viele führende Funktionäre."

„Worin bestand Ihre Parteidisziplin? Indem Sie diesen führenden Männern oder dem Programm Ihrer Partei treu blieben?"

„Man versucht zu lavieren. Ich konnte doch nicht gegen den Strom schwimmen."

Der Generalstaatsanwalt erkannte seine Chance. „Wohin ging der große Strom?" rief er.

Herwegen antwortete ausweichend.

Melzheimer wiederholte seine Frage: „Ich möchte wissen, wohin der Zug Ihrer Partei ging?"

Herwegen: „Er ging dahin, wohin sie alle wollten."

Nun wieder die Benjamin, schon ungeduldig: „Wo wollten Sie hin?"

„Nach dem Osten."

„Gegen den Marshall-Plan? Gegen die Konzerne?"

„Jawohl."

Die Vorsitzende blätterte in ihrem Aktenberg. „Ich möchte Ihnen in diesem Zusammenhang vorhalten, was Sie am 17. Dezember 1949 in der Voruntersuchung ausgesagt haben." Sie zitierte: „Obwohl ich Zeit meines Lebens bemüht war, dem Fortschritt zu dienen, und obwohl mir das Wesen der Conti bekannt war, habe ich all diese Dinge nicht verhindert, da ich sie auf Grund meines persönlichen Werdeganges nicht als strafbare Handlungen erkannt habe. Durch meine fast dreißigjährige Tätigkeit bei den Konzernen war es mir klar, daß ich in erster Linie die Interessen wahrzunehmen hatte." Hilde Benjamin sah auf, bevor sie mit schriller Stimme, so als hätte sie einen überaus wichtigen Beweis entdeckt, ausrief: „Also doch für den Marshall-Plan, für die Konzerne!"

Erwartungsgemäß wurden in der Vernehmung Professor Dr. Brunderts zwei Akzente gesetzt: seine Agententätigkeit, die aus der Gefangenschaft in Wilton-Park abgeleitet wurde, und die verzögerte Löschung der DCGG im Handelsregister.

Zunächst vergewisserte sich Frau Benjamin: „Es gab außer Kepler noch andere Lehrer in Wilton-Park, die mit Doppelnamen lebten. Kannten Sie einen Mister Holt?"

„Jawohl", antwortete Brundert. „Aber nur flüchtig."

„Als was trat er auf?"

„Mister Holt war, als ich nach Wilton-Park kam, wie Borinski Lehrgangsleiter und ist dann im April nach Deutschland zurückgegangen."

„Auch als Mister Holt?"

„Nein. Unter seinem früheren Namen ‚von Knörrigen'."

„Waldemar von Knoeringen, jetzt Vorsitzender der SPD in Bayern", trompetete die Benjamin ins Tischmikrofon. „Kannten Sie Herrn Schöttle?"

„Herr Schöttle hat in Wilton-Park einen Vortrag gehalten. Ich habe ihn persönlich nicht kennengelernt."

Wenngleich Schöttle nicht das Geringste mit dem Dessauer Prozeß zu tun hatte, bohrte die Vizepräsidentin des Obersten Gerichtes unbeirrt weiter: „Er hat also auch als Beauftragter dieser Spionagearbeit Vorträge gehalten. Was ist Herr Schöttle heute?"

„Das weiß ich nicht."

„Führender Sozialdemokrat in Stuttgart!" Lebhafte Bewegung im Saal. „Angeklagter Brundert", setzte die Vorsitzende die Vernehmung fort, „war Ihnen bekannt, daß die für die Schulungslager verantwortliche PID eine Spionageabteilung war?"

„Nein."

„Ist Ihnen das wenigstens heute bewußt?"

Brundert zuckte die Achseln. „Jetzt wäre es billig, auch in Hinsicht auf meine Verteidigung, das einfach zuzugeben."

Der Prozeßberichterstatter des ND drahtete am Abend an seine Redaktion: „BRUNDERT – EIN IN ENGLAND AUSGEBILDETER AGENT".

Die „Freiheit" wartete am 26. April mit der Schlagzeile auf: „WILTON-PARK-SCHÜLER BRUNDERT ALS AGENT ENTLARVT!"

Als die verzögerte Löschung der Conti am Mittwoch zur Debatte stand, wurde Brundert gefragt: „Sie hielten es also nicht für nötig, die Tatsache, daß die Conti endlich enteignet war, dem Handelsregister mitzuteilen und die Löschung der Conti herbeizuführen. Wollen Sie uns erklären, warum Sie das unterlassen haben?"

Brundert: „Ich habe schon im Vorverfahren gesagt, daß ich in der Folgezeit die Aufsichtspflicht nicht in dem Maße ausgeübt habe, wie sie ausgeübt werden mußte."

Hilde Benjamin daraufhin spitz: „Zehn Monate tun Sie nichts, und dann tun Sie merkwürdigerweise gleich zweierlei. Dann schreiben Sie statt eines Briefes gleich zwei. Dann schreiben Sie nicht nur an das Amtsgericht Dessau, daß man im Handelsregister die DCGG löschen soll, sondern dann schreiben Sie am gleichen Tag – vielleicht auch noch etwas eher – an den Vorstand der früheren Deutschen Continental-Gesellschaft. Das, was seit zehn Monaten fällig war, das kündigen Sie denen, die diese zehn Monate zu den unsaubersten Geschäften ausgenutzt haben, auch noch an. Wissen Sie, woran mich das erinnert, Angeklagter Brundert?" Pause. „Das erinnert mich an den Mann, der Schmiere steht und pfeift!"

Hermann Müller wurde aufgerufen. Anstelle des geflüchteten Methfessel lastete man dem Diplom-Ingenieur nun die Hauptverantwortung an. Müller verteidigte sich unbeholfen. Sie hatten ihm den Schneid abgekauft.

Als die Vorsitzende ihn mit der Frage „Also haben Sie die Einsprüche zugunsten der Aktionäre eingelegt?" in die Falle lockte,

gab Müller treuherzig zur Antwort: „Ich glaubte eben, daß man solche entschädigungslosen Enteignungen nicht machen sollte."

„Warum nicht?"

„Weil bei uns doch auch viele Kleinaktionäre waren. Kleine Privatsparer, die ihre Ersparnisse in Aktien angelegt hatten."

Ein Wink von Fritz Lange an die Techniker hinter der Bühne. Augenblicklich leuchteten an der Schautafel die Namen „Deutsche Bank" und „Dresdner Bank" als Hauptaktionäre auf. Die Show-Einlage verfehlte ihre Wirkung beim Publikum nicht.

Zu den makabren Regieeinfällen des allmächtigen ZKSK-Vorsitzenden zählte auch der tägliche An- und Abtransport der Angeklagten. Obwohl diese – bis auf Brundert – schon im sechsten Lebensjahrzehnt standen, wurden die Herren demonstrativ gefesselt. Den kurzen Weg von der Dessauer Justizhaftanstalt bis zum Verhandlungsort legten sie, zwischen zwei Wachtmeister geklemmt, auf dem Rücksitz dunkler Polizeilimousinen zurück, deren Heckscheiben mit weißer Farbe zugepinselt waren.

Am dritten Verhandlungstag wurde Dr. Leopold Kaatz vom Gericht gehört. Zwei Drittel seiner Vernehmungszeit waren den Vorgängen um den Tod der zwangsverpflichteten Ostarbeiter in der Zuckerraffinerie gewidmet. Auffallend gründlich walzten Ankläger und Vorsitzende die Geschehnisse des Jahres 1944 aus.

Kaatz' mehrfacher Hinweis, daß der tragische Tod nichts mit der Werkleitung zu tun hatte, sondern in der Verantwortung der SS und der Gestapo gelegen habe, interessierte Frau Benjamin wenig. Herr Kaatz, so verkündete sie düster, werde sich für dieses Verbrechen noch in einem anderen Prozeß zu verantworten haben. Dann kehrte sie zum Gegenstand des Conti-Verfahrens zurück.

Auf den Vorhalt, die Zustimmung zur Bildung des Konzernablegers in Hagen/Westfalen erteilt zu haben, erklärte Kaatz: „Das ist richtig. Aber ich bestreite ganz entschieden, daß die Gründung in Hagen zur Vermögensverschiebung geschah!"

„Hätten die Anteile der West-Conti nicht durch notariellen Vertrag auf die Regierung des Landes Sachsen-Anhalt übertragen werden müssen?"

„Das ist möglich. Es einzuleiten war aber nicht meine Aufgabe, sondern Methfessels."

Kaatz durfte seinen Platz auf der Anklagebank wieder einnehmen.

Ernst Simon wurde aufgerufen. Fünfundzwanzig Jahre hindurch sei dieser Mann als Richter und Landgerichtsdirektor tätig gewesen, erläuterte die Vorsitzende für Presse und Publikum. Er habe auch Urteile über „Rassenschande" gesprochen, wobei er sich auf die „Nürnberger Gesetze" berief. Simon war ein Richter, der wußte, was sich im Dritten Reich gehörte.

Die Handelsregisterauszüge kamen zur Sprache.

„Woher kannten Sie den Justizangestellten Schmidt? Noch von früher, aus Ihrer Tätigkeit als Richter am Amtsgericht? Aha. Und da wandten Sie sich privatim an Herrn Schmidt. Was sagten Sie ihm?"

Simon: „Ich habe gesagt, ich will noch heute Handelsregisterauszüge. Sonst dauert das natürlich sehr lange."

Benjamin: „Wie lange dauert das beim Amtsgericht Dessau?"

Simon: „Ein paar Wochen."

Benjamin: „Und jetzt haben Sie Ihre alten Beziehungen zum Justizangestellten Schmidt ausgenutzt, und er hat innerhalb von zwei Stunden ...? Wieviel Handelsregisterauszüge brachte er?"

Simon: „Es waren eine ganze Menge."

Benjamin: „Die hat er aus purer Freundschaft zu Ihnen gebracht?"

Simon: „Weil er mich kannte."

Benjamin: „Diese Handelsregisterauszüge sind nach dem Westen gegangen! Damit nämlich Herr Darge in Frankfurt für seine

Geschäfte sagen konnte: Die Conti ist noch im Handelsregister eingetragen, und ich bin Vorstandsmitglied. Das war Ihnen klar?"

Simon: „Jawohl."

Frau Benjamin hob zürnend die Stimme: „Das war Ihnen doch klar, wozu sie benutzt werden sollten?"

Simon nickte gehorsam. „Jawohl."

Zu einem Glanzstück der „Beweisaufnahme" gestaltete das Gericht die Vernehmung des Angeklagten Pauli. Seine tatsächliche Verstrickung in die DCGG-Affäre bestand darin, daß er am 12. August 1946 eine Bescheinigung für den Conti-Vorstand ausgestellt hatte, die besagte, daß die DCGG nicht unter Sequester gestellt sei. Obwohl der formale Enteignungsbescheid der Landesregierung tatsächlich erst am 25. Februar 1947 zugestellt worden war, folgerte das hohe Gericht: „In voller Erkenntnis der Rechtswidrigkeit seiner Handlung und in böswilliger Absicht stellte Pauli diese falsche Bescheinigung aus, durch die die Saboteure der DCGG die Grundlage für ihre Verbrechen erhielten."

Der ehemalige Fliegeroffizier Pauli war 1947 in die LDP eingetreten. Ein „besonderes Zeugnis seiner Verkommenheit" stellte nach Ansicht des Gerichtes seine Tätigkeit während des Krieges als Einkäufer für Edelmetalle dar, welche die Rüstungswirtschaft dringend benötigte.

„Ich bitte, ihm auch seine privaten Räubereien in den besetzten Gebieten vorzuhalten", rief der Generalstaatsanwalt aus. „Sie haben doch nicht nur für das Luftfahrtministerium eingekauft, Angeklagter! Sie haben doch auch für sich einiges besorgt."

Pauli daraufhin: „Jawohl, das habe ich getan, wie es in der Anklageschrift heißt. Aber ich habe doch nicht so viel gekauft, wie es dort angegeben wird. Im Januar 1941 habe ich für meine Frau einen ganz einfachen Pelzmantel gekauft für zweitausend Francs, gegenwärtig sind das einhundert Mark."

Frau Benjamin erkundigte sich: „Die haben Sie dafür bezahlt?"

„Nun, ich habe ihn ja im Laden gekauft. Ich habe weiter ein Rundfunkgerät gekauft, ein deutsches Gerät, welches lediglich in Frankreich mit einem Holzgehäuse versehen war. Ich habe – wie üblich ..."

Die Vorsitzende mit Blick zur Pressebank: „Wie üblich ...!"

Pauli fuhr fort: „... Lebensmittel gekauft und sie nach Hause geschickt. Als es mir finanziell etwas besser ging, kaufte ich meistenteils in Spanien ein, denn in Frankreich war nichts mehr zu holen. Die Qualität war nicht gut, und die Preise waren sehr hoch."

In den Reihen des Publikums kam Unwillen auf. Im Bericht über diesen Verhandlungstag, den das „Organisationsbüro Herwegen-Brundert-Prozeß" täglich den Mitarbeitern des Amtes für Informationen zustellte, nahmen sich Paulis Aussagen folgendermaßen aus:

Information Nr. 4

Vierter Tag
des Prozesses gegen Herwegen und seine Komplicen

27. April 1950

Die Verhandlung am Donnerstag wurde durch die Abgabe einer Erklärung durch das Oberste Gericht eröffnet, die folgenden Inhalt hat:

„Der Angeklagte P a u l i hat vor dem Obersten Gericht der Deutschen Demokratischen Republik in einer schamlos-zynischen Art zum Ausdruck gebracht, daß er seine Einkäufe, die nur seiner persönlichen Bereicherung dienen konnten, in Franco-Spanien getätigt hat, „weil in Frankreich nichts mehr zu holen war"

Das Oberste Gericht der Deutschen Demokratischen Republik bedauert, daß dieser Angeklagte, nachdem er bereits zugegeben hat, an der Ausraubung Frankreichs aktiv teilgenommen zu haben, einer derartigen nachtraglichen Verhöhnung des damals vom deutschen Faschismus gequälten französischen Volkes Ausdruck verliehen hat.

Das Oberste Gericht bittet den anwesenden Vertreter der französischen Presseagentur, dieses Bedauern dem französischen Volke vermitteln zu wollen."

Der Generalstaatsanwalt schloß sich dieser Erklärung an, und als Senior der Verteidiger nahm Dr. Dr. Bund-

aber trotzdem geglaubt habe, daß Methfessel volle Verfügungsgewalt über das Vermögen der Conti hatte.

Heil hat dann wesentlich zur Verschiebung der DCGG-Aktien nach dem Westen beigetragen, indem er sie, teils in einem Safe, zu dem er selbst keinen Schlüssel hatte, teils in seinem Kleiderschrank in „Verwahrung" nahm und den rechtsgültigen Hinterlegungsschein ausstellte. Diese Hinterlegungsscheine sollten, wie ihm bekannt war, nach dem Westen gebracht werden und stellten überhaupt das ausschlaggebende Mittel zur Verschiebung der Akten dar, deren vollen Wert sie repräsentierten. Heil hat diese Hinterlegungsscheine, deren einer über Aktien im Gesamtwerte von ca. 9 Millionen Mark lautete, auf die DCGG ausgeschrieben statt auf das Land Sachsen-Anhalt, obgleich er genau wußte, daß die Aktien dem Lande gehörten. Für das weitere Schicksal der Aktien und der Hinterlegungsscheine will Heil sich nicht interessiert und von den Schiebungen nichts gewußt haben.

Seine Versuche, den Ahnungslosen zu spielen, waren so plump, seine Antworten so töricht widerspruchsvoll, daß sie bei den Zuhörern wiederholt Unruhe hervorriefen. Die Präsidentin bemerkte daher: „Die westlichen Zeitungen haben gestern behauptet, der Prozeß sei ein

„Der Angeklagte Pauli hat vor dem Obersten Gericht der Deutschen Demokratischen Republik in einer schamlos-zynischen Art zum Ausdruck gebracht, daß er seine Einkäufe, die nur seiner persönlichen Bereicherung dienen konnten, in Franco-Spanien getätigt hat, weil ‚in Frankreich nichts mehr zu holen war'.
Das Oberste Gericht der Deutschen Demokratischen Republik bedauert, daß dieser Angeklagte, nachdem er bereits zugegeben hat, an der Ausraubung Frankreichs aktiv teilge-

123

nommen zu haben, einer derartigen nachträglichen Verhöhnung des damals vom deutschen Faschismus gequälten französischen Volkes Ausdruck verliehen wurde.

Das Oberste Gericht bittet den anwesenden Vertreter der
französischen Presseagentur, dieses Bedauern dem französischen Volk vermitteln zu wollen."

Am vierten Verhandlungstag gerieten Heil und Scharf ins Kreuz-
verhör. Heil verstrickte sich mit seinen Aussagen zum Aufbewahrungsort der Aktien und Hinterlegungsscheine in Widersprüche.
Frau Benjamin brillierte mit beißendem Sarkasmus: „Die westlichen Zeitungen haben gestern behauptet, der Prozeß sei ein Mittel
der SED, die deutsche Intelligenz zu vernichten. Ich weiß nicht, ob
man Sie damit gemeint hat."

Scharf, der, wie die Zeitungen schrieben, „ohne Schärfe vernommen wurde", war in allen Anklagepunkten geständig. Von der
Vorsitzenden wurde er gefragt: „Sie hatten bei Ihrer Verhaftung Gift
eingesteckt?"

„Ja, es war Zyankali."

„Sind bei Ihnen später nochmal Tabletten oder Drogen oder
dergleichen gefunden worden?"

Scharfs Gesicht wirkte leer. „Nicht in Gommern, aber hier in
Dessau, ohne meine Schuld."

Mit deutlichem Seitenhieb auf diverse Pressekommentare sagte
Frau Benjamin: „Es ist hier wiederholt behauptet worden, daß den
Angeklagten von irgendwelchen deutschen Stellen oder von der
Besatzungsmacht Drogen eingeführt würden. Ich möchte nun ge-
rade von Ihnen hören, daß bei Ihnen Drogen aus Ihrem Privatbesitz
gefunden wurden und daß man sie Ihnen abnahm."

„Jawohl."

„Hatten Sie die Möglichkeit, sich zusätzlich Lebensmittel zu
kaufen?"

„Alle Angeklagten konnten bei der HO einkaufen, und dabei war
das Essen gleichmäßig gut gekocht." In vorauseilendem Gehorsam
erklärte Scharf: „Ich freue mich direkt, wenn ich hier die Gelegenheit habe, zu bestätigen, in wie vorbildlicher und humaner Form wir
behandelt wurden."

Frau Bejamin nickte zufrieden. „Ihre körperliche Betreuung haben wir jetzt klargestellt. Konnten Sie Bücher oder so etwas haben?"

Bravourös sagte der Angeklagte sein Sprüchlein auf: „Jawohl,
ich habe Bücher haben können. Ich durfte sogar – und das war eine
ganz entscheidende Entlastung – eine Ausarbeitung über kredit-

geschäftliche Erfahrungen machen. Das war für mich seelisch eine so enorme Entspannung, daß ich Herrn Generalstaatsanwalt meinen Dank abzustatten bei der ersten Gelegenheit wahrnehmen werde."

Der Kredit, den die Vernehmer der Lange-Kommission dem Bankdirektor bei der Festnahme eingeräumt hatten, wurde gewissenhaft eingelöst.

Den Abschluß der Beweisaufnahme bildete der mehrstündige Vortrag des Industrie-Ministers Fritz Selbmann, der vom 1. Strafsenat als Gutachter bestellt war.

Selbmann vertrat den Standpunkt, die Regierung des Landes Sachsen-Anhalt habe durch den Aufbewahrungsort der Wertpapiere in Dessau einen Rechtsanspruch auf das gesamtdeutsche Vermögen der DCGG erworben.

Der Befehl Nr. 124, auf den sich die Sequestrierung in der sowjetischen Besatzungszone stützte, legte in der dazu erlassenen Instruktion fest, was unter dem Begriff des Vermögens zu verstehen sei, nämlich alle Immobilien, beliebige Dokumente, die ein Eigentumsrecht oder Forderungen auf Vermögen beweisen, und Papiere (Aktien, Obligationen, Kupons, Zertifikate). Daraus leite sich ab, daß im Falle der DCGG das gesamte Vermögen unter die Beschlagnahme nach Befehl 124 fiel, weil sich sämtliche Vermögenswerte in natura oder dokumentiert durch Wertpapiere p.p. in Dessau befanden.

Der Befehl Nr. 154 bestimmte in der Folge, daß das sequestrierte und konfiszierte Vermögen entschädigungslos in den Besitz und in die Verfügung der deutschen Provinzen und Bundesländer nach dem Aufenthaltsort dieses Eigentums zu übergeben war.

Der Sachverständige führte aus: „Ich habe bereits dargelegt, daß alle Besatzungsmächte verpflichtet waren, Gesetzesvorschriften eines Zonenbefehlshabers in einer Angelegenheit, die Deutschland als Ganzes betraf, zu respektieren. Kein deutscher Bürger und vor allem kein deutscher Staatsangestellter oder Verwaltungsangestellter durfte darauf spekulieren, daß die westlichen Besatzungsmächte das Potsdamer Abkommen verletzten."

Selbmann schätzte das Gesamtvermögen der DCGG mit Stichtag 1. Juli 1945 auf 151 Millionen Reichsmark. Von diesen Vermögenswerten seien nachweislich nur 53 Millionen Reichsmark in das Volkseigentum überführt worden. Die Differenz ergäbe den Schaden, den die Angeklagten zu vertreten hätten.

Das Gericht dankte dem Sachverständigen. Selbmann verließ den Zeugenstand.

Unvermittelt sprang Dr. Melzheimer auf. Er erklärte, daß die Anklagevertretung auf die Einvernahme weiterer Zeugen und eines weiteren Sachverständigen verzichte und beantragte den Abschluß der Beweisaufnahme. „Die Anklage beruht auf reichhaltigem Urkundenmaterial, so daß jede Feststellung der Anklagebehörde hinreichend untermauert ist."

Die Gründe dafür, daß auf die Aussagen weiterer sechs bereitgehaltener Zeugen aus Dessau, Halle und Berlin sowie eines hohen Funktionärs der Finanzverwaltung verzichtet wurde, sind nicht bekannt. Vielleicht wollte Melzheimer die eindeutigen Ergebnisse nicht durch eventuelle Unzuverlässigkeit dieser Zeugen gefährden? Die Beweisaufnahme wurde antragsgemäß abgeschlossen.

Der Vormittag des fünften Verhandlungstages im Herwegen-Brundert-Prozeß stand im Zeichen der Anklagevertretung. Dr. Ernst Melzheimer trat ans Mikrofon, um sein Plädoyer zu halten. Der „braune Bomber", wie ihn die Kollegen in der NS-Zeit scherzhaft nannten, sprach mit kraftvollem Pathos. Seine Stimme bebte, wenn er vom friedlichen Aufbauwerk in der DDR sprach, von der großherzigen Freundestat der UdSSR, die zahlreiche beschlagnahmte Konzernbetriebe an das deutsche Volk übergeben hatte, von der mangelhaften Wachsamkeit der Werktätigen, die die Verbrechen der Angeklagten überhaupt erst ermöglicht hätte. In höchsten Tönen lobte er: „Der Ministerrat der Deutschen Demokratischen Republik hat Folgerungen aus dem Gebot der Wachsamkeit gezogen. Sie hat das Ministerium für Staatssicherheit errichtet, das von allen guten Deutschen herzlich begrüßt wird."

Melzheimers Entrüstung steigerte sich, als er die Angeklagten charakterisierte: „Herwegen erlebt den Untergang seiner Klasse mit. Er geht seiner Privilegien verlustig. Er ist der typische Verbrecher!" Brundert deklassierte er als „arroganten Karrierist, als typischen Agent".

Melzheimer hob den Arm und deutete theatralisch auf Pauli. „Und da ist der Angeklagte Pauli, das übelste Subjekt, das mir unter die Hände gekommen ist!" Ruckartig drehte Melzheimer sich um. „Müller!" rief er aus. „Welche Schande für Sie, auf einer Anklagebank zu sitzen mit einem Pauli! – Scharf, sehen Sie die Schande, mit einem Brundert auf der Anklagebank zu sitzen!"

Verbalinjurien auch für Dr. Leopold Kaatz, für Ernst Simon und für den Notar Dr. Paul Heil.

Derartige Beschimpfungen waren schon von Wyschinskis Auftritten in Moskau bekannt und glichen sich auffallend in allen Anklagereden vergleichbarer Prozesse: „Bei lebendigem Leibe verfaulte Nichtswürdige, die den letzten Rest nicht nur der Ehre, sondern auch des Verstands verloren haben, niederträchtige, verkommene Leute, die gegen den Sowjetstaat zu ziehen versuchten, abscheuliche Politiker, kleine politische Falschspieler und Banditen!"*

Und ein anderer, ebenso eifernder Ankläger:

„Der gemeinsame Charakterzug der Angeklagten ist der, daß es sich um einen Auswurf, um Elemente der Gesellschaft handelt, die ... infolge ihres feigen und rückgratlosen Charakters, ihres wurzellosen Wesens zu Verrätern wurden."**

Zurück in den Dessauer Gerichtssaal.

Ernst Melzheimer resümierte: „Es geht nicht nur um die Millionen, die nach dem Westen verschoben sind, es geht darum, daß die Kriegsverbrecher in Westdeutschland und in der ganzen Welt Morgenluft wittern. Es geht um den Wiederaufbau der alten Konzerne in dem von uns losgerissenen Teil unseres Vaterlandes unter dem Protektorat des anglo-amerikanischen Finanzkapitals!"

Dann beantragte er Zuchthausstrafen zwischen zwei und fünfzehn Jahren.

Die Plädoyers der Verteidiger hingegen fielen eher dürftig aus. Obwohl die ostdeutsche Presse lobte: „VERTEIDIGUNG AUF ÜBERDURCHSCHNITTLICHEM NIVEAU", stand jedem der neun Verteidiger nur eine Redezeit von maximal fünfundvierzig Minuten zu. Was die Verteidigung vorzutragen hatte, war ohne Höhepunkte. Der Verteidiger des Hauptangeklagten Herwegen brauchte nicht einmal zwanzig Minuten, um für seinen Mandanten Nachsicht zu erbitten.

Das Gericht zog sich zur Beratung zurück. Das Urteil wurde für Sonnabend, den 29. April, erwartet.

---

* Plädoyer Wyschinskis in der Strafsache des trotzkistischen Zentrums vor dem Obersten Gerichtshof der UdSSR im Januar 1937.
** Ankläger Dr. Alapi 1947 im Budapester Prozeß gegen Laszlo Rajk.

Noch einmal war der Saal bis zum Bersten gefüllt. Unruhe verbreitete sich in den Reihen des Publikums, übertrug sich auf die Angeklagten. Auf dem Platz vor dem Theater hatte das Organisationsbüro Tonsäulen aufstellen lassen. Die Urteilsverkündung konnte von den Passanten auf der Straße live verfolgt werden.

Das hohe Gericht erschien. Die Anwesenden erhoben sich von den Plätzen. Nachdem die Anwesenheit der Angeklagten und ihrer Verteidiger festgestellt war, verkündete die Vorsitzende, Frau Hilde Benjamin:

„Im Namen des Volkes:

Die Angeklagten werden wegen Verbrechen gegen den Befehl Nr. 160 der SMAD vom 3. Dezember 1945 verurteilt und zwar

der Angeklagte Herwegen zu fünfzehn Jahren Zuchthaus,

der Angeklagte Brundert zu fünfzehn Jahren Zuchthaus,

der Angeklagte Methfessel zu fünfzehn Jahren Zuchthaus,

der Angeklagte Müller zu zwölf Jahren Zuchthaus,

der Angeklagte Kaatz zu zwölf Jahren Zuchthaus,

der Angeklagte Simon zu vier Jahren Zuchthaus,

der Angeklagte Heil zu acht Jahren Zuchthaus,

der Angeklagte Pauli zu sieben Jahren Zuchthaus,

der Angeklagte Scharf zu zwei Jahren Zuchthaus; ihm wird die seit dem 28. Oktober 1949 erlittene Untersuchungshaft in vollem Umfang auf die erkannte Strafe angerechnet.

Die Angeklagten haben die Kosten des Verfahrens zu tragen.

Berufung gegen dieses Urteil ist ausgeschlossen."

In der abschließenden Urteilsbegründung führte die Benjamin aus: „Es war ein Rütteln an den Grundpfeilern, die zum Aufbau unserer demokratischen Republik geführt haben, und damit war es ein Rütteln an den Grundlagen eines einheitlichen demokratischen Deutschland überhaupt."

Über die Reaktionen der Angeklagten wird Unterschiedliches berichtet. Herwegen nahm das Urteil mit verschränkten Armen entgegen. Müller und Pauli mit gesenkten Köpfen. Über Brunderts Gesicht stahl sich sogar ein ironisches Lächeln. Das Schmettern von Fanfaren und Landsknechtstrommeln war gedämpft an sein Ohr gedrungen. Irgendwo draußen, vor dem Theater, marschierte ein Musikkorps auf, das für den Aufzug zum 1. Mai probte.

Hilde Benjamin erklärte die Verhandlung für geschlossen.

Die Verurteilten wurden zu ihren Transportfahrzeugen gebracht. Der Weg führte nun zurück in die Abgeschiedenheit der dunklen Zellen. Ein Tag, zwei Tage, zehn Monate, Jahre um Jahre würden vergehen. Aufstehen, Zelle reinigen, Rapport, Essenausgabe, Schlafengehen und die langen endlosen Nächte. Später vielleicht, gewissermaßen als Vergünstigung, die Verlegung in ein Arbeitskommando.

Die Menschenansammlung auf dem Platz vor dem Theater verlief sich. Zimmerleute werkelten bereits an der Ehrentribüne für den Maifeiertag.

Seit Freitag lief in den Dessauer Kinos der René-Deltgen-Film „Tromba". Grellbunte Plakate an den Litfaßsäulen versprachen ein Gastspiel des Zirkus Barlay.

Die Phraseologie des kalten Krieges beherrschte die Presse in Ost und West.

Während der Westberliner „Telegraf" am 26. April zweispaltig titelte: „FREISLER-METHODEN IM DESSAUER PROZESS"*, schrieb der Prozeßbeobachter der SED-Zeitung „Freiheit" in der Ausgabe vom 27. April im Stil eines PK-Frontberichterstatters**: „GANOVENSKIZZEN AUS DESSAU ... Hier in Dessau sehen wir das Weiße im Auge des Todfeindes unseres Volkes."

Die propagandistische Vermarktung des Dessauer Schauprozesses wurde mit demselben Aufwand betrieben wie seine Vorbereitung. Im Amt für Informationen entstand in kürzester Zeit die Broschüre „ENTLARVT – die Geschichte eines aufgedeckten Riesenbetrugs", die als Groschenheft in hoher Auflage in die Kioske geworfen wurde. Fritz Lange hatte ein Nachwort unter dem Titel „Wie war so etwas möglich?" beigesteuert.

Am 4. Juli zitierte „Neues Deutschland" Walter Ulbricht:

„Was heißt denn heute Sozialdemokrat sein? Was heißt Sozialdemokratismus?
Wenn mich danach jemand fragt, so erwidere ich ihm: Sehen Sie sich an, was der Agent Brundert hier in Sachsen-Anhalt gemacht hat. Das ist Sozialdemokratismus.

---

* Roland Freisler war seit 1942 Vorsitzender des Volksgerichtshofes; in den Prozessen nach dem 20. Juli 1944 Personifizierung des nationalsozialistischen Justizterrors („Blutrichter").
** Propaganda-Kompanie der deutschen Wehrmacht.

Sehen sie sich an, was Herr Schumacher im Westen macht. Das ist Sozialdemokratismus.

... Wir haben in Zusammenhang mit dem Fall Herwegen-Brundert den Sozialdemokratismus in Sachsen-Anhalt zerschlagen."

Als der staatliche Filmverleih Progreß im Jahre 1953 den DEFA-Spielfilm „Geheimakten Solvay" auf die Kinoleinwände brachte, schmückte sich die Programmillustrierte mit dem Nachdruck eines Lange-Artikels über den Prozeß gegen die „Mittelsmänner der Deutschen Solvay-Werke A.G. Bernburg" aus der „Täglichen Rundschau" vom Dezember 1950. Er war mit zahlreichen Repliken auf den Fall Herwegen-Brundert gespickt.

Professor Willi Brundert, in Dessau zu fünfzehn Jahren Zuchthaus verurteilt, wurde am 19. März 1957 aus dem Strafvollzug der DDR entlassen. Er war der letzte aus der Reihe der Dessauer Angeklagten, der seine Freiheit zurückerhielt. Brundert reiste in die Bundesrepublik aus. 1964 wurde er zum Oberbürgermeister der Stadt Frankfurt am Main gewählt. 1970 ist er verstorben. Über seine Erfahrungen mit der politischen Strafjustiz der DDR hat er ein schmales Büchlein mit dem bezeichnenden Titel „Es begann im Theater. Volksjustiz hinter dem eisernen Vorhang" verfaßt. Es erschien 1958 im Verlag J.H.W. Dietz GmbH Berlin und Hannover.

Um die Fragwürdigkeit des Verfahrens bloßzustellen, analysierte Brundert sowohl die Hintergründe als auch den Verlauf des spektakulären Prozesses.

„Nach dem Zusammenbruch 1945 wurde das in der Sowjetzone gelegene DCGG-Vermögen sequestriert und in der weiteren Entwicklung auf Grund des Befehls Nr. 124 SMAD enteignet. Dagegen erhob die Gesellschaft Einspruch, der jedoch im April 1947 endgültig abgewiesen wurde. – Unabhängig von dem hier angedeuteten Sachverhalt prüften die Vertreter der Gesellschaft die Frage, was mit dem in Westdeutschland gelegenen DCGG-Vermögen werden sollte ...
Das Ergebnis war die Gründung einer neuen Gesellschaft mit dem Namen ‚Deutsche Continentale Gas-Gesellschaft mbH' mit Sitz in Hagen/Westfalen. Damit diese neue Gesellschaft handlungsfähig werden konnte, wurde von den ehemaligen DCGG-Organen – Vorstand und Aufsichtsrat – beschlossen, die in Dessau befindlichen Papiere, soweit

sie sich auf die in Westdeutschland gelegenen Vermögenswerte bezogen, nach Hagen zu bringen. Das ist geschehen."

Der Autor Brundert knüpfte drei Fragen an: Konnten die in den
damaligen Westzonen gelegenen Vermögenswerte überhaupt Gegenstand einer Enteignung nach russischem Befehl sein? War die
Verbringung der Papiere von Dessau nach Westdeutschland im
Sinne damals geltenden Rechts eine strafbare Handlung? Hatten
die Angeklagten in der Absicht gehandelt, Volksvermögen zu min-
dern?

In einem Urteil des Oberlandgerichtes Nürnberg vom September 1949 wurden diese Fragen auf der Grundlage des bundesdeut-
schen Rechts beantwortet. Der Gerichtshof stellte fest, daß „eine in
der ehemaligen sowjetischen Besatzungszone ausgesprochene
Enteignung gegen den ordre public* verstoße".

Ein Urteil, das Hilde Benjamin in der DDR-Zeitschrift „Neue
Justiz", Nr. 5/1950, mit dem Kommentar versah:

„Dieser Fehler der territorialen Betrachtungsweise findet sich bei
allen westdeutschen Gerichten bis zum Obersten Gerichtshof für die
Britische Zone und hat seine groteske Steigerung in einer Entscheidung des Landgerichtes Nürnberg aus diesem Jahr erlebt ..."

Der Bericht über die „Affäre Conti" wäre damit zu Ende. Dr. Leo
Herwegen ist 1972 in der Bundesrepublik Deutschland verstorben. Über das Schicksal der übrigen Angeklagten war nichts zu
erfahren. Es ist anzunehmen, daß keiner mehr am Leben ist.

Das Zeitliche gesegnet haben inzwischen auch der unmachsich
tige Ankläger Dr. Ernst Melzheimer und die spätere Justizmini-
sterin Dr. Hilde Benjamin, hinter vorgehaltener Hand die „rote
Freislerin" genannt.

Fritz Lange stieg 1950 ins Zentralkomitee der SED auf. 1953
denunzierte er den ehemaligen Staatssicherheitsminister Zaiser und
den Chefredakteur des »Neuen Deutschland«, Rudolf Herrnstadt,
als »Mitglieder der Berija-Bande, die den Sturz Walter Ulbrichts
betrieben« hätten.

Als Belohnung kletterte „Feldwebel" Lange die Leiter der
Führungshierarchie weiter hinauf. Von 1954 bis 1958 war er Minister für Volksbildung in der DDR, bevor er 1960 in Ungnade fiel
und als bedeutungsloser Funktionär in einem Archiv für Militär-
geschichte verschwand.

---

*   allgemeines Recht

Aus:
Geschichte
der Deutschen
Volkspolizei
1945-1989

tivitäten gegen die staatliche und wirtschaftliche Ordnung der DDR zu verstärken. Im November 1949 gelang es der Zentralen Kommission für staatliche Kontrolle mit maßgeblicher Unterstützung der Volkspolizei und der Werktätigen, eine von BRD-Konzernen gelenkte großangelegte Wirtschaftssabotage in Sachsen-Anhalt aufzudecken. Acht leitende Staats- und Wirtschaftsfunktionäre, die ihre Positionen für den Kampf gegen den Arbeiter-und-Bauern-Staat mißbraucht hatten, wurden verhaftet. Diese Agenten des Monopolkapitals hatten fast 100 Millionen Mark Volksvermögen an Konzerne der BRD verschoben. Sie sabotierten planmäßig die Überführung des Dessauer Konzerns Deutsche Continental Gas AG in Volkseigentum. Weitere Enthüllungen in den Jahren 1949/50 über Beauftragte des IG-Farben- und des Solvay-Konzerns, die in ehemals diesen Konzernen gehörenden Betrieben arbeiteten und den Werktätigen erhebliche Werte entzogen, um sie ihren Auftraggebern in der BRD illegal zu übereignen, sowie die

Der Millionenraub

23.
Am November 1949, wenige Wochen nach der Gründung unseres Staates, wird in Berlin ein Dokument veröffentlicht, das belegt, wie hinterhältig der Feind uns um die unvorstellbare Summe von 97 278 899,75 Reichsmark (RM) bestohlen hat.
Der Text des Schriftstücks lautet: „Der Ministerpräsident der Deutschen Demokratischen Republik hat dem Amt für Information den folgenden amtlichen Bericht der Zentralen Kommission für Staatliche Kontrolle übergeben: Infolge ungenügender demokratischer Wachsamkeit ist es einer Anzahl monopolkapitalistischer Agenten im Lande Sachsen-Anhalt gelungen, in den Regierungsapparat und in etliche wirtschaftliche Institutionen einzudringen und mangelndes demokratisches Bewußtsein bei einigen verantwortlichen leitenden Personen des öffentlichen Lebens

DIE VOLKSPOLIZEI 9/1989

Publizistische Vermarktung bis ins Jahr 1989

Toni Ruhs Spuren führen in die Leitungsebene des Amtes für Zoll und Kontrolle des Warenverkehrs (AZKW) der DDR, als dessen Chef er von 1950 bis 1962 fungierte.

Wohin es Roebsteck verschlug, ist nicht bekannt.

Von Zeit zu Zeit tauchte die „Affäre Conti" in den verschiedenen Publikationen zur Justiz- und Polizeigeschichte der DDR als „Millionenraub von Dessau" auf. Stets diente sie als Beweis für die „Wühltätigkeit klassenfeindlicher Spione und Agenten im Wirtschafts- und Staatsapparat des jungen Arbeiter- und Bauern-Staates".

DIE TODESSCHÜSSE VON UCKRO

Die Blutspur der „Großfahndung Uckro"

Die Todesschüsse von Uckro fielen am Morgen des 10. Oktober 1953, genau um 4.16 Uhr. Sie lösten die größte Fahndungsaktion in der fünfundvierzigjährigen Geschichte der Volkspolizei aus. Fast fünftausend Polizisten, Hunderte von Lastkraftwagen, Motorräder und gepanzerte Fahrzeuge waren an der aufsehenerregenden Operation beteiligt. Sie kostete sieben Menschenleben, mindestens elf Personen wurden verletzt.

Aber in der 1979 publizierten „Geschichte der Deutschen Volkspolizei", für die ein vierundzwanzigköpfiger Redaktionsstab, der bezeichnenderweise vom DDR-Innenminister Dickel geleitet wurde, als Herausgeber verantwortlich zeichnet, findet sich keine einzige Zeile über die aufwendige Fahndungsaktion.

Der Chronist unternahm bereits vor Jahren den Versuch, die Ereignisse jenes Oktober 1953 zu rekonstruieren. In dem Report „Befehdet seit dem ersten Tag" von Heinrich/Ullrich, 1981 im Dietz Verlag Berlin veröffentlicht, stieß er auf den Hinweis:

> „Am 16. Oktober 1949 fiel der Volkspolizei-Kommissar Hermann Grummini im Feuergefecht gegen eine Bande von Saboteuren, an seiner Seite starb der Volkspolizei-Oberrat Herbert Hoffmann. Am 20. Oktober gaben Zehntausende Cottbuser dem Volkspolizei-Hauptwachtmeister Heinz Sunkel und dem Volkspolizei-Kommissar Martin Lehmann – Vater von sechs Kindern – das letzte Geleit. Sie waren Opfer eines Anschlags geworden."

Auf Hermann Grumminis Grabstein in Luckau aber war der 10. Oktober 1953 als Todestag verzeichnet. Und die „Lausitzer Rundschau" berichtete in ihrer Ausgabe vom 20. Oktober 1953 über die Cottbuser Trauerzeremonie.

Schluderhafte Recherche oder geschickt inszeniertes Verwirrspiel?

Der Chronist begann in Archiven zu suchen, recherchierte an den Tatorten, sprach mit Augenzeugen und machte immer wieder die Erfahrung, daß man von Amts wegen nicht sonderlich daran interessiert war, die Wahrheit um den „Uckro-" oder „Tschechenkrieg", wie die Polizeiveteranen später die Fahndungsaktion getauft hatten, aufzudecken.

Warum paßte die Großfahndung nicht in das hehre Bild einer unfehlbaren Polizei des Volkes?

Die Chronik der „Großfahndung Uckro" – so die offizielle Archivkennung im Ministerium des Innern der DDR – spricht für sich.

Der Wagen schleuderte auf der regennassen Chaussee. Für einen Augenblick hatte es den Anschein, als würde er zur Seite ausbrechen. Aber der Mann am Steuer, ein Arzt aus dem nahegelegenen Brand-Erbisdorf, galt als geübter Fahrer. Nervige Hände umspannten das Lenkrad. Geschickt fing der Arzt den graugrünen VW-Kübel ab, ein amphibienmäßig ausgerüstetes Gefährt, das seine Feuerprobe schon in der deutschen Wehrmacht bestanden hatte.

Der Chauffeur – nennen wir ihn Dr. Hollberg – war reichlich stolz auf sein Auto mit dem militärischen Outfit. Ein befreundeter Schlossermeister hatte ihm das aus dem Krieg gerettete Wrack wieder zurechtgeflickt.

Die letzten Häuser von Großhartmannsdorf blieben zurück. Der Herbststurm, der orgelnd über die Gipfel und bewaldeten Hänge des Osterzgebirges fuhr, rüttelte am Wagenverdeck. Hoffentlich widerstand das wasserfeste Segeltuch. Seit Stunden regnete es. Ununterbrochen. Langsam und zögerlich hatte es in der vergangenen Nacht zu schneien begonnen. Im Laufe des Tages war der Flockenfall dann in Regen übergegangen. Die Wischer zogen dicke Schlieren über die Windschutzscheibe, behinderten die Sicht. Für Dr. Hollberg kein allzu großes Problem. Auf der Fernverkehrsstraße 101 kannte er sich aus.

Morgen, am 7. Oktober, werden die Großkopfeten des Kreises den vierten Jahrestag ihrer Arbeiter- und Bauernrepublik feiern. In diesem Jahr wohl etwas verhaltener als üblich. Die heißen Stunden des 17. Juni 1953 dürften ihnen noch in den Knochen sitzen. Hätten die russischen Panzer nicht in letzter Minute eingegriffen, wäre der Sozialismus Stalin-Ulbrichtscher Prägung auf deutschem Boden zu Ende gewesen.

Die F 101 führte schnurgerade nach Norden. Hollberg passierte die beiden Hügelkuppen. Um 18.25 Uhr nahm der Wald ihn auf. Riesige Buchen und dichter Fichtenbestand säumten die Straßenränder. Hollberg beschleunigte das Tempo. Es ging bergan. Leichte Linkskurve, suggerierte ihm sein Ortsgedächtnis. Dann kam rechts der Abzweig nach Müdisdorf, wo eine Bretterbude der Straßenmeisterei Schutz vor Unwettern bot.

Das Licht der Autoscheinwerfer streifte das Wärterhäuschen. Plötzlich stand eine Gestalt auf der Fahrbahn. Hollberg nahm das Gas zurück. Er beugte den Kopf zur Windschutzscheibe. Der Mann, den die Scheinwerferstrahlen aus der Finsternis schälten, winkte heftig. Vielleicht ein Kumpel, der zur Schicht in den Erbisdorfer Wismut-Schacht will, sagte sich der Arzt. Oder ein Unfall?

Abzweig Müdisdorf an der heutigen B 101

Er trat aufs Kupplungspedal, betätigte die Bremse. Kaum war der Wagen zum Halten gekommen, tauchte der Fremde neben der Fahrertür auf. „Motor aus!" befahl er in gebrochenem Deutsch. „Aussteigen!"

Ein Russe! schoß es dem Arzt durch den Sinn. Was will der von mir? Warum aussteigen? Dann entdeckte Hollberg die Pistole in der Hand des Unbekannten. Der Doktor saß starr auf dem Fahrersitz. Mühsam suchte er russische Sprachbrocken zusammen, um zu verdeutlichen, daß er Arzt sei.

Der Fremde verstand ihn nicht. „Aussteigen!" wiederholte er stur. „Schnäll!"

„Hören Sie", rief Hollberg. „Ich bin Arzt. Ich muß zu einem Kranken. Ein dringender Fall. Lebensgefahr!"

„Nix! Nix! Du aussteigen!"

Hollberg stellte den Motor ab. Er fuhr sich mit dem Handrücken über die Stirn. Wachte oder träumte er? Lautstark war das Trommeln des Regens auf dem Wagenverdeck zu hören.

Vom Waldrand tönte eine Stimme herüber, die auf tschechisch fragte: „Co se to vlastne deje?"*

---

* Was ist da eigentlich los?

Hollberg entdeckte zwei weitere Männer, die aus dem Fichten-dickicht hervorbrachen und zum Auto kamen.

„Wenn Sie wollen, kann ich Sie nach Dresden fahren", bot der Arzt hastig an. „Aber es haben nur zwei Männer Platz."

Einer der Hinzugekommenen, vermutlich der Anführer, stieß den Mann neben dem Kübelfahrzeug zur Seite. „Heraus!" schrie er, packte Hollberg an der Kleidung und zerrte ihn hinter dem Lenkrad hervor.

Sie trieben den Arzt in den Wald hinein. Fünfzig, sechzig Meter, bis es „Stop!" hieß. Trotz der Dunkelheit erkannte Hollberg, daß er es mit fünf Gegnern zu tun hatte. Einer der Burschen hielt ein Seil in den Händen. In Hollberg schoß die Angst hoch. Sie drängten ihn mit dem Rücken gegen einen Baumstamm. Hollberg begriff. „Bitte fesseln Sie mich nicht!" bat er. „Es ist naß und sehr kalt. Ich hole mir den Tod. Ich werde Sie bestimmt nicht anzeigen."

Im nächsten Augenblick preßte man ihm einen Lappen ins Ge-sicht. Chloroformgeruch. Dr. Hollberg schwanden die Sinne. Als die Männer ihn an den Baum banden, spürte er schon nichts mehr.

Dann hasteten sie zum Auto zurück. Einer wollte den Motor starten. „K certu!"* Der Doktor hatte sie reingelegt und unbemerkt den Zündschlüssel abgezogen. Zurück in den Wald!

Auf der nächtlichen Chaussee quälte sich unterdessen ein Rad-fahrer den Anstieg herauf. Verdutzt blickte er auf das „verrückte Auto" des Doktors. Einsam und verlassen stand es im Regen am Straßenrand. Der Radfahrer stieg ab, um in den Fond des Wagens zu schauen, und sah sich einem Fremden gegenüber, der ihm eine Pistole entgegenstreckte. Der Radfahrer dachte an Flucht, aber der Bewaffnete hielt das Rad am Gepäckträger fest.

„Hilfe!" brüllte der Überfallene. „Hilfe!"

Zu seinem Glück schwenkten die Scheinwerfer eines Lastkraft-wagens um die nächste Straßenkurve.

„Hilfe!" Der Mann flüchtete gestikulierend zur Fahrbahnmitte.

Da verlor der Bewaffnete die Nerven. Ein Schuß löste sich aus seiner Pistole P 38. Der Tscheche machte auf dem Absatz kehrt und sprang in den Wald. Seine Gefährten, die in Dr. Hollbergs Kleidung nach dem Zündschlüssel suchten, hielten erschrocken inne.

Auf der Fernverkehrsstraße stauten sich mittlerweile die Autos. Scheinwerfer blendeten zum Waldrand auf. Eine Handvoll Leute drang schrittweise ins Dickicht vor. Da gab es für die fünf bewaff-

---

* Zum Teufel!

Auto des Dr. Hollberg

neten Männer kein Halten mehr. Sie stürzten panikartig davon, stolperten über Baumwurzeln und fielen in wassergefüllte Erdlöcher. Herabhängende Zweige peitschten die Gesichter. Das Blut hämmerte in ihren Schläfen. Stechen in den Lungenflügeln.

Und unaufhörlich trommelte der Regen vom Himmel herab.

Um 20.10 Uhr schloß der Kriminaldauerdienst des VP-Kreisamtes Brand-Erbisdorf, der mit einem Schnellkommando uniformierter Polizisten zum Tatort ausgerückt war, die ersten Ermittlungen ab.

Dr. Hollberg war zur Sache gehört worden. Der Radfahrer hatte seine Wahrnehmungen zu Protokoll gegeben. Hinter der Bretterbude der Straßenmeisterei hatten die Polizisten eine abgeschabte Aktentasche entdeckt, die verschiedene Wäschestücke, einen Kompaß und eine Touristenkarte der südlichen DDR enthielt.

Als Tatbefund faßte der Kriminalist zusammen: Versuchter Raubüberfall durch fünf bewaffnete, unbekannte Männer, die sich in den Besitz von Dr. Hollbergs Auto bringen wollten. Bei den Tatverdächtigen handelte es sich vermutlich um Ausländer.

Personenbeschreibungen ließen sich aus den dürftigen Zeugenaussagen nur mühsam ableiten. Lediglich der Radfahrer konnte sich an einen Mann in brauner Lederjacke erinnern.

Im Kreisgebiet wurde Großfahndung ausgelöst. Die operativen Fahndungsmaßnahmen der Brand-Erbisdorfer Polizisten blieben jedoch ohne Erfolg, weil die Flüchtigen zu diesem Zeitpunkt bereits die 15 Kilometer nördlich gelegene Nachbarkreisstadt Freiberg erreicht hatten, deren Polizeizentrale erst um 21.30 Uhr durch eine allgemeine Fahndungsmeldung von den Ereignissen an der Fernverkehrsstraße 101 unterrichtet wurde.

Die Angst vor ihren Verfolgern trieb die fünf Männer unaufhaltsam nach Norden. Sie marschierten die ganze Nacht hindurch, wobei sie sich am Verlauf der Fernverkehrsstraße orientierten, von der sie wußten, daß sie irgendwann Berlin, die Stadt mit den vier Sektoren, erreichen würde. Bei der Begegnung mit Fahrzeugen wichen die Männer ins schützende Dunkel aus. Bäume, Sträucher, mitunter aber auch nur der Straßengraben boten ihnen Deckung.

Sie ließen die bewaldeten Hänge des Erzgebirgsvorlandes zurück. Als der Morgen graute, zogen sie über hügeliges Gelände, das weithin offen und daher leicht zu überschauen war. Die Gefahr, entdeckt zu werden, wuchs, und so beschlossen sie, in einer Feldscheune unterzukriechen. Auch wenn der Wind durch die Ritzen der Bretterwände pfiff, waren sie doch vor dem eisigen Regen geschützt. Die Männer wühlten sich ins Stroh und fielen sofort in unruhigen Halbschlaf. Hunger und Durst ließen einen wirklich erholsamen Tiefschlaf nicht zu.

Bei Einbruch der Dunkelheit nahmen sie den Marsch wieder auf. Irgendwo hinter Nossen verloren sie das graue Band der F 101. Der Verlust der Landkarte machte sich jetzt empfindlich bemerkbar. Es blieb ihnen als einziger Anhaltspunkt, unentwegt nach Norden zu gehen.

Am 8. Oktober erreichten sie die Elbestadt Riesa. Erst bei Einbruch der Dämmerung wagten sie sich durch die Straßen. Einem der Männer gelang es, die Armbanduhr und einen Pullover zu verkaufen. Nun hatten sie wenigstens ein paar Mark in den Taschen. Das Glück blieb den Flüchtigen auch weiterhin hold. In einer Kneipe des Bahnhofsviertels knüpften sie Bekanntschaft mit einer Kellnerin. Einer der Burschen, in dem sie bald einen Tschechen erkannte, gefiel ihr offensichtlich.

Riesa besaß seit jeher einen Binnenhafen. So mancher Elbeschiffer aus dem Nachbarland Tschechoslowakei war in der Kneipe schon vor Anker gegangen. Als der Wirt die Polizeistunde verkündete und Anstalten machte, das Lokal zu schließen, durften der

Bursche und ein Begleiter im Zimmer der Kellnerin übernachten. Und sie brachten, als die Männer sich verabredungsgemäß um fünf Uhr morgens am Bahnhof trafen, noch einen Fünfzig-Mark-Schein mit. Nun kam ihnen die Flucht nach Berlin wie ein Kinderspiel vor, das sie in wenigen Stunden vergessen haben würden.

In einem Personenzug, der Schichtarbeiter der Stahlwerke Riesa und Gröditz beförderte, fuhren sie bis Elsterwerda, überhörten bei der Ankunft aber die quarrende Lautsprecherdurchsage „Zug endet hier und fährt in wenigen Minuten zurück nach Riesa!", so daß sie gegen acht Uhr, völlig überrascht, zum zweiten Mal auf dem Bahnhof der sächsischen Industriestadt landeten.

Eine halbe Stunde später überquerten sie zu Fuß die Elbebrücke. Lärmender Straßenverkehr floß in beide Richtungen. Für einen Moment verharrten die fünf Männer am Brückengeländer. Einer spie ins Wasser des Stromes hinab, der hunderte Kilometer stromaufwärts als unscheinbarer Bach in ihrer Heimat entsprang.

Dort, hinter der grünen Grenze, galten sie jetzt als Todeskandidaten. Die Männer wurden landesweit von den tschechoslowakischen Behörden wegen mehrfachen Mordes und Brandstiftung gesucht.

Kälte und Regen forderten ihren Tribut. In den Nachmittagsstunden erreichten sie den Stadtrand von Elsterwerda. An einer Straßengabelung stand ein Wegweiser. Erfreut stellten die Männer fest, daß sie sich wieder auf der Fernverkehrsstraße 101 befanden. „Berlin 160 km" entzifferten sie gemeinsam. Ihr Stimmungsbarometer stieg.

Bis zum Abend fanden sie in den Umkleidekabinen eines Freibades Unterschlupf, das wie ausgestorben im trüben Herbstlicht vor sich hindämmerte. Nicht allzu weit entfernt hörten sie Züge rollen. Bei Einbruch der Dunkelheit erkannten sie auch die Lichterketten der dahinratternden Personenzüge. Als sie sich gegen Mitternacht zum Aufbruch entschlossen, folgten sie dem Schienenstrang und standen alsbald vor dem Elsterwerdaer Bahnhof.

Der Mann in der Lederjacke trat zum Fahrkartenschalter. Fünf Fahrkarten, verlangte er, für den nächsten Zug in Richtung Berlin.

„Das ist der Personenzug kurz nach drei Uhr", klärte ihn die Fahrkartenverkäuferin auf. „Der fährt aber nur bis Uckro."

„Jaja", sagte der Mann vor dem Schalterfenster. „Jaja." Er nahm Fahrkarten und Wechselgeld in Empfang und war im nächsten Augenblick verschwunden.

Obwohl die Eisenbahnerin überzeugt war, daß der Mann kaum

eine Silbe verstanden hatte, dachte sie nicht weiter über die Begegnung nach. Erst als der Mann in der Lederjacke gegen 3.00 Uhr in Begleitung von vier Männern im abgerissenen Habitus durch die Bahnhofshalle rannte, um auf den Uckroer Personenzug aufzuspringen, schöpfte sie Verdacht.

So erfuhr der Hauptwachtmeister der Transportpolizei Fritz Ohnrich am 10. Oktober 1953 gegen 3.10 Uhr von den auffälligen Fahrgästen. „Ein Mann in dunkler Lederjacke?" vergewisserte er sich. „Und die fünf Männer haben Fahrkarten bis Uckro gelöst?" Er dachte sofort an die Fahndungsmeldung aus dem Bezirk Karl-Marx-Stadt.

Fünf Ausländer wurden gesucht, die einen Raubüberfall auf einen Arzt versucht hatten. Einer der Täter sollte eine Lederjacke tragen.

Fritz Ohnrich sah auf die Uhr. Ihm waren die Hände gebunden. Der Zug befand sich bereits auf der Strecke und würde in einer knappen Stunde in Uckro eintreffen. Der Hauptwachtmeister griff zum Telefon, das zum Fernsprechbetriebsnetz der Reichsbahn gehörte, und ließ sich von der Vermittlungsstelle mit dem Bahnhof Uckro verbinden.

„Fahrdienstleiter Jahrmann", meldete sich eine männliche Stimme. Ohnrich kannte den Eisenbahner. Das vereinfachte die Angelegenheit. Der Fahrdienstleiter versprach, die ankommenden Fahrgäste im Auge zu behalten. „Soll ich nicht den Abschnittsbevollmächtigten rufen?" schlug er vor. „Hermann Grummini wohnt doch am Bahnhof. Ist bestimmt besser, wenn sich jemand von der Polizei um die Leute kümmert."

Wenn das Telefon in der Nacht anschlug, handelte es sich um einen dienstlichen Anruf. Kommissar Grummini ahnte sofort, daß der Anruf Ärger bedeutete. Leise, um die Frau nicht zu wecken, wälzte er sich aus dem Bett, tappte barfüßig in den Korridor, schloß sorgsam die Tür und schaltete das Licht an. Halb vier. Um diese Zeit waren die Kneipen in den Dörfern, für die er als ABV zuständig war, geschlossen. Also keine Wirtshausschlägerei!

Grummini hob ab. Er meldete sich mit der Nummer seines Anschlusses, am anderen Ende war Fahrdienstleiter Jahrmann. „Gut, gut", bestätigte Grummini dessen hastige Mitteilung. „Ich komme."

Hermann Grummini, in seiner Wesensart eher etwas unbeholfen und phlegmatisch, griff nach der dunkelblauen Uniform. Der siebenundvierzigjährige Polizeikommissar, der früher als Landarbeiter sein Brot verdiente, gehörte keineswegs zu den ängstlichen Naturen. In seiner Dienstzeit hatte er schon so manches Gesindel, einmal sogar im Alleingang eine bewaffnete Diebesbande unschädlich gemacht.

Fünf verdächtige Personen. Grummini überlegte, während er sein Koppel mit der Dienstpistole Nullacht umschnallte und den Schulterriemen straff zog. Ist wohl doch besser, wenn ich das Kreisamt verständige.

Der Lageoffizier im VPKA Luckau sicherte Grummini Unterstützung zu. „Ich schicke das Schnellkommando raus!" versprach er.

Kurz vor vier Uhr verließ Hermann Grummini die Wohnung, die er nie mehr betreten sollte. Er lenkte seine Schritte zum dreihundert Meter entfernten Empfangsgebäude des Bahnhofes Uckro, auf

dessen Areal sich die Gleise einer Haupt- und zweier Nebenbahnstrecken kreuzten. Noch bevor der Polizeikommissar die schwere Eingangstür des 1875 eingeweihten Bahnhofsgebäudes, ein roter Backsteinbau mit typischem Walmdach, aufstieß, ratterte der graugrüne LKW aus Luckau auf den Bahnhofsvorplatz.

Grummini musterte das achtköpfige Schnellkommando, das Unterkommissar Strempel kommandierte. Nicht alle Gesichter waren Grummini bekannt. Ein paar blutjunge Burschen waren darunter, erst drei oder vier Wochen im Polizeidienst und deshalb nur mit Gummiknüppeln ausgerüstet. Die drei altgedienten Hasen und der Kommandoführer trugen Pistolen und zusätzlich das deutsche Sturmgewehr 44.

Grummini und Strempel stimmten sich rasch ab. Um eine Personenüberprüfung ging es. Fünf Personen – vielleicht Ausländer –, die im Zug sind. Mehr wußten beide Offiziere nicht. Für lange Erklärungen und die Erteilung von Verhaltensmaßregeln an die Neulinge blieb keine Zeit.

Fahrdienstleiter Jahrmann erwartete das Polizeikommando auf dem Bahnsteig. „Der Zug hat Einfahrt!" meldete er.

Dünne Nebelschwaden hingen über den Gleisen. Die spärliche Bahnhofsbeleuchtung vermochte die Station nur unzureichend zu erhellen. Die Männer fröstelten in der Morgenkühle. In der Ferne tauchten zwei Lichtpünktchen auf, undeutlich noch und verschwommen, wurden von Sekunde zu Sekunde größer und wuchsen, untermalt vom rhythmischen Klappern der Räder, zu Spitzenlichtern der Lokomotive heran. Der Zug aus Elsterwerda fuhr in den Bahnhof ein, kam mit kreischenden Bremsen zum Stehen.

„Uckro! Alles aussteigen, Zug endet hier!"

Die Männer des Schnellkommandos hatten sich rasch verteilt. Kommissar Grummini und Unterkommissar Strempel begannen die Abteile zu kontrollieren. Während die unerfahrenen Dienstanfänger vor den Waggontüren standen, hatten die MPi-Schützen am Nachbargleis Posten bezogen. Dort hielt ein Güterzug.

Genau acht Reisende entstiegen an diesem Samstagmorgen dem Zug. Zwei verschwanden sofort im Dienstgebäude der Eisenbahner. Dann kam eine ältere Frau, die sich mit einem Koffer plagte. Sie wollte zum Anschlußzug nach Beeskow.

Und schließlich fünf Männer, die in zwei Gruppen zur Sperre strebten.

Oberwachtmeister Wittkewitz, der hier postiert war, ließ den Mann in der Lederjacke und seine Begleiter zunächst passieren. Dann folgte er ihnen in die kleine Bahnhofsvorhalle, stellte sich vor die Ausgangstür und sprach die Männer an.

„Guten Morgen! Bahnhofskontrolle! Ich möchte Ihre Papiere sehen!"

„Nix Papiere", erwiderte der Mann in der Lederjacke. „Haben wir nicht!"

Wittkewitz registrierte den fremdländischen Akzent. Er sah die anderen Burschen herankommen. Im nächsten Augenblick stand der Oberwachtmeister einer Übermacht von fünf Personen gegenüber. Ein Verhältnis, das ihn faktisch zur Untätigkeit verurteilte. Ich muß die Leute hinhalten, befahl er sich. Wittkewitz verlieh seiner Stimme Festigkeit: „Das klären wir gleich. Setzen Sie sich!" Er deutete auf die Bänke in einem schmalen Seitengang.

Seine Weisung wurde befolgt. Zögerlich. Die Männer wirkten ratlos. Einer meinte: „Keine Zigarett' ..."

Wittkewitz ging sofort auf das Gespräch ein. Für ihn die einzige Möglichkeit, die Zeit zu überbrücken. Die Kameraden auf dem Bahnsteig mußten doch endlich merken, was los war.

Helmut Strempel 1953

„Mit Zigaretten kann ich aushelfen", sagte er begütigend. Daß einem der Männer die rechte Hand wie zufällig in den Jackenausschnitt kroch, gefiel dem Oberwachtmeister ganz und gar nicht.

Wittkewitz warf die Zigarettenschachtel auf die Bank. Er behielt die Männer im Auge und achtete auf den nötigen Abstand. Als der Mann mit der Lederjacke sich nach den Zigaretten bückte, klaffte das Revers seiner Jacke auf. Für den Bruchteil einer Sekunde war der Griff einer Pistole zu erkennen. Dem Oberwachtmeister stockte der Atem.

Doch da stürmten Strempel und Grummini bereits in die Halle. Wittkewitz' warnender Zuruf ging im Getrappel der Stiefel unter.

„Hände hoch!" kommandierte Grummini. Er zog die Dienstwaffe. „Hände hoch!"

Unterkommissar Strempel stieß den vor ihm stehenden untersetzten Burschen gegen den Brustkorb. Er wollte ihm die Hände aus den Taschen reißen. In Bruchteilen von Sekunden hatte der Unbekannte eine Pistole P 38 gezogen und auf Grummini abgefeuert. Hermann Grummini war auf der Stelle tot. Sein Körper fiel dem Oberwachtmeister in die Arme. Wittkewitz konnte noch die Pistole aus dem Futteral reißen. Doch eine Ladehemmung seiner Waffe vereitelte sein Eingreifen.

Unterkommissar Strempel packte die Handgelenke des Todesschützen. Die Männer rangen kurz, stürzten zu Boden. Und wieder donnerten Schüsse durch die Halle. Noch zwei Männer hatten Waffen gezogen und feuerten wild um sich. Strempel wurde von mehreren Kugeln getroffen. Wittkewitz erlitt einen Streifschuß.

Die fünf Männer hatten sich den Weg zur Tür freigeschossen und waren im nächsten Augenblick wie ein böser Spuk in der Nacht verschwunden.

Oberwachtmeister Wittkewitz hockte, von Entsetzen gepackt, auf dem Boden. Nicht einmal zwei Minuten hatte die schreckliche Szene gedauert. Ein Toter und zwei Verletzte.

Eine knappe Stunde später beherrschten Kriminalbeamte das Bild im Bahnhof Uckro, der zur Spurensicherung gesperrt war. Trassologen konnten vier Patronenhülsen vom Kaliber 7,65 mm, drei Patronenhülsen vom Kaliber 9 mm und drei deformierte Projektile, die zunächst nicht zuzuordnen waren, sicherstellen.

Während Fahrdienstleiter Jahrmann das Vernehmungsprotokoll unterschrieb und die Männer des Schnellkommandos in „Dienstlichen Stellungnahmen" ihren Vorgesetzten Rede und Antwort stehen mußten, wurde Helmut Strempel im Luckauer Krankenhaus bereits operiert. Nur der Kunst der Ärzte, die mehrere Stunden operieren, verdankt der Unterkommissar sein Leben.

Die Rekonstruktion des Tatherganges bereitete der Mordkommission keine Schwierigkeiten. Komplizierter war es schon, festzustellen, in welche Richtung die Täter geflohen waren. Dem Luckauer Kreispolizeiamt fehlten jedoch die personellen wie materiellen Voraussetzungen für eine großangelegte Fahndung. Der

---

BDVP Cottbus - Abteilung K Fahndung
- - - - - - - - - - - - - - - - - -   1o.1o.1953

An die BDVP Frankfurt, Abteilung K-Fahndung

Betr.: Personenfahndung -Festnahme

       Stufe I und III

zu 1a) 1o.1o.1953, gegen 4,1o Uhr,
zu 1b) 1o.1o.1953, gegen 4,2o Uhr
Zu 2) 5 Angehörige der CSR , die wahrscheinlich alle im
       Besitz von Waffen sind,
zu 2a) alles sind im Alter von 2o - 25 Jahren,
zu 2b) drei Personen ca. 1,75 m gross, die beiden anderen
       etwas kleiner,
zu 2c) 1 Person bekleidet mit einer Lederjacke, dunkles,
       lockiges Haar, schmales Gesicht, vorstehende Backen-
       knochen, eine zweite Person mit einem grau-grünen
       Anzug bekleidet, diese Person hat ein schmales Gesicht.
       eine 3.Person bekleidet mit einer dunkelbraunen Jacke,
       die anderen Personen sollen vermutlich mit dunklen
       Sachen bekleidet sein. Eine Person spricht gebrochen
       deutsch, während die anderen die deutsche Sprache
       nicht beherrschen.
zu3) Bahnhof Uckro, Krs.Luckau,
zu 4) Beschiessen von VP-Angehörigen des VPKA Luckau bei der
       Kontrolle des Zuges,
zu 5) Als die Gesuchten die Bahnhofshalle in Uckro betraten,
       wurden sie von den dort befindlichen VP-Angehörigen
       aufgefordert, die Hände zu erheben, worauf die Flüchtigen
       sofort von der Schusswaffe Gebrauch machten.Die
       Flüchtigen setzten sich zu Fuss entlang der Bahnlinie
       nach Berlin ihren Weg fort.
zu 6) zu Fuss,
zu 7) vermutlich Westberlin
zu 8) VPKA Luckau
zu 9) Im Kreisgebiet Luckau wurde Fahndungsstufe IIIa ausgelöst
       Ebenfalls ist in den Kreisen Herzberg,Luckenwalde,
       Zossen, Königswusterhausen, Lübben,Finsterwalde,
       und Calau Fahndungsstufe III ausgelöst.
       Einsatzbereitschaft der BDVP.Cottbus wurde im Kreis-
       gebiet Luckau eingesetzt.
       Alle anderen Kreise des Bezirkes haben Fahndungsstufe I
       mit besonderen Massnahmen.

     Fahndungseinsatzleitung   Operativstab Cottbus

      (Melig)VP.Komm .

Chef der Bezirkspolizeibehörde in Cottbus, VP-Inspekteur Schwerke, und Oberrat Rebentisch, seit wenigen Tagen als Leiter der Kripo des Bezirkes im Amt, übernahmen jetzt die Leitung der Großfahndung.

Alle am Samstagvormittag in der Bezirksbehörde verfügbaren Mitarbeiter wurden mobilisiert. Mit Pistolen und Karabinern ausgerüstet, wurden sie mit LKW's nach Luckau gebracht.

In eine über Fernschreiber und Telefon an alle Polizeidienststellen und -posten, selbst in den entferntesten Winkel des Landes, durchgegebene Fahndungsmeldung flossen die bis zu diesem Zeitpunkt verfügbaren kriminalpolizeilichen Ermittlungsergebnisse ein:

„Betr.: Personenfahndung – Festnahme Stufe I und III

Zu 1a) 10.10.1953, gegen 4.10 Uhr

Zu 1b) 10.10.1953, gegen 4.20 Uhr

Zu 2) 5 Angehörige der CSR, die wahrscheinlich alle im Besitz von Waffen sind;

Zu 2a) alle sind im Alter von 20 – 25 Jahren;

Zu 2b) drei Personen ca 1,75 m groß, die beiden anderen etwas kleiner;

Zu 2c) 1 Person bekleidet mit einer Lederjacke, dunkles, lockiges Haar, schmales Gesicht, vorstehende Backenknochen, eine zweite Person mit einem grau-grünen Anzug bekleidet, diese Person hat ein schmales Gesicht. Eine 3. Person bekleidet mit einer dunkelbraunen Jacke, die anderen Personen sollen vermutlich mit dunklen Sachen bekleidet sein. Eine Person spricht gebrochen deutsch, während die anderen die deutsche Sprache nicht beherrschen;

Zu 3) Bahnhof Uckro, Krs. Luckau;

Zu 4) Beschiessen von VP-Angehörigen des VPKA Luckau bei der Kontrolle des Zuges;

Zu 5) als die Gesuchten die Bahnhofshalle in Uckro betraten, wurden sie von den dort befindlichen VP-Angehörigen aufgefordert, die Hände zu erheben, worauf die Flüchtigen sofort von der Schusswaffe Gebrauch machten. Die Flüchtigen setzten zu Fuss entlang der Bahnlinie nach Berlin ihren Weg fort;

Zu 6) zu Fuss;

Zu 7) vermutlich Westberlin;

Zu 8) VPKA Luckau;

Zu 9) im Kreisgebiet Luckau wurde Fahndungsstufe III ausgelöst. Ebenfalls ist in den Kreisen Herzberg, Luckenwalde,

Zossen, Königswusterhausen, Lübben, Calau und Finster-
walde Fahndungsstufe III ausgelöst. Einsatzbereitschaft der
BDVP Cottbus wurde im Kreisgebiet Luckau eingesetzt.
Alle anderen Kreise des Bezirkes haben Fahndungsstufe I mit
besonderen Massnahmen.
Fahndungseinsatzleitung   Operativstab Cottbus
(Malig) VP-Komm. "

Der Operativstab wurde im Kreispolizeiamt Luckau eingerichtet.
Auf der an der Wand hängenden Stabskarte waren die Standorte der
Einsatzzüge mit farbigen Fähnchen abgesteckt. Sie zogen allmählich
einen Ring um die Ortschaften Uckro, Luckau, Treppendorf, Frei-
walde, Golßen, Schenkendorf, Görsdorf und Kemlitz. Ein Gebiet
von nahezu 400 Quadratkilometern Fläche wurde umstellt, das von
breiten Wiesentälern, ausgedehnten Waldungen, Flachmooren und
Ackerflächen geprägt war. Dazwischen lagen Dörfer, Bauernhöfe,
Feldscheunen, Mühlengrundstücke und einsame Siedlungshäuser.
    In den Ortschaften gingen Festnahmegruppen in Stellung. Kri-
minalisten standen bereit, um jeder Spur und jedem Hinweis nach-
zugehen. Doch auch nach Stunden bot sich noch immer kein Anhaltspunkt, keine Spur der Flüchtigen.

Die Vorgänge in Uckro zogen ihre Kreise bis in die Berliner Poli-
zeizentrale des DDR-Innenministeriums. Die Verantwortung wurde von oben nach unten weiterdelegiert, von Innenminister Stoph
über den Polizeichef, Generalinspekteur Karl Maron, und dessen
Stellvertreter Willi Seifert schließlich zum Kripochef Dombrowsky.
    Dombrowsky sah Handlungsbedarf und setzte den Inspekteur
Karl Mellmann sowie den Fahndungsspezialisten Kurt Rothe nach
Uckro in Marsch. Als ranghöchstem Offizier fiel Mellmann nun die
Einsatzleitung zu. Einem Mann, von dem man sich erzählte, daß er
es in der deutschen Wehrmacht bis zum Kompanieführer gebracht
hatte. Doch auch er wußte die Karten in Uckro nicht neu zu verteilen. Er vertraute den Fahndungsprofis und bestätigte die eingelei-
teten Maßnahmen, die aus kriminaltaktischer Sicht auch heute noch
jeglicher Kritik standhalten.

Der 10. Oktober, ein freundlicher Herbsttag, neigte sich dem Ende
zu. Abendliche Dämmerung sank über das Land. Tagsüber hatte der
Kommissar Joachim Dunst, der mit einem vierköpfigen Polizei-
trupp am nordwestlichen Ortsausgang von Pelkwitz aufgezogen
war, die Bauern bei der Erntearbeit auf den Feldern beobachtet. In

hohem Bogen warfen die Schleuderroder die Kartoffeln auf den Acker, wo sie von fleißigen Erntehelfern aufgelesen wurden. Der Rauch der verglimmenden Kartoffelkrautfeuer, in denen man wunderbar schmeckende Erdäpfel buk, verlor sich in dünnen Fäden über der Landschaft.

Die meisten Dörfler registrierten das Polizeiaufgebot mit gemischten Gefühlen. Landauf, landab waren die Ereignisse des 17. Juni noch in unguter Erinnerung. Nicht einmal der Bürgermeister des 120 Einwohner zählenden Fleckens glaubte an die Erklärung, man mache Jagd auf einen Trupp Ausländer, die den ABV in Uckro erschossen hätten. Wahrscheinlich eine der zahllosen Bürgerkriegsübungen, die bei der Polizei neuerdings in Mode gekommen waren, argwöhnte der Ortsvorsteher.

Ortsausgang Pelkwitz

Die Nacht brach langsam herein. Im Freien wurde es feucht und ungemütlich. Die Bodenkühle kroch unter die Uniformen, machte den Männern bald zu schaffen.

Kommissar Dunst lehnte am borkigen Stamm eines längst geplünderten Apfelbaumes. Büsche und einzelne Baumgruppen säumten den sandigen Fahrweg, der ein Stück weiter den Friedhof der Gemeinde tangierte und sich dann in nordwestlicher Richtung zwischen Wiesen und Feldern verlor.

Dunst schaute zum nachtdunklen Himmel auf. Unzählige Sterne flimmerten am Firmament. Müdigkeit hüllte den Kommissar ein, wie ein sanfter Taumel. Schlaf wäre jetzt das beste.

„Suchst wohl den Mond?" Einer von Dunsts Leuten war herangetreten.

„Quatsch. Ich bete zum Schutzpatron aller Ganoven, daß er die Burschen endlich hierher führt."

„Komisches Gebet für einen aufgeklärten Volkspolizisten."

„Hast ja recht", lenkte Dunst friedfertig ein. „Beten hilft nicht. Luchsen müssen wir."

„Und wie lange noch?"

„Länger als vierzehn Tage werden wir kaum in dem Nest kampieren. Und jetzt hau ab auf deinen Posten!"

Dunst hielt das Nachtfernglas an die Augen. Bäume. Nichts als Bäume und die Schatten einiger Sträucher waren im Gelände zu erkennen. Grauschwarz zeichnete sich im Hintergrund ein Waldstreifen ab. Wandernde Schatten, die sich gespenstisch wandelten. Schärfstes Hinsehen war geboten, um Schein von Wirklichkeit zu unterscheiden.

Zwei Lampen waren in Pelkwitz als Dorfbeleuchtung aufgeflammt. Nur selten sah man einen Dörfler die Straße überqueren. Um 20.28 Uhr registrierte der Kommissar eine Gestalt, die ungewöhnlich langsam auf den Ortsausgang zustrebte. Wie ein Stück Wild, das nach allen Seiten hin wittert. Dunsts Pulsschlag beschleunigte sich. Dann war der Schatten verschwunden. Hirngespinste, dachte der Kommissar. Ein Streich der überreizten Nerven. Bis der Schatten wieder da war, deutlicher als zuvor.

Ein Mensch bewegte sich überaus vorsichtig am Rande der Dorfstraße. Höchstens sechzig Meter trennten den Unbekannten noch vom Kontrollposten. Dunst glaubte, eine Lederjacke zu erkennen. Er spähte zu seinen Kameraden hinüber. Nur als flüchtige Schatten waren ihre Umrisse auszumachen. Gut so. Hoffentlich bewegte sich jetzt keiner.

Die Schritte des Mannes, der auf dem Sandboden des Fahrweges unerträglich langsam herantappte, drangen durch die Stille. Dunst drückte sich enger ins Strauchwerk. Die rechte Hand griff automatisch zur Pistolentasche, zog an der Schlappe, dann lag die Waffe zwischen den Fingern. Dunst spürte das Herz bis zum Hals schlagen. Er konnte sich kaum noch rühren. Zeitweilig sah es aus, als käme der Fremde direkt auf ihn zu. Der Kommissar tastete nach der Taschenlampe. Jetzt! Ein leichter Druck, und die Lampe flammte auf.

„Halt! Polizei! Hände hoch!"

Geblendet riß der Mann in der Lederjacke die Arme vor das Gesicht. „Waaas ...? Waas ...?" ächzte er entgeistert. Der Lauf einer Pistole streckte sich ihm entgegen. Aber noch wollte er sich nicht geschlagen geben, wollte seinen Körper mit heftigem Ruck herumwerfen, erstarrte aber im Ansatz der Bewegung, als vier Karabinermündungen seinen Rücken berührten.

„Vorwärts!" befahl der Kommissar.

Sie brachten den Mann zum Haus des Bürgermeisters. In dessen Amtsstube befand sich der einzige Telefonanschluß des Dorfes. Der Fremde, der auf alle Fragen beharrlich schwieg, wurde einer Leibesvisitation unterzogen, die ein Bündel tschechoslowakischer Kronen, eine Handvoll Dollar und eine Schachtel Streichhölzer aus tschechischer Produktion zutage förderte. In ihr entdeckten die Polizisten eine metallene Kapsel. Wie Dunst später zu Protokoll gab, nahm er zunächst an, es handele sich um eine Giftampulle. Anderen Aussagen zufolge, enthielt die Kapsel chiffriertes Nachrichtenmaterial.

Der Mann in der Lederjacke wurde nach Luckau transportiert. Die erste Nacht verbrachte er in einer Zelle des dortigen Zuchthauses. Er gab sich als Tourist aus, der auf einer Reise zu Bekannten in Berlin unterwegs sei. Von einem Mordanschlag auf dem Bahnhof Uckro wisse er nichts.

Sein Auftreten wurde als sicher und überlegen charakterisiert. In den Vernehmungspausen beobachteten seine Bewacher, daß er in der Zelle gymnastische Übungen absolvierte.

Am späten Vormittag des 11. Oktober wurde er ins Krankenhaus gebracht und den verletzten Polizisten Wittkewitz und Strempel gegenübergestellt. Das Ergebnis der Konfrontation war eindeutig: Der Festgenommene konnte als einer der flüchtigen Ausländer identifiziert werden.

„Geschossen habe ich aber nicht!" betonte der Tscheche, nachdem er die Aussichtslosigkeit seiner Lage begriffen hatte. „Ich heiße Zbynek Janata."

„Und die Namen Ihrer Kameraden?"

„Ctirad Masin, Josef Masin, Vaclav Sveda und Milan Paumer."

Der Tscheche gab beflissen auf alle Fragen umfassend Auskunft. Nach und nach erschloß sich den Männern der Mordkommission, welchem gefährlichen Wild sie eigentlich nachstellten.

Ctirad und Josef Masin waren in einer begüterten tschechischen Offiziersfamilie aufgewachsen. Während der faschistischen Besetzung der Tschechoslowakei schloß sich der Vater, Oberstleutnant Josef Masin, mit anderen Offizieren zur Widerstandsgruppe „Drei Könige" zusammen. Sie kämpften im Prager Untergrund. 1941 fiel er während eines Feuergefechtes in die Hände der Gestapo und wurde ein Jahr später, nach dem Attentat auf den deutschen Reichsprotektor Reinhard Heydrich, im Rahmen der „Vergeltungsmaßnahmen" gehenkt.

1945 ehrte die Benes-Regierung die Verdienste des Oberstleutnant Masin. Der Gemordete wurde postum zum General ernannt, eine Gedenktafel aus Bronze enthüllt, und eine Straße erhielt seinen Namen. Bücher und Zeitungsartikel wurden verfaßt und die beiden Söhne – damals 15 und 13 Jahre alt – mit „Medaillen für persönliche Tapferkeit während des Krieges" bedacht. Voller Stolz zeigten die Halbwüchsigen ihre Auszeichnungen herum und gürteten sich wie richtige Partisanen mit Pistolen, die nach Kriegsende leicht zu finden waren.

Aber die politische Lage veränderte sich. Am 25. Februar 1948 trat Klement Gottwald auf den Balkon des Prager Kinsky-Palais' und verkündete den „Sieg des werktätigen Volkes über die Reaktion". Die tschechoslowakische Gesellschaft durchlebte große politische und soziale Spannungen. Der von der Kommunistischen Partei geführte volksdemokratische Staat nahm Kurs auf eine „Diktatur des Proletariats" nach sowjetischem Vorbild. Der Staatsapparat verstärkte seine Repression und übertrug sie schließlich auf das gesamte öffentliche politische Leben.

Die Familie des Helden-Generals Masin geriet ins gesellschaftliche Abseits. Ctirad, der sich als Achtzehnjähriger für ein Studium an der Militärakademie in Hranice bewarb, erhielt auf Grund seiner bourgeoisen Herkunft einen abschlägigen Bescheid. Mit dem Ungestüm seiner Jugend begann er, zutiefst gekränkt, die neuen Machthaber zu hassen.

Hinzu kam, daß ihm überliefert worden war, daß der deutsche Agent Paul Thümmel, der angeblich die Widerstandsgruppe „Drei Könige", der auch sein Vater angehört hatte, verraten haben sollte, in Wahrheit Kommunist gewesen sei. Paul Thümmel hatte unter dem Decknamen A 54 Nachrichtenmaterial an einen Stabskapitän Moravek vom tschechoslowakischen Geheimdienst geliefert und war von der Gestapo enttarnt worden, weil die Wehrmacht per

Funküberwachung Moraveks Prager Funknetz zuverlässig ange-
peilt hatte.

Obgleich mit ziemlicher Sicherheit auszuschließen ist, daß Paul
Thümmel, Doppelagent und 1927 Mitbegründer der NSDAP im
thüringischen Neuhaus, Kommunist gewesen ist*, vertrat Masin
noch im Jahre 1987 in einem Rundfunkinterview die Theorie vom
Verrat durch einen Kommunisten.

Kehren wir ins Jahr 1948 zurück. Mit Ctibor Novak, einem
Geheimdienstoffizier mit schillernder Vergangenheit, beschloß
Ctirad Masin in den oppositionellen Untergrund zu gehen. Alle
Versuche, den Jungen für den legalen politischen Kampf zu moti-
vieren, blieben erfolglos. Der Heißsporn Ctirad scharte eine Hand-
voll gleichaltriger Burschen um sich, die aus ähnlichen sozialen
Verhältnissen kamen, und erklärte dem neuen Staat seinen privaten
Krieg. In einem Waldstück nahe dem heimatlichen Podebrady hat-
ten sie Waffen versteckt, mit denen sie insgeheim Schießübungen
veranstalteten.

Von dort sollte sich die Blutspur der Brüder Masin bis nach
Deutschland erstrecken. Am 12. September 1951, gegen 21.00 Uhr,
mieteten Ctirad Masin, sein Bruder Josef und Milan Paumer auf
dem Prager Wenzelsplatz ein Taxi nach Hradec Kralove. In der
Nähe von Kersk zwangen sie den Fahrer Eduard Sulc zum Halten,
dirigierten ihn mit vorgehaltenen Pistolen in den Wald und fesselten
ihn mit einer Fallschirmschnur an einen Baum. Den Platz hinter
dem Lenkrad nahm jetzt Milan Paumer ein. Das Taxi raste nach
Chlumec nad Cidlinou. Während Paumer im Taxi wartete, klingel-
ten die Masins an der Tür der kleinen Polizeistation. Arglos öffnete
ihnen der Unterwachtmeister Oldrich Kasik. Ctirad gab vor, den
Diebstahl eines Motorrades anzeigen zu wollen. Der Unterwachtmeister ließ die Besucher eintreten.

Was dann geschah, hat Ctirad Masin im Jahre 1987 dem Redak-
teur Ota Rambousek vom tschechischen Sprachprogramm des
Senders „Radio Free Europe" in einem Interview geschildert.

---

* Janusz Piekalkiewicz, ein vorzüglicher Kenner militärischer Geheimdienstoperationen und des 2. Weltkrieges, produzierte 1969 eine wegen ihrer
objektiven und tendenzfreien Gestaltung von der Jury des IX. Internationa-
len Fernsehfestivals in Monte Carlo ausgezeichnete mehrteilige Fernseh-
dokumentation „Spione – Agenten – Soldaten" (1969 ebenfalls als Buch
erschienen), in der Paul Thümmel als Doppelagent, jedoch mit keiner Andeu-
tung als Kommunist charakterisiert wurde.

Rambousek veröffentlichte 1991 das Buch „Jenom ne strach"*.

„Ich holte aus meinem Ärmel ein Stück Metallrohr und versetzte ihm einen herben Schlag ins Genick. Zu meinem Schrecken sah ich, daß der Polizist sich umdrehte und seine Pistole ziehen wollte. Da hat Josef zweimal geschossen."

Daß Masins Darstellung bewußt geschönt ist, beweist die Prager Ermittlungsakte, die zum Bestand des Polizeimuseums in Prag gehört. Der Obduktionsbefund erwähnt ausdrücklich eine „schwere Schädelverletzung". Ebenso erklärt Masin nicht, woher die Blutspritzer an den Wänden und die riesige Blutlache auf dem Schreibtisch stammten, die im Tatortuntersuchungsprotokoll und auf den Tatortfotos fixiert sind.

Am 28. September 1951 erhielt der Sanitätsrettungsdienst in Prag den telefonischen Hinweis, daß an der Ausfallstraße nach Hloubetina eine verletzte Person liege. Die Fahrer Turina und Kalvin übernahmen den Einsatz. Am vermeintlichen Unfallort wurden sie von Ctirad Masin, Milan Paumer und Zbynek Janata in Empfang genommen, zur Fahrt in den Kersker Wald gezwungen, an einen Baum gebunden und chloroformiert. Dann steuerte der Krankenwagen Celakovice an. Ctirad Masin machte sich allein auf den Weg zur Polizeistation. Er klingelte und erzählte dem Stabswachtmeister Honzatko, in der Nähe sei ein Autounfall passiert, der Wachtmeister möge sofort kommen. Als Honzatko am Krankenwagen eintraf, wurde er von den Männern überwältigt. Sie fesselten ihm die Hände auf dem Rücken, verstauten ihn im Krankenwagen und fuhren an der Polizeiwache vor. Da der Wachtmeister sich weigerte, das Versteck des Schlüssels zum Waffenschrank preiszugeben, brachen Masin und Janata den Schrank wütend auf. Fünf Maschinenpistolen, drei Pistolen und mehrere gefüllte Magazine fielen ihnen in die Hände.

Wieder Originalton Ctirad Masin:

„‚Genosse, jetzt müssen wir dich einschläfern, damit du uns keine Unannehmlichkeiten bereitest, bevor wir verschwunden sind.' Der Mann war nicht dumm, machte aber einen unfreundlichen Eindruck und er hatte sich nicht kooperativ verhalten.
Uns war eigentlich klar, daß er, wenn wir ihn am Leben ließen, unsere Personen beschreiben konnte. Wir legten ihn aufs

---

* Nur keine Furcht

Sofa und schläferten ihn mit Chloroform ein. Die Fehler von Chlumec durften sich nicht wiederholen. Schüsse wollten wir aber vermeiden, wegen dem Lärm. Ich erinnerte mich an unsere Ausbildungsübungen im Wald, zog mein Fahrtenmesser, das in meinem Gürtel steckte, und erledigte ihn mit einem sauberen Stich."

Der Obduktionsbefund lautet: Tödliche Schußverletzung und Durchtrennung des Kehlkopfes mit einem Messer!

Einige Wochen nach den Ereignissen in Celakovice wurde Ctirad Masin bei einem Streifzug im nordwestlichen Grenzgebiet aufgegriffen. Er führte eine Pistole bei sich und wurde wegen illegalen Waffenbesitzes zu einer zweieinhalbjährigen Haftstrafe verurteilt. Masin verbüßte sie in einem Arbeitslager der Uranerzgrube Jachymow. Eigenen Schilderungen zufolge will er den Produktionsablauf im Schacht mehrfach sabotiert haben.

Bruder Josef, Zbynek Janata und Vaclav Sveda hielten derweil still. Milan Paumer hatte den Einberufungsbefehl zum Militärdienst in der Slovakei erhalten.

Erst am 2. September 1952 – Ctirad Masin befand sich noch in Haft – wurde die Gruppe wieder aktiv. Nahe Horky, einem unbedeutenden ländlichen Flecken, stoppten Josef Masin, Janata und Sveda ein Fahrzeug, das die Lohngelder des volkseigenen Werkes KOVOLIS nach Hedvikov beförderte. Masin trieb die Transportbegleiter mit vorgehaltener Waffe in den Wald und erschoß dort den Buchhalter Josef Resicky. Die Beute aus dem Lohngeldraub betrug 846 000 Kronen.

Im Frühjahr 1953 kam Ctirad Masin im Zuge einer Amnestie anläßlich des 5. Jahrestages des „Februarsieges der Werktätigen" auf freien Fuß. In seinem Kopf hatte sich der Plan festgesetzt, einen Transportzug mit Uranerz für die Sowjetunion in die Luft zu sprengen. Als Vaclav Sveda ihm von einem Sprengstoffdepot in der Grube Kanik erzählte, rückte die Verwirklichung der Attentatspläne in greifbare Nähe.

In einer Nacht- und Nebelaktion kletterten Ctirad Masin, Vaclav Sveda, Zbynek Janata und ein gewisser Hradec durch den Wetterschacht in die Grube hinunter und stahlen vier Kisten Donarit.

Am 7. September 1953 jagte nächtlicher Feuerschein die Einwohner der mährischen Dörfer Nezamyslice, Morice und Visomerice aus den Betten. Riesige Flammen loderten zum Himmel empor. Feueralarm! Die Löschmannschaften wußten nicht, wo sie mit der Brandbekämpfung beginnen sollten. Siebzehn Strohschober waren fast zur gleichen Stunde mittels mechanischer Zündung in Brand gesetzt worden. Auf der Fahrt zum Brandort bemerkten der Feuerwehrkommandant Lecian und der Freiwillige Polizeihelfer Stanislav Blazek zwei unbekannte Männer, die an einem Motorrad bastelten. Als sie die Personalien der beiden Kradfahrer feststellen wollten, eröffnete Ctirad Masin das Feuer. Die erste Pistolenkugel durchschlug Lecians Brustkorb, die zweite zerfetzte sein Auge. Blazek, der im letzten Augenblick in Deckung gehen konnte, mußte in ohnmächtigem Zorn ansehen, wie Masin und Vaclav Sveda im Gelände entkamen.

Der Donarit-Diebstahl in Kanik und der Brandanschlag in Mähren verstärkten die Aktivitäten der Polizei und des Staatssicherheitsdienstes. Das Netz um die Masins begann sich zusammenzuziehen.

Ctirad Masin im Interview mit Ota Rambousek:

„Das war ein großer Schlag gegen die Kollektivierung der Landwirtschaft. Zu wenig Zeit hatten wir, weil mein Bruder und ich die Einberufung zum Militärdienst bekamen. Dort wollten wir aber nicht hin, weil das auch das Ende unserer Aktionen bedeutet hätte. Also entschlossen wir uns, nach dem Westen zu gehen."

In der Nacht vom 3. zum 4. Oktober 1953 überschritten die Masins, Vaclav Sveda, Milan Paumer und Zbynek Janata bei Hora Sv. Katarina – Deutschkatharinenberg – die Grenze zur DDR. Bis auf die Tatsache, daß einer der Männer unterwegs die Pistole verlor, verlief der Grenzübertritt ohne Zwischenfälle. Aber dann machten Regen, Schnee und Kälte – am Grenzstreifen noch ihre Verbündeten – den Flüchtlingen arg zu schaffen. Auch Hunger stellte sich ein. An der Fernverkehrsstraße 101 legten sie sich mit ihren Pistolen auf die Lauer ...

Janatas Festnahme blieb der einzige Erfolg. Da man mit einem weiteren Vordringen der Gesuchten in Richtung Berlin rechnen konnte, wurde ein zweiter Blockadering um die Ortschaften Merzdorf – Baruth – Märkisch-Buchholz – Köthen und Neu Lübbenau erforderlich, um im unübersichtlichen Gelände eine zielgerichtete Suche zu ermöglichen. Dazu benötigte man jedoch Verstärkung, nachdem die Cottbuser Polizeikräfte bereits sechsunddreißig Stunden im Einsatz waren.

Inspekteur Mellmann informierte Berlin. Der Chef der Volkspolizei, Karl Maron, entschied, die Kursanten der Polizeischulen in Aschersleben und Arnsdorf und die Polizeibereitschaft aus dem Bezirk Karl-Marx-Stadt in den Einsatzraum zu verlegen. Weitere Mannschaften sollten aus den Bezirken Dresden, Leipzig, Potsdam und Frankfurt/Oder herangeführt werden. Damit war der Bedarf an zusätzlichen Einsatzkräften zunächst gedeckt.

Als sich herausstellte, daß weitere Kräfte benötigt wurden, drängten die Verfechter militärischer Aktionen in der Polizeiführung, zumeist im spanischen Bürgerkrieg geschult, auf den Einsatz der Kasernierten Volkspolizei. Besonnene Offiziere hielten dagegen: „Die Leute sind kaum ausgebildet. Manche mit Bahnfahrt und Koffertragen nicht länger als vier Wochen dabei." Doch Chefinspekteur Willi Seifert, Stellvertreter des DDR-Polizeichefs, setzte sich durch: „Man bewährt sich im Kampf!" Zwei Stunden später gab Generalleutnant Hoffmann in der Berliner Schnellerstraße, dem Sitz des KVP-Stabes, die Einsatzbefehle.

Diese Entscheidung verlieh den weiteren Geschehnissen eine gewisse Eigendynamik, die eng mit dem besonderen Charakter der Kasernierten Volkspolizei zusammenhing. Die KVP – Vorläufer der Nationalen Volksarmee – war erst 1952 in einer Gesamtstärke von 50 000 Mann aus den Einheiten der Hauptverwaltung Ausbildung im Innenministerium hervorgegangen und befand sich seit den Ereignissen im Juni 1953 in einer grundlegenden Umstrukturierung.

Im Juni 1953 hatten sich - ausgelöst durch die administrative Erhöhung der Arbeitsnormen in den DDR-Betrieben - die seit Ende der vierziger, Anfang der fünfziger Jahre angestauten politischen Spannungen entladen. Angesichts einer nur unwesentlich verbesserten wirtschaftlichen Lage im Osten, die mit den raschen Fortschritten der Lebensbedingungen und dem schnelle Steigen der Löhne in der Bundesrepublik nicht Schritt halten konnte, war die politische und soziale Unzufriedenheit der Menschen im Osten Deutschlands gewachsen. Gleichzeitig hatte sich ein gewisses Oppositionspotential herausgebildet, das die SED-Vormundschaft in allen Bereichen der Politik und Wirtschaft nicht mehr hinnehmen wollte.

Gegen die in diesen Junitagen des Jahres 1953 ausgebrochenen Unruhen kam die KVP zum Einsatz. Es erwies sich dabei, daß sie nicht über ausreichend mobile Reserven für ein Eingreifen in Ausnahmesituationen verfügte. In vielen Einheiten war es zu Befehlsverweigerungen und Desertionen gekommen.

Am 19. und 20. Juni fanden Sitzungen des Politbüros der SED statt, in denen Ulbricht, Grotewohl und Staatssicherheitschef Zaisser die Bewaffnung der Volkspolizei für nicht ausreichend erklärten und einschätzten, daß diese nicht in der Lage sei, die innere Sicherheit der DDR eigenverantwortlich zu gewährleisten.

So trat am 7. Juli 1953 mit ausdrücklicher Zustimmung der sowjetischen Administration in Berlin-Karlshorst der Befehl Nr. 123/53 des Innenministers Stoph in Kraft, der Strukturveränderungen hinsichtlich Personalstärke, Bewaffnung und Ausbildung für die Kasernierte Volkspolizei vorsah.

Ab 1. August unterstanden dem Innenministerium: die Volkspolizei mit allen ihren Hauptabteilungen, die Deutsche Grenzpolizei, die KVP und auch das Staatssekretariat für Staatssicherheit, dem man mit dem Vorwurf des Versagens während der Arbeiterunruhen den Rang eines eigenständigen Ministeriums aberkannt hatte.

In der Volkspolizei selbst wurden schlagkräftige Einheiten der Schutzpolizei gebildet, die als Schnellkommandos oder Bereitschaften in Erscheinung traten. Bei den Polizeiangehörigen stieß diese Entwicklung zu einer stärkeren Militarisierung der DDR-Polizei durchaus nicht auf ungeteilte Zustimmung. Politische Säuberungsaktionen setzten ein. Der damit verbundenen Personalfluktuation suchte man durch die Anwerbung von Arbeiterjungen und Söhnen landarmer Bauern zu begegnen, wofür in den Monaten September und Oktober 1953 landesweite Werbekampagnen gestartet wurden. Die neuen Kader sollten das „Unterpfand für die klassenmäßige Stärkung der Volkspolizei" bilden.

Mit dem Einsatz der KVP-Einheiten in der „Großfahndung Uckro" sollte das stark angekratzte öffentliche Ansehen der Ordnungshüter aufpoliert werden.

Hoffmanns KVP-Truppen in Berlin wurden dem Chefinspekteur Seifert unterstellt, der damit zum Oberkommandierenden aller Einsatzkräfte in der Großfahndung avancierte. Am Morgen des 12. Oktober bezog er Quartier im Kreispolizeiamt Lübben.

Während die südlich der Fernverkehrsstraße 115 agierenden Polizeikräfte durch Inspekteur Mellmann und durch Funktionsträger der Bezirkspolizeibehörde Cottbus geführt wurden, hatte sich die Einsatzleitung Nord, abkommandiert aus Potsdam, mit VP-Inspekteur Odpadlik an der Spitze in Zossen niedergelassen. Gegen Mittag waren die Blockierungsräume, die nun aus einem südlichen und einem nördlichen Kessel bestanden, abgeriegelt.

Dann nahmen die Mannschaften in Linie Aufstellung, rückten auf ein Kommando im unübersichtlichen Gelände vor. Neben uniformierten Gruppen stiefelten Kriminalisten in Zivil durch den Wald. Mitunter wußte einer vom anderen nicht, zu welcher Einheit er gehörte. Und die Männer wußten auch nichts von der tödlichen Entschlossenheit der Flüchtlinge, auf die sie Jagd machen sollten. Dafür versuchte man ihre Einsatzmoral mit schnell gefertigten Flugschriften wie dieser hochzuhalten:

„... Genossen FDJ-ler!
Ihr habt in dem Genossen Grummini das leuchtende Vorbild der konsequenten Pflichterfüllung im Interesse des Staates der Arbeiter und Bauern und damit für eine freie und glückliche Jugend.
Stellt die Mörder und Banditen und führt sie der gerechten Strafe zu!
Genossen Volkspolizisten!
Es darf keine Müdigkeit und kein Nachlassen in der Dienstdurchführung geben, die geringste Verletzung der Disziplin bedeutet Gefährdung des Einsatzes und eine Unterstützung der Mörder."

Als die Brüder Masin, Paumer und Sveda den Bahnhof Uckro in wilder Flucht verlassen hatten, waren sie nach Osten gewandert. Zbyněk Janata, der als letzter aus der Bahnhofshalle entkam, verlor den Anschluß. Er irrte allein durch den winzigen Ort, passierte den Friedhof und marschierte dann nordwärts über die Felder, bis man ihn bei Pelkwitz aufgriff.

Seine Kumpane folgten der Fernverkehrsstraße 102. Bevor sie die Kreisstadt Luckau erreichten, kamen ihnen auf der Straße die ersten Polizeifahrzeuge entgegen. Die Tschechen wichen auf die Zölmersdorfer Flur aus, umgingen Luckau im Süden und setzten ihre Flucht in die Zackoer Heide fort. Wieder wurden sie von Angst gehetzt. Sie gönnten sich nur wenige Minuten Rast. Dann stießen sie auf die Autobahn Dresden – Berlin. Noch war es ruhig dort, aber bald würden auch hier Polizeifahrzeuge rollen.

Die Flüchtigen stillten ihren Durst an einem Wassertümpel. Als es tagte, krochen sie in einer Feldscheune unter. Unruhiger Halbschlaf. Jedes Motorengeräusch in der Ferne schreckte die Männer auf. Sie waren froh, als die Abenddämmerung einsetzte, in deren Schutz sie ihre Flucht fortsetzen konnten.

Die Autobahn wurde gerade abgesperrt. Sie beobachteten das Anrollen der Fahrzeugkonvois. Bewaffnete Polizisten sprangen von den Autos und bezogen am Fahrbahnrand Posten.

„Zurück!" kommandierte Ctirad Masin.

Am Ufer eines breiten Wassergrabens, der Berste, beratschlagten die Tschechen.

„Das beste wird sein, wir kriechen ein paar Tage unter. Wenn sie nichts von uns mitbekommen, wird die Polizei wieder ruhiger."

Noch in der Nacht marschierten sie bis Reichwalde. Sie umkreisten vorsichtig die Ortschaft, nahmen jedes Gehöft in Augenschein. In der Mitte des Straßendorfes lag der Hof der Bäuerin Lommel. Die Scheune, nicht mehr als einhundert Meter vom nächsten Waldzipfel entfernt, hatte die günstigste Lage für die Männer. Sie drangen in das Gebäude ein und vergruben sich im Stroh über der Tenne.

Die Masins verhielten sich still. Tote gab es dennoch. Am 12. Oktober, gegen 21.30 Uhr, geriet der Soldat Alexander Streich in einen Streit mit seinem Unteroffizier. In einer dunklen Ecke stürzte sich der Angetrunkene auf seinen Vorgesetzten. Sie fielen zu Boden, schlugen aufeinander ein. Ein Leutnant M., der zufällig auftauchte, glaubte an einen Angriff der Banditen. Er zog die Pistole und erschoß Streich.

In der selben Nacht feuerte der knapp achtzehnjährige Anwärter Rolf Schmidt bei dem Dorf Hohenseefeld ins Gebüsch. Ein Rascheln hatte ihn aufgeschreckt. Sofort knatterten in der Schützenkette links und rechts Maschinenpistolen los. Eine verirrte Kugel streckte den blutjungen Polizeianwärter nieder.

Am 14. Oktober wurde im Raum Karl-Marx-Stadt Alarm ausgelöst. Angeblich waren die Banditen gesichtet worden. Bei der Durchsuchung des Geländeabschnittes löste sich aus der Waffe des Polizeiangehörigen K. versehentlich ein Schuß und tötete den Oberwachtmeister Siegfried Hoffmann.

Andernorts wurde der Polizeiangehörige Manfred Klemm durch einen Beckenschuß verletzt, den ein vermeintlicher Bandit abgefeuert haben soll.

Unsicherheit und Angst verbreiteten sich in den Reihen der Polizei. Gerüchte über die Todesumstände hielten sich hartnäckig, weil die Polizeiführung nicht bereit war, die Wahrheit zu sagen. Die Unfallopfer wurden, wie belegt werden kann, kurzerhand zu „Opfern der imperialistischen Mordbuben" erklärt.

Die Masins hockten in ihrem Versteck relativ warm und sicher. Nachts krochen sie abwechselnd aus dem Stroh, um die Nachbargärten zu plündern. Sie lebten von Obst, Möhren, grünen Tomaten und Futterkartoffeln. Zuweilen pirschten sie sich an die Milchkannen heran, die allmorgendlich von den Bauern als Pflichtablieferung auf der Dorfstraße zur Abholung bereitgestellt wurden. Die Hofbewohner unterschieden sie nach ihren Stimmen. Da war die Eigentümerin, eine resolute Bäuerin, mit ihren zwei Kindern im Alter von 10 und 12 Jahren. Dann eine etwa vierzigjährige Frau, die offensichtlich die Rolle der Magd spielte und mit ihren drei Kindern ein kleines Seitengebäude bewohnte. Sie kannten auch bald den Tagesablauf ihrer Hausgenossen, der von der Viehhaltung und Bodenbewirtschaftung auf einem Kleinbauernhof bestimmt war. Jeden Tag betrat jemand die Scheune, um Heu oder Stroh zu holen. Von den ungebetenen Gästen ahnte offenbar keiner etwas.

Eines Morgens wurde das Dorf durch ein Polizeiauto geweckt, das zweimal in Schrittempo durchs Dorf fuhr und durch einen Lautsprecher verkündete:

„Achtung! Achtung! Hier spricht die Volkspolizei!
Am 10. 10. 1953 wurde in Uckro, Kreis Luckau, ein VP-Angehöriger von einer Banditengruppe ermordet, nachdem sie vorher einen Raubüberfall auf einen Arzt durchgeführt hat.
Personenbeschreibung:
1. 22 Jahre, untersetzt, ca 1,85 m groß, blond, blaue Augen, Gesichtsform oval, gerade Nase, grauer Anzug, schwarze Schuhe, graues Hemd.
2. 20 Jahre, 1,75 m groß, hellblond, ovales Gesicht, untersetzt, grauer Anzug, braune Halbschuhe, graues Hemd.
3. ca 30 Jahre, 1,76 m groß, braunes Haar, graue Augen, normale Figur, grauer Anzug, grünes Hemd, braune Schuhe.
4. 21 Jahre, 1,76 m groß, schwarze Haare, brauner Anzug, braune Schuhe, hellgrünes Hemd, grau-grüne Augen, normale Nase, längliches Gesicht.
Wir rufen die Bevölkerung zur intensiven Mitfahndung auf! Es liegen konkrete Hinweise vor, daß sich die Banditen noch in diesem Gebiet befinden. Wir bitten, alle Beobachtungen und Feststellungen, die zur Festnahme dieser Banditengruppe führen können, sofort der nächsten Volkspolizei-Dienststelle zu melden.“

Wenige Stunden später durchkämmten Polizisten in Schützenkette die Umgebung des Dorfes. Daß sie die Häuser, Ställe und Scheunen der Bauern nicht durchsuchten, stellt eine unerklärliche Unterlassung dar, die folgenschwer war.

Am Freitag, dem 16. Oktober, ging Vera Kwiatkowski, die vierzigjährige Landarbeiterin, zur Scheune, um Stroh zu holen. Mittagsstille lag über dem Lommel-Hof, nur dann und wann unterbrochen vom Klirren einer Kuhkette im Stall, dem Grunzen eines Schweines oder dem kurzen Aufwiehern eines Pferdes. Das Scheunentor knarrte leise, der rechte Flügel klemmte. Der herbe Geruch von Heu und frischem Stroh schlug der Frau entgegen. Auf der Tenne lagerten Kartoffelsäcke und links, in einem Verschlag hinter Brettern, frisch eingebrachte Rüben.

Vera Kwiatkowski musterte das Stroh in der Banse zu ebener Erde. Nicht für ihre Zwecke geeignet. Sie suchte nach frischen Bunden, um die Bettstatt zu polstern. Die Bäuerin hatte ihr das Stroh versprochen. Frau Lommel wußte sehr wohl, wie wichtig die Arbeitskraft der Umsiedlerin für den Erhalt des Kleinbauernhofes war. Der Bauer lebte nicht mehr, er war in der russischen Steppe gefallen. Die Kwiatkowski hatte mehr Glück gehabt. Obwohl in den Kriegswirren von ihrem Mann getrennt, hatte sie ihn nach fünfjähriger Suche über das Rote Kreuz in Deutschland gefunden. Marian Kwiatkowski lebte in der DDR und arbeitete auf einer Großbaustelle bei Buna. 1950 war die Frau aus dem polnischen Oberschlesien mit den Kindern nach Reichwalde gezogen, wohin der Mann an den Wochenenden zu Besuch kam.

Zur Rechten lehnte eine Leiter. Sie führte zum Heuboden. Die Frau erklomm die Sprossen, stieg ins Stroh. Ziemlich duster war es in den Ecken, das Tageslicht drang nur gedämpft herein. Veras Augen mußten sich erst an die Dunkelheit gewöhnen. Als sie verharrte, fiel ihr ein merkwürdiger Geruch auf. Wie modriges Leder, feuchte Kleidung und menschlicher Schweiß. Während des Krieges hatte sie ihn in den Fluchtquartieren oft gerochen. Unsinn! Diese Zeiten waren längst vorbei und kehrten hoffentlich nie wieder! Sie wühlte im Stroh, hob abwägend das eine oder andere Bund auf, legte es unentschlossen zur Seite. Da vernahm sie deutlich ein Rascheln. Die Kwiatkowski fuhr herum.

Vor ihr lagen zwei Männer im Stroh, nur die Köpfe ragten heraus. Für einen Moment starrte die Frau in die unrasierten Gesichter. Als sich einer der Männer aufzurichten begann, löste sich ihre

Erstarrung. Wie ein Blitz jagte die Kwiatkowski die Leiter hinunter, warf den Torflügel hinter sich zu und rannte ins Auszugshaus, das sie mit ihren drei Kindern bewohnte. Vera verriegelte sofort die Tür, dann, noch auf der Schwelle, sanken ihre Schultern nach vorn, als hätten sie ihre Kräfte verlassen. Gottlob, die Kinder waren noch in der Schule. Die Fremden mußten die Mörder sein, nach denen die Polizei suchte!

Vaclav Sveda war der Frau mit gezückter Pistole gefolgt. Er vermutete, sie sei ins Wohnhaus geflüchtet. Wütend stieß er die Küchentür auf und stand der verdatterten Helene Lommel gegenüber. „Ruhig!" bedeutete ihr der Tscheche. „Nix schreien!"

Die Hofbesitzerin fiel vor Schreck auf einen Küchenstuhl. Furcht zeichnete ihr Gesicht.

„Gib Brot!" forderte Sveda. „Hunger!"

Mit zitternden Knien raffte sie sich auf und nahm einen Laib Brot aus dem Kasten.

Der Tscheche nickte. „Speck!" verlangte er.

Die Bäuerin erfüllte auch diesen Befehl. „Um Gotteswillen, tun Sie mir nichts", flehte sie. „Ich habe doch Kinder."

„Nix sagen – nix Polizei!" Sveda schwenkte die Pistole. „Wenn Abend, dann Wald und weg!"

Er kehrte in die Scheune zurück, wo die Gefährten ihn voller Spannung erwarteten.

Ihre Lage war kritisch geworden. Sie beratschlagten. Ctirad meinte, es käme einem Selbstmord gleich, wollten sie bei Tageslicht ihren Unterschlupf verlassen. So beschlossen sie, bis zur Dämmerung auszuharren, belauerten aber jede Bewegung auf dem Bauernhof.

Vera Kwiatkowski gelang es, die Kinder am Hoftor abzupassen. „Lauft schnell zu Herrn Schwella!" flüsterte sie ihnen zu. „Sagt dem Gemeindediener, daß die Banditen in Lommels Scheune sitzen!"

Im Stab der Luckauer Einsatzleitung herrschte Ratlosigkeit. Seit Tagen fehlte jede Spur von den flüchtigen Tschechen. Die wenigen Hinweise, denen man nachgegangen war, hatten nicht weitergeführt.

„Die können sich doch nicht in Luft aufgelöst haben", knurrte Mellmann, der mit Besorgnis registrierte, wie die Moral seiner Truppe zu bröckeln begann. Gegen 11.00 Uhr machte er sich auf den Weg nach Lübben. Chefinspekteur Seifert erwartete einen Lagebericht.

In Luckau blieben die Offiziere der Bezirksbehörde Cottbus zurück: Oberrat Gaberecht, Kripochef Rebentisch und Polizeirat Grund, der das Kreisamt in Luckau leitete. Einige Mitarbeiter der Staatssicherheit hatten sich zu den Offizieren im Stab gesellt. Sie alle waren mit den Ergebnissen der Fahndung unzufrieden. Keiner machte einen Hehl daraus. Obgleich Janatas Festnahme die Zweckmäßigkeit der Cottbuser Taktik bewiesen hatte, waren von Mellmann und Seifert die Einsatzgruppen aus den Dörfern abgezogen worden. Sobald man nun Hinweise über den Aufenthalt der Banditen hatte, verursachte das aufwendige Truppenbewegungen, mit denen man viel Zeit verlor. Bei den Offizieren hatte sich Frust angesammelt, der nicht unwesentlich zu einer verhängnisvollen Fehlentscheidung beitragen sollte.

Gegen 14.00 Uhr ging im Luckauer Stab die Meldung ein, die diesmal vielversprechend klang:

> „Die Banditen wurden in Reichwalde gesichtet! Gehöft Lommel. Die Bäuerin hat die Burschen im Stroh entdeckt!"

Der ranghöchste Stasi-Offizier stand schon vor der Stabskarte. „Fünfzehn Kilometer bis Reichwalde. Los, die schnappen wir uns!"

Kripochef Rebentisch zögerte. Er schaute zu Gaberecht. Der Oberrat nickte. „Kämmt notfalls jedes Gehöft durch!" befahl er.

Die Männer eilten davon. Rebentisch griff sich ein paar Leute, die auf dem Hof des Kreisamtes standen, und fuhr mit dem Fahrzeug der Mordkommission vom Hof. Das Jagdfieber hatte die Beamten gepackt. Vor allem aber beflügelte sie die verlockende Aussicht, den Einsatz mit einem Überraschungsschlag krönen zu können. Siegesgewiß mißachteten sie alle bewährten Grundsätze für das Vorgehen in einem solchen Fall. Mit Getöse erreichten die Fahrzeuge das Straßendorf Reichwalde.

Sveda, Paumer und die Masins sprangen aus ihrem Versteck, überwanden den rückwärtigen Zaun und hetzten auf den Waldzipfel zu. Ein Motorrad jagte von rechts über die Wiesen heran. Der uniformierte Fahrer sprang ab und eröffnete mit seiner Pistole das Feuer. Auf dem Feldweg bremste ein PKW, aus dem bewaffnete Zivilisten sprangen. Schüsse peitschten hinter den Flüchtigen her, die im letzten Moment das Dickicht des Waldes erreichten.

Der Trupp, der in Lommels Scheune einbrach, stöberte nur noch eine vergessene Baskenmütze auf, einige angebissene Möhren und ein Päckchen Traubenzucker.

Die Chance war vertan. Es blieb wieder nur die Verfolgung, die Kripochef Rebentisch sofort organisierte. Der Kontakt zu den Flüchtigen durfte nicht abreißen. Die Spur war noch frisch. Seine Männer schwärmten in Suchkette aus, durchkämmten zügig den Mischwald. Sie wollten so schnell wie möglich mit einem Erfolg den vorangegangenen Fehler wiedergutmachen.

Die Flüchtlinge hetzten pausenlos nach Norden, nur wenig Vorsprung vor ihren Verfolgern. Geschoßgarben fetzten ins Unterholz. Die Tschechen sparten Munition. Sie erwiderten das Feuer nur, wenn ihnen die Jäger gefährlich nahe kamen.

Dann lag die Fernverkehrsstraße 115 vor ihnen, die die Städte Golßen und Lübben verband. Die Chaussee war von der Polizei aber nur mit Doppelposten gesichert, die größere Abstände eingenommen hatten. Die Polizisten hatten das Feuergefecht herankommen hören und waren in Deckung gegangen. Fast unbehelligt konnten die Flüchtigen dadurch über die Straße setzen. Das Gezweig der Büsche schlug hinter ihnen zusammen. Und immer wieder fielen Schüsse.

Forsthaus Waldow

Südlich von Waldow, etwa achthundert Meter vor dem Dorf, liegt das Forsthaus Reichwalde-Waldow. Revierförster Rudolf Kunze brütete in seinem Büro über dienstlichem Papierkram: Holzeinschlag in Festmeterzahlen, Kennziffern für Aufforstungsflächen, Schädlingsbefall im Baumbestand.

Im Forst herrschte Abendstille. Die Kiebitze schwiegen, das Rucksen der Wildtauben war verstummt. Dafür flötete im Garten eine Amsel. Kunze blickte aus dem Fenster, er konnte den gefiederten Sänger aber nicht entdecken.

Als die ersten Schüsse in der Ferne knatterten, verfinsterte sich das Gesicht des Revierförsters. Russische Offiziere, die ihre Jagdleidenschaft im Wald austoben, war sein erster Gedanke. Ziemlich wahllos ballerten die auf alles, was sich im Unterholz bewegte. Proteste und Anzeigen hatte Kunze zur Genüge an die höhere Forstbehörde eingereicht. Mit Schulterzucken waren sie von seinen Vorgesetzten beantwortet worden und hatten ihm obendrein den Ruf eines politischen Nörglers eingebracht.

Die Schießerei hielt an. Der Lärm kam näher. Bald konnte Kunze zwischen dem Krachen der Karabiner und den kurzen Garben aus Maschinenpistolen das trockene Bellen von Pistolenschüssen heraushören. Er warf die Abrechnung zur Seite und ging in den Garten.

Im Hochwald jenseits der Straße kreischte ein Eichelhäherpärchen. Die bunten Vögel flatterten aufgeschreckt davon. Und schon sah Kunze einige Gestalten in verwildertem Habitus aus dem Unterholz brechen. Mehrere Männer hatten Pistolen in den Fäusten. Sie schauten sich rasch um und rannten auf das Siedlungshaus der Familie Grützner zu.

Dort trat Helmut Grützner zum Hoftor. Der Lärm der Schüsse hatte seine Neugier geweckt.

„Hallo!"

Grützner entdeckte einen wildfremden Mann, der wie aus dem Boden gewachsen hinter dem Zaun auftauchte.

„Berlin – wo?"

Grützner deutete zur Rückseite seines Grundstückes. Dort begann Mischwald, der zweihundet Meter weiter an einem Wiesenrain endete. Als der Hofbesitzer sich umdrehte, war der Fremde schon wieder verschwunden. Dann wimmelte es plötzlich von blauen Uniformen in der Umgebung. Auf der Straße nach Waldow dröhnten Autos heran. Motorräder kurvten über die zerfahrenen Feldwege.

Paumer, Sveda und die beiden Masins waren bis zum Wiesenrain vorgedrungen. Vierhundert Meter freies Gelände tat sich vor ihnen auf. Dann begann ein anderes Waldstück, hinter dem die Dächer der Waldower Häuser hervorsahen.

Auf der Straße zur Rechten wurden die Flüchtlinge von Polizeifahrzeugen überholt. Weiter links, auf dem Sturzacker, knatterten Kräder. Die Tschechen saßen fest.

„Abwarten, bis es dunkel wird", befahl Ctirad Masin. „Verteilt euch im Gelände!"

Sie verkrochen sich in der Wildnis. Der unebene, von zahllosen Rinnen durchzogene Humusboden war mit Herbstgräsern, Farnkraut und Preiselbeergestrüpp bewachsen. Abgebrochene Äste lagen unter den Eichen und Buchen. Sie boten den Flüchtigen eine ausgezeichnete Tarnung. Die Vorgänge am Waldrand bedeuteten nichts Gutes. Ctirad Masin ahnte, daß sich um den Waldzipfel ein fester Polizeikordon schloß. Auf der Wiese fuhren Lastkraftwagen auf, die das Licht ihrer Scheinwerfer über den Waldsaum streuten. Die ersten Polizisten wagten sich ins Unterholz vor.

Ctirad Masin in Rambouseks Buch:

„Ich lag hinter einem Baum im hohen Gras, den Kopf eng an den Boden gepreßt, um nicht entdeckt zu werden. Die Pistole hielt ich schußbereit. Ich lauerte auf einen günstigen Augenblick ... Dann habe ich mir einen Mann ausgesucht, der ungefähr 120 Meter links von mir an einem Graben stand. Er hatte eine dunkle Polizeiuniform an und stützte sich mit seinem Ellenbogen auf ein Gewehr.

Da nahm ich die Pistole in Anschlag und zielte sorgfältig, damit der Schuß nicht daneben ging. Die Kugel fuhr aus dem Lauf. Ich hörte den Knall. Der Polizist kippte um, ohne einen Laut von sich zu geben ... Wie ich dann aus der Zeitung erfahren habe, war es der 31jährige Oberrat der Volkspolizei, Herbert Hoffmann."

Hier irrte Masin. Nicht Oberrat Hoffmann, der als Leiter der Mordkommission Zivilkleidung trug und lediglich mit einer Pistole bewaffnet war, wurde sein erstes Opfer am Forsthaus Waldow, sondern der dreiundzwanzigjährige Hauptwachtmeister Heinz Sunkel – Vater von zwei Kindern. Ein Gedenkstein erinnert noch heute an dieser Stelle an die Untat.

Doch damit nicht genug:

„Vom Waldrand näherte sich geduckt ein junger Vopo. Die Pistole hielt er schußbereit. Er spähte aufmerksam ins Gras und in die Sträucher. Er kam bis zu mir, blieb stehen und rief zu seinem Leutnant, daß im Wald niemand sei. Dann drehte er sich um und ging langsam zurück. Als er ungefähr 30 Meter entfernt war, zielte ich zwischen seine Schulterblätter

und schoß. Er fiel lautlos um und blieb mit dem Gesicht zur
Erde reglos liegen. Es war der Hauptwachtmeister der
Volkspolizei Heinz Sunkel ... Neben dem Kommissar Grum-
mini in Uckro habe ich dann noch den Genossen Kommissar
Martin Lehmann ‚abgeschrieben‘. "

Der Mann mit der Pistole, den Ctirad Masin hinterrücks erschoß,
war Martin Lehmann, ein Fahndungsoffizier der Cottbuser Kriminalpolizei.

Augenzeugenberichte und die Recherchen des Chronisten bele-
gen, daß am Forsthaus Waldow nur die Polizisten Sunkel und
Lehmann ums Leben gekommen sind. Der Tod des Oberrat
Hoffmann ereignete sich Stunden später.

Gegen 21.00 Uhr war die Lage für die vier Flüchtlinge schier
aussichtslos geworden. Mit jeder Minute trafen weitere Polizeikräfte ein. Der Ring wurde dichter.

„Wir müssen raus aus dem Kessel, sonst sind wir geliefert",
sagte Masin. Er deutete auf die hellerleuchtete Wiese. „Wir pusten
den Vopos die Lampen aus und halten uns dann in der Deckung des
Grabens zur Linken. Einen anderen Weg gibt es nicht. Los!"

Sie sprangen auf. Die Waffen spuckten Feuer. Sveda und Josef Masin nahmen die Autos unter Beschuß. Glas klirrte. Zwei, drei Scheinwerfer fielen aus. Ctirad Masins Schüsse zwangen die Posten, hinter den Fahrzeugen Deckung zu suchen. Dann erst reagierten sie und schossen mit Polizeikarabinern und Maschinenpistolen zurück.

Unterdessen erreichten die Tschechen den Waldrand. Vaclav Sveda hatte es am Arm erwischt, und er verlor viel Blut. Das Waldstück, in dem sie sich jetzt befanden, glich urwaldartigem Dschungel. Unter größter Vorsicht erkundeten sie das Dickicht, das im Nordwesten an den Waldower Friedhof angrenzte. Wilder Efeu umrankte die Stämme der betagten Bäume, bildete einen Schirm, unter dem die Männer sich eingruben. Die Nacht verstrich langsam. An Schlaf war nicht zu denken. Svedas Wunde schmerzte. Gegen Morgen begann er zu fiebern.

Im Stab Mellmann herrschte unterdessen große Aufregung und wenig Besonnenheit. Rebentisch forderte eine Hundestaffel an. „Noch stecken sie im Kessel", beschwor er seine Vorgesetzten. „Wir müssen nur die Hunde reinschicken!"

„Auf gar keinen Fall nachts", wehrte der Kommandeur der Pretzscher Hundeführerschule ab. „Wir müssen bis zum Tagesanbruch warten."

Aus Lübben griff Feldherr Seifert in das Geschehen ein. Er befahl: „Die Banditen sind unter allen Umständen im Kessel niederzuhalten! In zwei Stunden kommt Verstärkung."

Die Karl-Marx-Städter Polizeibereitschaft unter ihrem Kommandeur Horst Ende und die Einheiten der KVP wurden in ihren Quartieren hochgejagt und nach Waldow in Marsch gesetzt.

Ende ließ die Straße am Dorfrand von seinen Truppen besetzen. Schotterhaufen, die zur Ausbesserung der Fahrbahndecke dienen sollten, boten seinen Männern Schutz.

Bevor die Morgennebel stiegen, verließen Milan Paumer und die beiden Masins den Forst. Sveda hatten sie zurückgelassen. Unter einem Reisighaufen verborgen, hoffte er, von den Suchketten der Polizei übersehen zu werden. Seine drei Gefährten pirschten sich an die Straße. Es schien zu klappen. Schon wähnten sie sich in Sicherheit, als ihnen das Kommando „Halt! Wer da?" entgegenschallte.

Wieder Schüsse. Sie flüchteten zum Wald zurück. Leuchtkugeln stiegen in den Himmel. Neben ihnen im Stoppelfeld schlugen Schüsse ein.

Noch einmal Ctirad Masin:

„Josef hat mehrere Schüsse abgegeben, aber in diesem Augenblick war Lärm auf der gesamten Länge der Straße. Leuchtkugeln gingen hoch, soweit wir sehen konnten. Blitzschnell machten wir kehrt und rannten in den Wald zurück. Leuchtspurmunition flog von überallher heran. Wir sind bis zum Waldrand geflüchtet und verschwanden im letzten Augenblick unter kleinen Fichten. Später haben wir von einem Leutnant der Vopo, der auch abgehauen war, erfahren, daß sie in den eigenen Reihen einen Major erschossen haben."

Der Name dieses Toten lautet Herbert Hoffmann. Sein Dienstgrad Oberrat entsprach dem militärischen Majorsrang. Ctirad Masin blieb uns die Umstände um Hoffmanns Tod in seinem Bericht schuldig. Er glaubte, am Forsthaus Waldow drei Polizisten getötet zu haben, womit er der offiziellen Darstellung der DDR-Polizeiführung aufsaß. Die hohen Herren hatten Hoffmann aus propagandistischen Gründen in der Öffentlichkeit zum Mordopfer erklärt.

In den Archivunterlagen wird Hoffmanns Tod jedoch erst am 17. Oktober erwähnt. Mit einem Vermerk, der besagt: Nördlich der Einkreisung Waldow. Bei der Verfolgung der ausgebrochenen Banditen.

Nachdem die Schießerei vor Waldow aufgeflackert war, hatte Hoffmann sich in den EMW der Mordkommission geworfen. Er, der Kraftfahrer und ein Offizier der Staatssicherheit jagten dem Dorf zu. Auf der Straße geriet ihr Wagen unter Beschuß. Hoffmann sprang aus dem Auto. Er trug Zivilkleidung und schrie: „Nicht schießen! Polizei!" Als er dabei in den Lichtkegel eines Scheinwerfers geriet, trafen ihn die tödlichen Kugeln. Seine Begleiter wurden durch Streifschüsse verletzt. So der Hergang, wie er aus der erwähnten Aktennotiz und den Schilderungen der Zeugen rekonstruiert werden konnte. Für Oberrat Hoffmanns Tod ist Ctirad Masin demnach nicht direkt verantwortlich. Die Schuld der Masins jedoch wird dadurch kaum geringer.

Als die Hundemeute bei anbrechendem Tageslicht ins Wäldchen am Waldower Friedhof einfiel, stöberte sie den hilflosen Sveda auf. Der Tscheche wurde festgenommen und noch am gleichen Tag in sicheres Gewahrsam ins Zuchthaus Brandenburg überstellt. Seine Kumpane indessen waren wieder einmal untergetaucht. Man kann vermuten, daß sie das Durcheinander bei Herbert Hoffmanns Tod nutzten, um aus dem Kessel zu entkommen.

Chefinspekteur Seifert verlor die Fassung, als der Stab Mellmann ihm die Bilanz des 16. und 17. Oktober vorlegte: Zwei Männer durch bewaffnete Banditen erschossen; ein Toter und zwei Verletzte durch Verschulden in den eigenen Reihen! Die Festnahme des verletzten Tschechen konnte dagegen kaum als Erfolg gelten.

„Unglaublich, was Sie sich da geleistet haben!" herrschte er Mellmann an. „Ihre Unfähigkeit schreit zum Himmel!"

„Dann kann ich ja von meinem Kommando zurücktreten!" erklärte dieser indigniert.

„Aufgeben...?" Seifert verlor endgültig die Fassung. „Das könnte Ihnen so passen, sich aus der Verantwortung zu stehlen! Nehmen Sie gefälligst zur Kenntnis, ich löse den Stab in Luckau auf! Alle Offiziere unterstehen meinem Befehl in Lübben!" Pause. Und dann: „Ich habe im übrigen eine Verstärkung unserer Einheiten durch leichte motorisierte Truppen der Roten Armee veranlaßt!"

Oberrat Rebentisch schloß entsetzt die Augen. Diese Entscheidung dürfte das Kriegsgetümmel noch um ein Vielfaches vergrößern, befürchtete er.

Vaclav Sveda war mittlerweile in Brandenburg eingetroffen. Nach der medizinischen Betreuung nahmen sich der VP-Inspektor Weidlich, seines Zeichens Chef der Untersuchung in der Hauptabteilung K, und ein Oberleutnant Behrend vom Staatssicherheitsdienst des Häftlings an. Herbert Weidlich, der längere Zeit in der Prager Emigration gelebt hatte, beherrschte die tschechische Sprache.

Svedas erstes Verhör begann am 17. Oktober um 19.30 Uhr. Es endete am darauffolgenden Tag um 07.15 Uhr. Nach einer fünfstündigen Pause, die man ihm immerhin zugestand, begann bereits die zweite Vernehmung, deren Dauer mit dem Vermerk „Beginn 12.20 Uhr; Ende 18.45 Uhr" angegeben ist.

Nach anfänglichem Leugnen packte der geschwächte Sveda gründlich aus. Als am 19. Oktober Vertreter des Prager Innenministeriums anreisten, um Janata und Sveda in die tschechoslowakische Republik zurückzuführen, erhielten sie obendrein von der Berliner Polizeiführung komplette Geständnisse, die den tschechischen Staatssicherheitsdienst in die Lage versetzten, den Personenkreis um Ctibor Novak, Zdenka Masinova, Zbynek Bouse und Vladimir Mrasec festzunehmen.

Vor einigen Wochen wurden zwei Mitglieder einer fünfköpfigen aus der CSR stammenden Terroristenbande von unseren Sicherheitsorganen verhaftet. Der festgenommene Vaclav Š v e d a , geb. am 26. April 1921 in Pivin/CSR, sagte aus, daß er vor dem Beginn seines Terroreinsatzes im Gebiet der Deutschen Demokratischen Republik einen Dollarbetrag erhielt. Dieses Geld sollte es ihm ermöglichen, falls die Gruppe auseinandergerissen

Das ist der verhaftete Mörder Vaclav Šveda. Er wird sich für den Mord an Volkspolizisten zu verantworten haben.

würde sich nach Westdeutschland durchzuschlagen. Dort sollte er im Lager Walka Aufnahme finden. Das Lager Walka steht unter amerikanischer Leitung. Der Terroristengruppe gehörte auch Strida M a š i n an, Sohn des früheren Benesch-Generals Mašin. Strida M a š i n war bereits vor einigen Jahren von den tschechoslowakischen Sicherheitsbehörden wegen seiner Zusammenarbeit mit amerikanischen Dienststellen in der CSR zu zwei Jahren Freiheitsentzug verurteilt worden. Er verdankte es der Großzügigkeit der tschechoslowakischen Organe, daß er die Haftzeit nicht zu verbüßen brauchte, man beließ ihn weiterhin in Freiheit. Dieses Entgegenkommen „belohnte" Mašin mit dem Mord an vier Volkspolizisten im Gebiet der Deutschen Demokratischen Republik.

Textpassage aus: „X 3265 ... schweigt ...", Propagandaschrift über Spionage gegen die DDR, herausgegeben vom Büro des Präsidiums des Nationalrats der Nationalen Front, Berlin 1953.

Vernehmer
Herbert Weidlich

Die Offiziere des SBN revanchierten sich mit Fotos der Flüchtigen, die zur Herausgabe eines Steckbriefes verwendet wurden. 1000 DM Belohnung setzte Generalinspekteur Maron für zweckdienliche Hinweise aus, die „zur Ergreifung der drei wegen mehrfachen Mordes gesuchten Banditen" führen.

Am 20. Oktober 1953 widmete sich die in Cottbus erschienene „Lausitzer Rundschau" den Ereignissen von Uckro und Waldow. Auf ihrer Titelseite veröffentlichte sie die Fotos der vier getöteten Polizisten sowie ihre Lebensläufe. In einer Mitteilung der Bezirksbehörde der Volkspolizei verlautete dazu:

> „Im Auftrage ausländischer und Westberliner Agentenzentralen wurden am 10. Oktober 1953 in das Gebiet der Deutschen Demokratischen Republik bewaffnete faschistische Terroristen eingeschleust. Sie verfolgen das Ziel, im Gebiet unserer Republik Sabotageakte und Morde zu organisieren. Dank der Wachsamkeit der Staatsorgane und der Mithilfe der Bevölkerung gelang es, bereits zwei dieser Verbrecher festzunehmen: darunter befindet sich auch der Anführer der Bande.

1000 DM Belohnung

für zweckdienliche Angaben, die zur Ergreifung der drei wegen mehrfachen Mordes und Raubüberfalls gesuchten Banditenführen!

Maczin, Czirard
etwa 22 Jahre alt
Gestalt: untersetzt; etwa 1,85 groß;
Haar: blond; Augen: blau; Nase: normal;
Gesichtsform: oval; Bekleidung: grauer
Anzug, schwarze Schuhe, graues Hemd

Maczin, Joseph
20 Jahre alt
Gestalt: untersetzt; 1,75 groß;
Haar: dunkel; Gesicht: oval; Nase: nor-
mal; Bekleidung: grauer Anzug, graue
Halbschuhe, graues Hemd

Baeumer, Milian
etwa 21 Jahre alt; etwa 1,76 groß;
Haar: schwarz; Gesicht: länglich;
Augen: grau-grün; Nase: normal;
Bekleidung:
brauner Anzug, braune Halbschuhe,
hellgrünes Hemd

Die drei Mörder sprechen nicht deutsch, nächtigten mehrere Tage im Freien und sind verwahrlost. Bekleidung kann gewechselt sein.
Die Bevölkerung wird aufgefordert, bei der Festnahme der drei gemeingefähr-lichen Verbrecher mitzuhelfen. Zweckdienliche Angaben sind bei der nächsten VP-Dienststelle oder VP-Angehörigen zu machen.
Achtung! Die Mörder sind im Besitze von Schußwaffen!

Chef der Deutschen Volkspolizei
Maron

(87/11) 10. 53

Ag 67/53

Die Brutalität dieser Verbrecher geht daraus hervor, wie der Bevölkerung bereits mitgeteilt wurde, daß vier Volkspolizisten im Kampf gegen die Terroristen den Tod fanden. Die Volkspolizei hat im Interesse der friedliebenden Bevölkerung alle erforderlichen Maßnahmen eingeleitet zur Liquidierung der Überreste der Terrorgruppe.

Die Bevölkerung des Bezirkes Cottbus und des Bezirkes Potsdam wird aufgerufen, die Maßnahmen der Staatsorgane aktiv zu unterstützen. Alle Anweisungen und Richtlinien sind im eigenen Interesse strikt einzuhalten. Jede Unterstützung der Terroristen wird nach dem Gesetz bestraft."

Nicht nur, daß Hoffmanns Tod für die Öffentlichkeit dem Konto der „Terrorbande" hinzugerechnet wurde, auch propagandistisch wurden die Ereignisse vermarktet. In einem weiteren Bericht auf der gleichen Zeitungsseite hieß es unter anderem:

„Als Antwort auf die Ermordung der drei Kameraden von der Volkspolizei bat der Kollege Werner Jahn vom VEB Feintuchfabrik Finsterwalde um Aufnahme in die Partei der Arbeiterklasse ..."

Aufschlußreich ist auch die deutliche Drohung, jede Unterstützung der flüchtigen Tschechen unnachsichtig bestrafen zu wollen. Das unverbrüchliche Bündnis zwischen Polizei und Volk, wie die tägliche Propaganda es beschwor, war offenbar doch nicht so fest geschmiedet.

So erklärt sich auch, warum man im Stab Seifert fieberhaft rätselte, ob und bei wem die Tschechen in Waldow Unterstützung gefunden haben könnten. Nach altbewährter Methode suchte man nach Verdächtigen, die hierfür geeignet erschienen. Aus einer Analyse der Stasi-Ermittler stammt dieser Extrakt:

„1. Etwa 90 % der Bevölkerung von Waldow hat sich an der Bettelpaketaktion* beteiligt;
2. Der Bruder der M., der in Verbindung mit der Juni-Provokation republikflüchtig wurde;
3. Der Pfarrer und der Förster des Ortes gelten als politisch unzuverlässig."

Die Veröffentlichungen in der Presse verfehlten ihre Wirkung nicht,

---

*   Propagandajargon für die Care-Paket-Aktion vom Herbst 1952

LAUSITZER
RUNDSCHAU

ORGAN DER BEZIRKSLEITUNG COTTBUS DER SOZIALISTISCHEN EINHEITSPARTEI DEUTSCHLANDS

8. JAHRGANG / Nr. 248   COTTBUS, DIENSTAG, 20. OKTOBER 1953   PREIS 15 PFENNIG

Den unvergeßlichen Helden

VP-Hauptwachtmeister
Heinz Sankel

VP-Obergefreiter
Herbert Hoffmann

VP-Kommissar
Hermann Grummini

VP-Kommissar
Martin Lehmann

Brigade Mielke liefert 96,5 Prozent Qualität

Mehr und bessere Textilien für die Bevölkerung – Wettbewerbserfolge der Tuchfabrik Am Haag in Forst

Vorwärts zu neuen Erfolgen im neuen Kurs durch die aktive Mitarbeit der Frauen!

Die Bezirksbehörde der Deutschen Volkspolizei teilt mit

Die Arbeiterklasse wird ihr Vermächtnis erfüllen

Cottbus nimmt Abschied von den toten Helden

Noch vier Tage für die Rübenrodung

anders allerdings, als es die Urheber des Aufrufes erwartet hatten. Meldungen aus der Bevölkerung häuften sich, in denen von Überfällen eines oder mehrerer Ausländer die Rede war. Brot und Lebensmittel hätten die Täter verlangt. Nicht selten erwiesen sich solche Vorkommnisse schlicht als unwahr, wie im Fall eines Arbeiters aus Beeskow, der zur vermeintlichen Tatzeit stockbetrunken war.

178

Am 25. Oktober wurde bei Hartmannsdorf im Kreis Lübben ein Strohdiemen entdeckt, den drei Personen als Nachtlager benutzt hatten. Der Fährtenhund nahm eine Spur auf, konnte sie aber nur bis zum Ufer der Hauptspree verfolgen.

Am 28. Oktober teilten Kinder mit, daß sie im Raum Bückchen-Wittmannsdorf drei Männer gesichtet hätten, die Ähnlichkeiten mit den Tschechen hatten. Im angegebenen Waldstück fand man auch eine Lagerstätte, doch der eingesetzte Hund konnte keine Spur aufnehmen. Ein anderes Mal – am 30. Oktober entdeckte man zwischen Leibsch und Wasserburg auf einem Möhrenfeld die Schuhspuren mehrerer Männer – mußte die Verfolgung wegen starken Nebels abgebrochen werden.

Obwohl der Wahrheitsgehalt vieler solcher Meldungen im Stab bezweifelt wurde, ließ sich doch nachvollziehen, daß Paumer und die Masins die Autobahn überquert haben mußten und nun wahrscheinlich im nordwestlichen Unterspreewald umherirrten.

Die Kette der polizeilichen Mißerfolge riß nicht ab. Eine Feldscheune, die bis zum First mit Stroh vollgestopft war, geriet in Brand, als sie Suchtrupps unter Beschuß nahmen. Die Polizisten wollten verdächtige Gestalten bemerkt haben.

Im Bereich der Autobahnabfahrt Halbe eröffneten Polizeieinheiten irrtümlich untereinander das Feuer. Verletzte waren zu beklagen.

Es traf aber auch unbeteiligte Zivilisten. Mindestens drei Personen sind in den Archivunterlagen wegen Schußverletzungen registriert worden.

Inspekteur Mellmann, der häufig in den vordersten Reihen im Einsatz war, leitete den Vormarsch der Suchketten schließlich aus einem Deckung bietenden Schützenpanzerwagen heraus. Ein Umstand, der freilich wenig zur Motivation der Soldaten und Polizisten beitrug. Mellmanns affektiertes Auftreten mit Lederjacke und einer langläufigen Mauser im Holzfutteral, das an einen russischen Partisanenkommandeur erinnern sollte, vermochte seinen Untergebenen ohnehin nie den notwendigen Respekt zu verschaffen.

In der Polizeiführung überwog das Bestreben, keine Nachrichten an die Öffentlichkeit dringen zu lassen, mit der Begründung, der Klassengegner könne aus solchen Informationen Nutzen ziehen. Über die wahren Ursachen der hohen Verluste wurden die Mannschaften nicht unterrichtet, so daß sich die Gerüchte über die unglaublichen Nahkampffähigkeiten und außerordentliche Treffsi-

Von faschistischen Terrorbanden ermordet

Im Auftrage ausländischer und Westberliner Agentenzentralen wurden am 10. Oktober 1953 bewaffnete faschistische Terroristen in die Deutsche Demokratische Republik eingeschleust mit dem Auftrag, Sabotageakte und Morde zu organisieren. Zwei dieser Verbrecher, darunter der Anführer der Bande, konnten dank der Wachsamkeit unserer Staatsorgane und der Mithilfe der Bevölkerung festgenommen werden.

Die Brutalität dieser Verbrecher geht daraus hervor, daß die Genossen

VP-Oberrat Herbert Hoffmann	VP-Kommissar Martin Lehmann
VP-Kommissar Hermann Grummini	VP-Hauptwachtmeister Heinz Sunkel

im Kampf gegen die imperialistischen Agenten den Tod fanden.

VP-Oberrat	VP-Kommissar	VP-Kommissar	VP-Hauptwachtmeister
Herbert Hoffmann	Hermann Grummini	Martin Lehmann	Heinz Sunkel

Genosse VP-Oberrat Herbert Hoffmann war der Sohn eines Arbeiters. Als ihn die Mordkugel aus unserer Mitte riß, befand er sich im 31. Lebensjahr. Nachdem er im Juni 1945 aus sowjetischer Kriegsgefangenschaft in seine Heimatstadt Schmalkalden zurückkehrte, nahm er sofort aktiv am Aufbau der demokratischen Selbstverwaltung teil. 1946 trat Genosse Hoffmann der Sozialistischen Einheitspartei Deutschlands bei und leitete in Schmalkalden die Ortsparteiorganisation.

Dem Ruf der Partei folgend, kam er im Oktober 1947 zur Deutschen Volkspolizei. Auf Grund seiner Erfahrungen betraute ihn die Polizeiführung mit der Leitung der FDJ-Organisation des Volkspolizei des Landes Thüringen. Als aktiver Parteiarbeiter wurde Genosse Hoffmann im Januar 1951 zum Besuch der Parteischule „Karl Marx" delegiert. Nach seiner Rückkehr in der Kriminalpolizei tätig, war er maßgeblich an der Aufklärung von Sabotagefällen beteiligt und leistete beim Schutz des Volkseigentums vorbildliche Arbeit. Die Partei und die Volkspolizei verlieren mit VP-Oberrat Herbert Hoffmann einen treuen Genossen und bewährten Offizier.

Genosse VP-Kommissar Hermann Grummini wurde als Arbeiterkind am 8. September 1906 geboren. Bereits in seiner Jugend lernte er das kapitalistische Ausbeutersystem am eigenen Leibe kennen. Als er sich weigerte, der Nazipartei beizutreten, wurde er fristlos entlassen. Im Oktober 1945 aus sowjetischer Kriegsgefangenschaft zurückkehrend stellte er sich der damaligen Ortspolizei in Luckau zur Verfügung. Nachdem er unter Einsatz seines Lebens eine bewaffnete Verbrecherbande unschädlich machen konnte, zeichnete ihn der Chef der Deutschen Volkspolizei am 1. Juni 1950 mit dem Ehrenzeichen der Volkspolizei aus.

Seit Juli 1946 gehörte Genosse Grummini der Partei der Arbeiterklasse an. Er erwarb sich das Vertrauen aller Genossen seiner Dienststelle, die ihn zum Sekretär der Parteiorganisation des VPKA Luckau wählten. Auch als Abschnittsbevollmächtigter leistete er vorbildliche Arbeit, an der sich besonders die jungen Kameraden ein Beispiel nehmen. Genosse Grummini führte ein glückliches Familienleben. Seine Kinder erzog er in aufrechten Patrioten. Er fiel im Kampf gegen faschistische Terroristen, getreu seinem Gelöbnis, beim Schutz unserer demokratischen Ordnung selbst das eigene Leben nicht zu schonen.

Genosse VP-Kommissar Martin Lehmann erlernte das Tischlerhandwerk. Schon mit 14 Jahren schloß er sich dem Holzarbeiterverband an. Noch am selben Tage, als Genosse Lehmann aus sowjetischer Kriegsgefangenschaft zurückkehrte, bewarb er sich bei der Volkspolizei. Auf Grund seiner guten Leistungen erhielt er als 40jähriger die Gelegenheit, auf der VP-Zentralschule (K) seine wertvollen praktischen Erfahrungen durch entsprechende theoretische Kenntnisse zu ergänzen. Für gute Arbeit mehrfach prämiiert, belobigt und zum Offizier befördert, wurde er zuletzt als Arbeitsgruppenleiter eingesetzt. Seit März 1953 ist Genosse Lehmann Kandidat der SED; seine sechs Kinder gehören alle den FDJ oder den Thälmann-Pionieren an. Seinen Kameraden wird er als ruhiger, sachlicher Genosse in Erinnerung bleiben, der in vorbildlicher Pflichterfüllung den Tod fand.

Genosse VP-Hauptwachtmeister Heinz Sunkel stammt aus einer Landarbeiterfamilie. Er arbeitete bei seinen Eltern, die durch die Bodenreform Land erhalten hatten, war als Bauarbeiter und später im Erzbergbau tätig. Im September 1952 meldete er sich zur Volkspolizei. Obwohl erst 23 Jahre, wurde Genosse Sunkel in diesem Jahr als Abschnittsbevollmächtigter eingesetzt. Gleichzeitig bewarb er sich um Aufnahme als Kandidat der Sozialistischen Einheitspartei Deutschlands. In seiner Dienstausübung zeichnete er sich durch gutes Staatsbewußtsein aus. Genosse Sunkel hinterläßt Frau und zwei Kinder im Alter von 3 und 1½ Jahren. Er fiel als aufrechter Kämpfer für Einheit und Frieden.

Die Deutsche Volkspolizei senkt ihre Fahnen zum ehrenden Gedenken an ihre ermordeten Kameraden. An ihre Stelle treten Hunderte junger Patrioten und setzen den Schutz unserer Republik vor feindlichen Anschlägen fort. Sie erfüllen damit das Vermächtnis unserer vier ermordeten Kameraden, unermüdlich darüber zu wachen, daß die Arbeiterklasse unter Führung ihrer Partei den Aufbau eines Lebens in Glück und Wohlstand ungestört vollenden kann.

cherheit der Tschechen unwidersprochen verbreiten konnten und Angst entstand. Bei jedem Polizisten sank die Hemmschwelle, von der Schußwaffe Gebrauch zu machen.

„Nachts knallte es an allen Ecken", schilderte einer der Polizeiveteranen die damalige Situation. „Frühmorgens fuhr die Intendantur Munition breit, am Nachmittag besuchten die Kommandeure ihre Verletzten in den Krankenhäusern."

Die Zahl der Toten und Verletzten, die Schüssen aus den eigenen Reihen zum Opfer fielen, wurden nie exakt angegeben. In den Archivunterlagen finden sich noch die Namen der KVP-Angehörigen Greulich, Opitz und Hildebrandt, aber keine Meldungen über Ausfälle in den Diensteinheiten der Staatssicherheit und der Roten Armee, obwohl auch sie Verletzte zu beklagen hatten. Wachsamkeit und Geheimhaltung machten selbst vor den verbündeten Waffenbrüdern nicht Halt.

Der oben zitierte Polizeiveteran war als Melder dem Stab Seifert zugeteilt und erlebte den „Feldherrn" Seifert in diesen Tagen aus nächster Nähe: „Zuweilen gab es Streit zwischen Seifert, Mellmann, Ende oder den anderen Offizieren im Lagezentrum, weil ihnen die Führung aus den Händen geglitten war. Sie suchten die Standorte der Einheiten, die abgelöst werden sollten, oder stritten sich über taktische Maßnahmen. Manchmal kam es vor, daß Seifert mich und den Fahrer nachts von den Pritschen scheuchte, um uns nach Lübbenau zu schicken, wo wir saure Gurken für den Stab organisieren mußten."

Verwahrlost, vom Hunger geplagt und fast am Ende ihrer Kräfte krochen die Tschechen im Gehöft eines Bauern unter. Diesmal hatten sie Glück, der Hofbesitzer zählte zu den politischen Gegnern des DDR-Regimes. Als er die Männer in der Wagenremise entdeckte, war er bereit, ihnen zu helfen. Nicht zuletzt aber auch wegen Masins unverhüllter Drohung, die Frau und die Kinder des Bauern als Geiseln zu nehmen. Für ein, zwei Tage gewährte er den Tschechen Unterschlupf, verpflegte sie und zeigte ihnen schließlich den Weg zum Bahnhof Schönwalde, wo die Güterzüge in Richtung Berlin aus betriebstechnischen Gründen oft halten mußten.

Die Flüchtlinge begriffen, das war ihre Chance!

In einer klaren kalten Mondnacht, die Reif in den Morgenstunden versprach, verabschiedeten sie sich von ihrem Gastgeber. Nach einem halbstündigen Fußmarsch erreichten sie den Bahndamm der Strecke Cottbus – Berlin.

„Da, seht mal!" Ctirad Masin wies auf das Einfahrtsignal, von dem der Bauer ihnen berichtet hatte. Es stand auf Rot. Etwas weiter entfernt ragten die dunklen Umrisse des Stationsgebäudes auf.

Paumer legte ein Ohr auf den Schienenkopf. Er meinte, ein dumpfes Vibrieren zu vernehmen. Aufgeregt winkte er die Gefährten heran. Sie schmiegten sich an die Böschung. Dann tauchte der Zug auf. Bange Blicke zum Signalflügel. Der rührte sich nicht, blieb unverändert auf Halt. Der Güterzug verlangsamte die Fahrt. Die Lokomotive schnaufte vorbei, kam vor dem Hauptsignal zum Stehen.

Die Tschechen erhoben sich. Sie stolperten über Schwellen und Schotter am Zug entlang. Mehrere gedeckte Güterwagen, dann, fast am Ende des Zuges, die offenen Waggons, in denen die Reichsbahn Kartoffeln transportierte.

Ein Ruck ging durch die Zugschlange. Das Signal war von Rot auf Grün gewechselt. Höchste Zeit, einen Platz zu finden. Im Laufen packten die Männer die Rangiergriffe. Sie sprangen auf, hangelten sich über die Puffer an den Stirnwänden hoch. Die Lok machte Dampf auf. Funken sprühten aus ihrem gedrungenen Schornstein. Kohlenrauch zog über die Waggondächer hin. Paumer und die Masins wühlten sich in die Kartoffelladung. So waren sie vor unerwünschten Blicken sicher. Vor dem eisigen Fahrtwind konnten sie die Kartoffeln jedoch kaum schützen.

Der Bahnhof Brand flog vorbei. Rechts neben der Strecke lag ein Flugplatz der Roten Armee. Außer den deutschen Polizeieinheiten beteiligten sich jetzt auch die Russen an der Jagd. Sogar leichte Panzer hätte man mobilisiert, hatte der Bauer den Tschechen berichtet.

Der Zug erreichte Oderin. Er wurde auf ein Nebengleis gelenkt, um den Gegenzug vorbeizulassen. Die blinden Passagiere zitterten vor Kälte. Zwischen den Gleisen patrouillierte ein Transportpolizist. Sie hörten seine Stiefelschritte und konnten sich nicht rühren, ohne Gefahr zu laufen, von dem Uniformierten entdeckt zu werden. Die Kälte kroch erbarmungslos unter die Kleidung. Ctirad Masin erwog bereits, abzuspringen und den Polizisten zu erdrosseln. Dann hätten sie sich im dunklen Gelände davonstehlen können. Aber da pfiff die Lokomotive, der Zug rollte wieder an. Erneut sang der Fahrtwind sein eisiges Lied, untermalt vom Stakkato der Räder, die über die Schienenstöße jagten.

Der Zug passierte den Bahnhof Halbe. Aus einem Stellwerksfenster sahen zwei Eisenbahner auf den Güterzug herab.

Teupitz-Groß Köris. Der Zug hielt auf einem Bahnhofsgleis. Nebenan stand ein Militärtransport. Überall bewaffnete Polizisten. Offenbar wurden sie umformiert. Oder hatte das Stellwerkspersonal die Flüchtlinge entdeckt und eine Meldung beim Fahndungsstab gemacht?

„Abspringen!" entschied Ctirad Masin. Als sie die Gleise überquerten, legte er seinen Arm um Paumers Schultern, lachte laut und sagte auf Deutsch: „Nein. Nein." Paumer antwortete ebenso fröhlich: „Ja. Ja." Wer nach ihnen sah, mußte die drei Männer für Bahnarbeiter halten.

Unbehelligt verließen sie den Bahnhof. Sie passierten eine Reihe kleiner Gärten und mehrere Siedlungshäuser. Der Schatten rauschender Bäume nahm die nächtlichen Wanderer auf. Sie wandten sich nach Nordwesten, unterquerten die Autobahn am Rande eines Wasserlaufes, umgingen einen See und zogen dann in Richtung Töpchin – Kallinchen weiter in die Heide hinein. Bei Tagesanbruch schlüpften sie ins Stroh einer einsamen Feldscheune. Sie hatten es wieder geschafft!

Freitag, der 30. Oktober. Seit einundzwanzig Tagen lief die „Großfahndung Uckro". Im Bezirk Cottbus war die flächenmäßige Suche eingestellt worden. Der Aktionsradius der Polizeieinheiten erstreckte sich auf den südlichen Teil des Bezirkes Potsdam, wo man die Flüchtigen unter allen Umständen stellen wollte. Der Berliner Autobahnring bot sich als natürliche Blockierungslinie an. Im Bereich Rangsdorf marschierten die Kursanten der Zentralen Polizeischule Aschersleben auf. Die jungen Männer, die zu Offizieren ausgebildet wurden, gingen am Fahrbahnrand in Stellung. Einige buddelten sich auf der Böschung Schützenlöcher, wie man es Ihnen nach einer alten deutschen Infanterievorschrift an der Polizeischule beigebracht hatte. Die Autobahn, die zur Nachtzeit kaum befahren war, bot im hellen Mondlicht ausgezeichnete Sicht.

Zwei Kilometer westlich der Raststätte Rangsdorf überquert die Autobahn die Eisenbahnstrecke Dresden – Berlin. Unter der Brücke war ein Posten am Gleiskörper aufgezogen. Hauptwachtmeister Kittner hatte sich in seine Regenpelerine gehüllt und beobachtete die Signallichter des vierhundert Meter entfernten Bahnhofes Rangsdorf.

22.40 Uhr. Noch war der Verkehr auf den Gleisen nicht zum Erliegen gekommen.

Die gelbbraunen S-Bahnzüge ratterten im Dreißig-Minuten-Takt vorbei. Sie fuhren auf der Strecke Rangsdorf – Mahlow – Lichtenrade durch Westberlin, tangierten die Nord-Süd-Bahn und fuhren über den Bahnhof Friedrichstraße in den Berliner Norden hinaus.

Kittners Nachbarposten bewegte sich auf der Brücke. Im Notfall sollten sie sich durch Blinkzeichen mit ihren Taschenlampen verständigen. Ein Knacken im Wald zerbrach die Stille. Kittner lauschte angespannt. Leises Klirren der Schottersteine. Dann tappte eine dunkle Gestalt in Gleismitte heran, behutsam die Füße von Schwelle zu Schwelle setzend. Kittner unterdrückte ein Grinsen. So billig ließ er sich doch von keinem Kontrolloffizier überlisten. Wie die Wachvorschrift es befahl, rief er den nächtlichen Wanderer an: „Halt, stehenbleiben! Deutsche Volkspolizei! – Wer da?" Gleichzeitig drückte er auf den Knopf der Taschenlampe. Der Lichtstrahl fiel in ein fremdes Gesicht.

Autobahnbrücke Rangsdorf

Ctirad Masin im Interview mit Rambousek:

„Plötzlich blitzte Licht auf und eine Stimme rief deutsch: ‚Wer ist da?' Jemand leuchtete mir genau in die Augen. Ich ging weiter in Richtung auf diese Gestalt. Dabei zog ich die Pistole und zielte auf den Polizisten, der er vermutlich war. Mein Finger lag am Abzug. Die Stimme rief: ‚Hände hoch!' Ich ging weiter, die Pistole auf ihn gerichtet. Ich entschloß mich, zu schießen, aber der Schuß ging nicht los. Da antwortete ich ihm: ‚Was sagt Ihr? Hände hoch? – Sie geben die Hände hoch!' Ich war direkt bei ihm, da fiel ihm die Taschenlampe aus der Hand."

Dem Versagen einer Waffe verdankt der damals dreiundzwanzigjährige Heinz Kittner sein Leben. Sonst stünde sein Name als sechstes deutsches Opfer auf der Todesliste der schießwütigen Tschechen.

„Nicht schreien! Nicht schießen!" forderte Masin unter der Brücke. Josef und Milan Paumer tauchten an seiner Seite auf. Sie nahmen Kittner in die Mitte und drängten ihn über die Schienen. Der Hauptwachtmeister tastete unter der Pellerine nach der Pistole. Von der Brücke ertönte ein Ruf: „He, was ist da unten los?" Gegen den Nachthimmel zeichneten sich die Umrisse von zwei Polizisten ab.

S-Bahnhof Mahlow, 1961 stillgelegt

Kittner hatte seine Waffe herausgenestelt. „Hier sind sie!" schrie er. Donnernd entlud sich der Schuß.

Die Tschechen wandten sich zur Flucht. Leuchtkugeln stiegen über der Autobahn auf. Eine Maschinenpistole ratterte. Paumer stöhnte auf, er preßte im Laufen die Hände gegen den Leib.

„Was ist los?" keuchte Masin besorgt.

„Mich hat's erwischt."

„Wo?"

„In den Bauch." Paumer taumelte.

Sie begutachteten die Wunde. „Kannst du weiter?"

Das Schicksal Svedas vor Augen, nickte Paumer mit schmerzverzerrtem Gesicht. „Wird schon gehen."

Sie hetzten weiter durch den Wald. Der Weg war beschwerlich. Aber sie blieben in Sichtweite zur S-Bahnstrecke. Zwei Kilometer hatten sie zurückgelegt, als sie die Station Dahlewitz erreichten.

Ein Bahnsteig diente dem S-Bahnverkehr. Geduckt warteten die Männer auf den nächsten Zug, der stadteinwärts fuhr. Der letzte Waggon war leer. Sie wagten sich nicht hinein, krochen stattdessen auf die Puffer, während Ctirad Masin einen Platz im Bremsgestänge unter dem Waggon fand.

Die Männer mußten alle ihre Kräfte aufbieten, um nicht vom dahinrasenden Zug geschleudert zu werden. Das hätte den sicheren Tod bedeutet.

Blankenfelde. Nichts rührte sich. Noch immer keine Polizei.

Der nächste Bahnhof hieß Mahlow. Als der Zug um 23.25 Uhr in die Station einfuhr, war der S-Bahnsteig taghell beleuchtet. Mahlow war Grenzstation, der letzte Bahnhof vor dem amerikanischen Sektor. An das Ausschwärmen der Grenzpolizisten, an die lästige Neugier der Zollkontrolleure und an die Anwesenheit russischer Soldaten auf dem Kontrollpunkt hatte sich die einheimische Bevölkerung wohl oder über gewöhnen müssen.

Josef Masin und Milan Paumer versetzte der Anblick der geballten Staatsmacht einen Schock. Sie verloren die Nerven und sprangen vom Zug. Rechts neben dem Gleis, etwas tiefer gelegen, zog sich eine Ladestraße hin. Schuppen und Lagerhallen standen in einiger Entfernung. Die Männer flüchteten zu den Gebäuden. Sie wußten nicht, daß der Bahnhof wie eine Festung bewacht war.

„Stoij! Stoij! – Halt!" tönte es hinter ihnen her. Ein sowjetischer Soldat schwenkte seine MPi 41 vor die Brust und ballerte die Magazintrommel leer.

Ctirad Masin kalkulierte eiskalt. Er rührte sich nicht vom Fleck. Ein Posten schaute lustlos unter den Waggon. Der blinde Passagier blieb unentdeckt. Als die Schüsse auf der Ladestraße krachten, wußte Masin, daß sein Vabanquespiel aufging. Die Polizeiposten richteten ihre Aufmerksamkeit sofort ausschließlich auf die Verfolgungsjagd am anderen Ende des Bahnhofes. Das war seine Chance.

„Zuuurückbleiben!" plärrten die Lautsprecher. Die Druckluft zischte in die Türschließautomaten der S-Bahn. Mit eigentümlichem Singen starteten die Elektromotoren, wurden hochgeschaltet. Der Zug rollte immer schneller.

Für mehrere Stationen blieb Masin noch in seinem unbequemen Versteck. Bei jedem Halt beobachtete er mißtrauisch die Bahnsteige. Er war sich nicht sicher, ob er schon in Westberlin war. Keine Polizei. Erst als er bunte Kioske und grellfarbige Reklamewände, auf denen er Werbung für „Coca Cola" oder die Zigarettenmarke

„Camel" entdeckte, war er überzeugt, am Ziel seiner Wünsche angekommen zu sein.

In Mariendorf ließ er sich aufs Schotterbett hinab. Die letzte Achse rollte über ihm hinweg. Masin stand auf, klopfte den Schmutz von seiner Kleidung und kletterte vor den Augen des entsetzten Aufsichtsbeamten auf den Bahnsteig.

Am frühen Morgen des 31. Oktober meldete er sich im nächstgelegenen Polizeirevier. Stunden später, schon in einer amerikanischen Kaserne, erhielt er die Auskunft, daß Paumer und Josef Masin es gleichfalls geschafft hatten. Nach einer wilden Verfolgungsjagd war es ihnen gelungen, die Sektorengrenze bei Lichtenrade zu überschreiten. Milan Paumer befand sich in einem Militärhospital.

Am 1. November stiegen die beiden Masins in eine amerikanische Militärmaschine und wurden nach Frankfurt am Main ausgeflogen. Für sie begann der Weg durch die Befragungen der Geheimdienste. Vor der Öffentlichkeit wurden sie sorgsam abgeschirmt. Erst nach mehreren Tagen durften sie sich den Reportern der Presse und des Rundfunks präsentieren. In welchem Stil das geschah, belegt ein Blick in die „Nachtdepesche" vom 4. November 1953:

„Von 20 000 Vopos gehetzt
Zwischen S-Bahn-Puffern in die Freiheit
Berlin (UP). Drei jungen Tschechen ist nach 28 Tagen ständiger Verfolgung und fortwährender Todesangst die Flucht nach Westberlin gelungen. 20 000 Volkspolizisten hatte das sowjetdeutsche Regime eingesetzt, um die Flüchtlinge einzufangen. Gejagt von Polizeihunden und peitschenden Schüssen aus Karabinern und Maschinenpistolen schlugen sich

Von 20 000 Vopos gehetzt Zwischen S-Bahn-Puffern in die Freiheit

Berlin (UP). Drei jungen Tschechen ist nach 28 Tagen ständiger Verfolgung und fortwährender Todesangst die Flucht nach Westberlin gelungen. 20 000 Volkspolizisten hatte das sowjetdeutsche Regime eingesetzt, um die Flüchtlinge einzufangen. Gejagt von Polizeihunden und peitschenden Schüssen aus Karabinern und Maschinenpistolen schlugen sich die Tschechen Miloslaw Paumer, 22 Jahre alt, Ctirad Masin, 23 Jahre alt und sein 21jähriger Bruder Josef Masin durch die Sowjetzone. Miloslaw Paumer konnte Westberlin nur schwer verletzt mit einem Bauchschuß erreichen. Zwei ihrer Fluchtkameraden wurden von der Vopo gestellt. Einen von ihnen, den 30jährigen Wacklaw Swedja, mußten sie schwer verletzt zurücklassen. *(Fortsetzung weiter unten)* die Tschechen Miloslaw Paumer, 22 Jahre alt, Ctirad Masin, 23 Jahre alt und sein 21jähriger Bruder Josef Masin durch die Sowjetzone. Miloslaw Paumer konnte Westberlin nur schwerverletzt mit einem Bauchschuß erreichen. Zwei ihrer Fluchtkameraden wurden von der Vopo gestellt. Einen von ihnen, den 30jährigen Wacklaw Swedja, mußten sie schwer verletzt zurücklassen.

Dies ist die Geschichte der Tschechen, die um ihr Leben den Weg in die Freiheit gesucht haben: Am 3. Oktober verließen sie Prag, nachdem sie als Studenten von der Universität ausgeschlossen worden waren. Bei Hora svate überquerten

20000 Vopos jagten umsonst

Tschechische Widerstandskämpfer schlugen sich nach Berlin durch

Berlin (UP). Drei Flüchtlinge aus der Tschechoslowakei haben sich jetzt mit Waffengewalt den Weg in die Freiheit nach Westberlin gebahnt. Wie die amerikanischen Behörden amtlich mitteilten, sind zwei der geflohenen Tschechen, die von 20 000 Mann der kasernierten Volkspolizei innerhalb der Sowjetzone gejagt wurden, nach geglückter Flucht nach Westdeutschland geflogen worden. Der dritte Tscheche liegt mit einem Bauchschuß in einem Westberliner Krankenhaus. Vermutlich handelt es sich um die von der Vopo steckbrieflich gesuchten Tschechen Josef und Ctirad Macsin und Milan Bäumer.

Die Flüchtlinge sind am 1. November in Westberlin eingetroffen, nachdem sie mehrere Feuergefechte mit den sie verfolgenden Volkspolizisten durchstehen mußten, wobei sie nach ihren Angaben „mindestens" vier Vopoangehörige erschossen haben. Zwei weitere Tschechen, die mit ihren Landsleuten geflohen waren, fielen in die Hände der Volkspolizei. Einer wurde bei einem Feuergefecht in Udcre schwer verletzt, der andere verhaftet.

Damit ist zum ersten Male eine Gruppe jener tschechischen Flüchtlinge im Westen eingetroffen, die seit Anfang Oktober zusammen mit deutschen und polnischen antikommunistischen Widerstandskämpfern den Weg in die Freiheit gesucht haben.

Sie waren 30 Tage nach dem Westen unterwegs, nachdem sie die Grenze zwischen der Tschechoslowakei und der Sowjetzone am 3. Oktober überschritten hatten. Die Prager Behörden hatten sie als Studenten vor ihrer Flucht von der Prager Universität ausgeschlossen. Zwei der Flüchtlinge sind Brüder und Söhne eines von den Nationalsozialisten 1942 hingerichteten tschechischen Generals.

Das letzte mehrerer Feuergefechte mit der „Volkspolizei" hat nach Angaben der Flüchtlinge in der Nacht zum 1. November im Berliner Sowjetsektor stattgefunden, bevor ihnen die Flucht in die Freiheit endgültig gelang.

sie die Grenze zur Sowjetzone mit Westberlin als Ziel. Umge-
ben von acht ‚Vopos' zückten die Flüchtlinge bei Kottbus ihre
drei Pistolen. ‚Als die Vopos Hände hoch! brüllten, schossen
mein Bruder und ich', schilderte Josef Masin die Situation
lakonisch, ‚drei der Uniformierten fielen um, die anderen
liefen davon. Wir machten uns auf die Socken, um aus dem
Nest herauszukommen, bevor es für uns brenzlich werden
konnte. Als wir dann draußen waren, war Sbynek Janata,
unser fünfter Kamerad, weg. Wir haben ihn nie wieder gesehen, und ich glaube, die Vopos haben ihn geschnappt', sagte
Josef weiter.

Am Tage in Wäldern schlafend, verfolgt, gehetzt von 20 000
Sowjetsoldaten und Volkspolizisten, setzten die vier Tschechen ihre Flucht nach Westberlin fort. Die Nacht wurde ihnen
zum Tag, die Richtung gab ihnen der Nordstern. Rohe Kartoffeln aus den Ackerfurchen waren ihre einzige Nahrung.

‚Als wir auf der Straße entlanggingen', erzählte Josef Masin,
‚sahen wir ein Auto, vor dem zwei Personen in Zivil standen.
Auf einmal schossen sie auf uns, ohne ein Wort zu sagen.
Hinter dem Wagen standen zwei Vopos in Uniform, die auch
heftig auf uns knallten. Plötzlich sahen wir uns von Leuten in
Uniformen umringt, während wir uns in den Straßengraben
geworfen hatten. Die Burschen hatten Polizeihunde bei sich,
aber die Tiere müssen schlecht trainiert sein – sie haben uns
nicht erwischt.

Im Walde warteten wir den Abend ab, das Gebell der Hunde
in den Ohren. In der Dämmerung knallten die Suchenden mit
Maschinenpistolen in den Wald. Unseren guten Kameraden
Swedja erwischte es. Er biß sich auf die Zähne, um uns nicht
mit seinem Schreien zu verraten und blutete furchtbar. Aber
als wir ihm sagten: Wir nehmen dich mit! schüttelte er müde
seinen Kopf: Geht allein, ich kann nicht, lauft was ihr könnt!' "

Die Mär von den Studenten, die an der Prager Universität durch
die Behörden ausgeschlossen und schuldlos verfolgt wurden, hielten auch andere Blätter aufrecht. So der „Telegraf" vom 4. 11. 1953.
Die Waffen, erklärte der Berichterstatter, hätten die Jungen schon
1945 gefunden. Kein Wort über die getöteten Polizisten in der
Tschechoslowakei, keine Zeile über den blutigen Lohngeldraub in
Hedvikov und keine einzige Silbe über die Brandstiftungen und den
toten Feuerwehrmann in Mähren.

Angesichts der erfolgreichen Flucht der drei Tschechen sowie der hohen Verluste an Toten und Verletzten war das Ergebnis der „Großfahndung Uckro" eine blamable Niederlage für die Deutsche Volkspolizei. Schuldzuweisungen konnten nicht ausbleiben.

Den Anfang machte Polizeichef Maron am 30. Oktober 1953 auf der II. Zentralen Arbeitskonferenz der Polizei, als die Fahndung noch auf Hochtouren lief, indem er, der „breitschultrige, saloppe Mann mit den genierten Bewegungen und einer weltoffenen Berliner Schnauze", wie Rudolf Herrnstadt ihn in seinen Erinnerungen beschrieben hat, analysierte:

> „Nach einer Stadt im Bezirk Cottbus war die Meldung gekommen, daß mit dem Zug fünf sehr verdächtige Gestalten eintreffen würden, die man sich genau ansehen solle. Der ABV und ein Schnellkommando waren aufgeboten, um diese Aufgabe zu erledigen. Das Kommando war gut bewaffnet. Die fünf Banditen verfügten – wie sich später herausstellte – über drei Pistolen. Trotzdem gelang es den Banditen, drei VP-Angehörige niederzuschießen und zu flüchten. Der ABV verstarb. Weil der Leiter des Schnellkommandos – ein Unterkommissar – leichtfertig handelte, mußte er sieben Bauchschüsse hinnehmen. Keiner der Genossen hatte die Waffe im Anschlag."

Bittere Worte für den Unterkommissar Strempel.

1992 erzählte dieser dem Chronisten: „Wochenlang haben mir meine Kollegen diese Passage, die in einer Beilage der Fachzeitschrift ‚Die Volkspolizei' abgedruckt war, vorenthalten. Als ich sie zu Gesicht bekam, war ich bereit, meinen Dienst zu quittieren. Wir hatten keine andere Information, als daß ein paar Personen zu überprüfen sind. Nichts von Waffen. Die Hälfte meines Kommandos bestand aus Dienstanfängern, die noch gar keine Waffen tragen durften, nur Gummiknüppel. Wie konnte man da von ‚gut bewaffnet' reden. Es kränkte mich maßlos, daß mein höchster Dienstvorgesetzter solche Lügen in die Welt streute."

Am 18. November – die Medien Westberlins und der Bundesrepublik hatten ausführlich über die Flucht der Masins berichtet – lud Maron im Kollegium der obersten Polizeiführung zu einer Auswertung der „Großfahndung Uckro".

Es blieb dem VP-Inspekteur Mellmann vorbehalten, den von der Hauptabteilung Kriminalpolizei erstellten Bericht vorzutragen. Tatsächlich waren 5 000 Polizisten an der Fahndung beteiligt gewesen. Rechnet man die gleiche Stärke für die im Bericht ausgesparten

Einheiten der Staatssicherheit und der Roten Armee hinzu, ergibt das eine Streitmacht von etwa 10 000 Mann. Eine Truppenkonzentration, die beachtlich ist, aber weit weniger als die Hälfte dessen darstellt, was Ctirad Masin der Öffentlichkeit weiszumachen versuchte.

Als Hauptursachen für das polizeiliche Versagen nennt der Bericht
– die vorschnelle Aufgabe der kriminalpolizeilichen Fahndungstaktik zugunsten militärischer Operationen,
– Hinweise über das Auftauchen der Banditen durften kriminalpolizeilich nicht vorüberprüft werden,
– langatmige Umgruppierungen der Einsatzkräfte per LKW waren mit erheblichem Lärm verbunden, der die Banditen warnte;
– massierter Einsatz unausgebildeter VP-Einheiten,
– die Angst, die durch den Einsatz gepanzerter Fahrzeuge geschürt wurde, führte zu unbegründeten Schießereien und hohen Verlusten.

Mellmanns Bericht endete mit den Worten: „Es gab keine Notwendigkeit, gegen fünf Personen, die mit drei Pistolen bewaffnet waren, cirka fünftausend Polizisten – teilweise schwerbewaffnet – zum Einsatz zu bringen."

Chefinspektor Seifert sprang erregt auf. „Schuld waren die Leute auf dem Bahnhof Uckro", rief er beleidigt. „Es stand fest, daß die Verbrecher in dem Zug waren. Daß sie nicht gefaßt wurden, ist darauf zurückzuführen, daß die Ausbildung und Schulung sowie die Bewußtheit unserer Volkspolizisten mangelhaft waren. Leider fehlt den Angehörigen der VP noch sehr viel militärisches Wissen."

Maron pflichtete dem Stellvertreter bei: „Bedauerlicherweise muß man in der Tat feststellen, daß ein großer Teil der Leiter und Offiziere die Fragen der Ausbildung in den Bereitschaften als militärische Spielerei betrachten. Ich möchte sagen, daß es falsch war, den VP-Inspektor Mellmann mit der Einsatzleitung zu betrauen."

Lag diese aber letzten Endes nicht in den Händen eines Willi Seifert?

Das Beratungsprotokoll hat außerdem die Äußerung eines VP-Kommandeurs Schneider festgehalten. Der Mann glaubte sich zu der Bemerkung verpflichtet: „Die Ursachen, Genossen, liegen darin, daß wir es noch nicht verstanden haben, unsere Volkspolizisten mit einem gesunden Haß gegen alle Feinde des Volkes zu erziehen!"

Die „Großfahndung Uckro" hat internationales Aufsehen erregt, nicht nur im westlichen Blätterwald. 1959 wurde sie an der Milizhochschule in Moskau, an der Polizeikursanten für die RGW-Länder und die sogenannten sozialistischen Bruderländer ausgebildet wurden, als das Paradebeispiel für verfehlte Fahndungstaktik, für falsche Führungsentscheidungen und mangelhafte Organisation dargestellt.

So wird denn auch verständlich, warum die hochrangigen Hauptredakteure der „Geschichte der Deutschen Volkspolizei" den Mantel des Schweigens über die Ereignisse vom Oktober 1953 deckten. Auch dem Gedenken an die Opfer fühlte man sich nicht verpflichtet.

Ctirad Masin in Fort Bragg

Zu Beginn des Jahres 1954 flogen Ctirad Masin, sein Bruder Josef und Milan Paumer über den Antlantik nach New Jersey. In Fort Bragg verpflichteten sie sich für eine fünfjährige Dienstzeit bei den „Green Berets", einer Rangertruppe der amerikanischen Special Operation Forces.

192

Ihre einstigen Gefährten Vaclav Sveda und Zbynek Janata hatten weniger Glück. Sie zahlten die Zeche. Gemeinsam mit Ctibor Novak, Bouse, Mrazec und anderen hatten sie sich am 1. Februar 1955 vor dem Obersten Gericht der CSR in Prag zu verantworten. Die Richter fällten Todesurteile für Novak, Sveda und Janata. Alle übrigen Angeklagten wurden zu hohen Freiheitsstrafen verurteilt. In diesem Fall war das durchgängig hohe Strafmaß einmal nicht ausschließlich ideologisch motiviert. Der Prozeß „Gegen Novak und andere ..." steht nicht in der Reihe politischer Schauprozesse, die zu Beginn der fünfziger Jahre die Tschechoslowakei überschwemmten, deren Angeklagte später ausnahmslos rehabilitiert wurden.

Masins Gegenspieler, Chefinspekteur Willi Seifert

1985 veröffentlichte der tschechische Autor Frantisek Vrbecky in Prag einen Band Erzählungen, die authentische Kriminal- und Spionagefälle aufgriffen. In dem Kapitel „Mrtvi nemluvi"* wurden die Aktionen der Masins und ihrer Gefährten auf tschechoslowakischem Boden schonungslos dokumentiert. Das Material konnte er

---

* Tote reden nicht

in Prager Gerichtsakten recherchieren. Daß Ctirad Masin den Autor Vrbecky anläßlich des 1987 Ota Rambousek gegebenen Interviews im tschechischen Sprachprogramm von Radio Free Europe einer tendenziösen Darstellung bezichtigte, kann nicht verwundern.

Der RFE-Redakteur Ota Rambousek wiederum zeichnete in seinem 1991 veröffentlichten Buch „Jenom ne strach" ein Bild der „furchtlosen tschechischen Helden" und glorifizierte die Masins zu unerschrockenen Kämpfern gegen den Kommunismus, in deren Taten er keine Gewaltverbrechen, sondern politisch motivierte und gerechtfertigte Aktionen sah.

Dem Vernehmen nach soll einer der Masin-Brüder im Herbst 1991 in Begleitung eines unbekannt gebliebenen Mannes durch das südliche Brandenburg gereist sein. Völlig unbehelligt und ohne Gefahr zu laufen, verhaftet zu werden. Sein Name stand in keinem Fahndungsbuch. Einen Haftbefehl gibt es in der vereinigten Bundesrepublik Deutschland nicht.

Der Zweck der Reise? Die amerikanischen Geschäftsmänner wollten die Stätten einstiger „Heldentaten" wiedersehen.

Ob sie auch an den Gräbern der Ermordeten von Chlumenec, Celakovice, Hedvikov, Morice, Uckro und Waldow gestanden haben?

FEUERTEUFEL
Psychopath oder Staatsfeind?

Gelbrot durchstießen die Flammen das Dach der Scheune. Morsche Ziegel aus rotem Ton, vor Jahrzehnten gebrannt, zerbarsten mit lautem Knacken. Das betagte Gebälk brannte wie Zunder. Der Himmel erglühte, während die Scheune sich in eine riesige Fackel verwandelte. In den Bansen links und rechts der Tenne lagerte Roggenstroh.

„Feuer ...! Feuer ...! Feuer ...!"

Die alte Luftschutzsirene jaulte auf.

Die Menschen in Döbbrick erwachten. In den Ställen wurde das Vieh unruhig, brüllte und zerrte an den Ketten. Die Tiere spürten die Gefahr.

Von allen Seiten liefen beherzte Nachbarn herbei. Schaufeln, Stangen oder Eimer in den Händen. Niemand brauchte zu fragen, wo es brennt. Die lodernde Feuerzunge, die neben der Kirche über dem Gehöft der Gastwirtschaft stand, wies allen den Weg.

In Windeseile bildeten die Bauern eine Kette. Sie reichten einander die Wassereimer zu.

Höher schlugen die Flammen, breiter dehnte sich das Feuer aus. Bis die Männer der Freiwilligen Feuerwehr unter dem Kommando von Albert Lehmann die störanfällige Motorspritze in Gang gebracht hatten, vergingen wertvolle Minuten. Als die Pumpe endlich Wasser zog, gingen sie mit einem Strahlrohr gegen die fauchenden Flammen vor. Weißgrauer Rauch wirbelte auf. Das Wasser verzischte wirkungslos. Das brennende Gebälk krachte. Balken stürzten herab. Die Scheune war nicht mehr zu retten.

Zwei Feuerlöschzüge aus Cottbus rasten mit Getöse ins Dorf. Rasselglocken, Blaulicht und Martinshorn sorgten für freie Fahrt. Als die Feuerwehrleute aus ihren schweren Tanklöschfahrzeugen sprangen, brach gerade der Dachstuhl zusammen. Funkenregen stob in die Nacht.

„Wasserschutz für die umliegenden Gebäude!" befahl der

Dorfstraße in Döbbrick

Löschmeister. Mehr konnte auch er in dieser Augustnacht des Jahres 1961 für den Hof der Döbbricker Gastwirtschaft nicht tun.

Noch in der Nacht war die Kriminalpolizei in der acht Kilometer entfernten Bezirkshauptstadt Cottbus verständigt worden. Der Kriminaldauerdienst und ein Kriminaltechniker des Kreispolizeiamtes rückten an den Brandort aus.

Wer hat den Brand zuerst entdeckt?

An welcher Stelle schlugen die Flammen am höchsten?

Gibt es im Brandschutt bedeutsame Spuren?

Als die beiden Kriminalisten im trüben Morgenlicht im schwelenden Brandschutt stocherten, hatten sie einen erfahrenen Brandursachenermittler der Abteilung Feuerwehr an ihrer Seite.

Löschwasser tropfte von den Giebelwänden, sammelte sich in schmutzigen Lachen, in denen Asche und angesengte Strohhalme schwammen. Herabgestürzte und halbverkohlte Balken engten den Bewegungsraum der Männer ein. Rauchwölkchen stoben unter ihren Stiefelschritten auf, und der stechende Brandgeruch reizte die Nasenschleimhäute.

War das Feuer durch Selbstentzündung, Fahrlässigkeit oder durch Brandstiftung entstanden? Diese Frage stand immer am

Anfang einer Ermittlung wie dieser. Selbst abgefeimte Brandstifter unterliegen mitunter dem Irrtum, daß Flammen die Spuren vernichten. Wenn ein Kriminalist am Brandort nur gründlich genug sucht, wird er in fast allen Fällen auf Beweismaterial stoßen. Manche Spuren liegen im Brandschutt verborgen und müssen in mühevoller Handarbeit ausgebuddelt werden, bevor man sie kriminaltechnisch sichern kann. Auffällig gefärbte Asche, ungewöhnliche Schlackenbildung an elektrischen Anlagen, unverbrannte Reste von Brandlegungsmitteln in Fußbodenritzen, zusammengeschmolzene Massen öliger und fettiger Stoffe oder auffällige Formen des Ankohlens, Ränder und Flecke, mitunter sogar ein bestimmter Geruch, erlauben fast immer Rückschlüsse auf die Brandursache.

Die Scheune auf dem Gehöft der Döbbricker Gastwirtschaft hatte keinen elektrischen Anschluß. Die Leitungen waren auf dem Hof verlegt. Kurzschluß als technische Brandursache schied folglich aus.

Und Selbstentzündung?

„Das Stroh liegt ja erst ein paar Tage in der Scheune", erklärte der Gastwirt. „Wir haben es bei trockenem Wetter eingefahren."

„Wann waren Sie denn zum letzten Mal in der Scheune?"

Der Wirt schabte mit seinem Daumennagel über das unrasierte Kinn. „Gestern bestimmt nicht. Die Schüttung in den Ställen war doch noch frisch."

„Wer hat die Scheune verschlossen?"

„Keiner." Fast vorwurfsvoll musterte der Wirt die Polizisten. „Außer Heu und Stroh gab's dort nischt zu holen. Diebe interessieren sich nicht dafür."

Die Kriminalisten beendeten die ersten Untersuchungen am Brandort. Im Brandortbefundsbericht, den sie abschließend formulierten, gelangten sie zu dem Schluß: „Nachdem alle technischen und chemisch-biologischen Ursachen einer Selbstentzündung ausgeräumt sind, bleibt als Brandursache vorsätzliche oder fahrlässige Brandstiftung zu prüfen."

Dieses Ermittlungsergebnis ließ die Vorgesetzten im Kreisamt aufatmen. Die Verantwortung war von ihren Schultern genommen. Qualifizierte Untersuchungen von Branddelikten lagen in der Kompetenz der Branduntersuchungskommission. Die BUK gehörte zur Abteilung Kriminalpolizei in der VP-Bezirksbehörde Cottbus.

Chef der Branduntersuchungskommission war der fünfunddreißigjährige Kurt Brase.

Der Oberleutnant stammte aus Dissenchen, einem Dorf, vor den Toren von Cottbus gelegen. Er war ein Kind der Lausitz, kam aus einfachen Verhältnissen und hatte damit die besten Voraussetzungen für eine Karriere in der Volkspolizei, die bevorzugt „Arbeitersöhne" in ihre Reihen aufnahm. Nach seiner Heimkehr aus der Kriegsgefangenschaft hatte Brase im Januar 1946 seinen Dienst im 3. Polizeirevier in Cottbus-Sandow angetreten und war ein knappes Jahr später zur Kriminalpolizei übergewechselt. Das geliebte Fußballspiel, dem er als aktiver Mittelfeldspieler zunächst noch treu blieb, hatte er im Laufe seiner Dienstzeit freilich aufgeben müssen.

Brase klappte die dünne Akte zu. Er hatte die Protokolle studiert, sich dann und wann einen Satz notiert. Nun skizzierte er einen flüchtigen Untersuchungsplan. Später, wenn auch die Mitarbeiter die Akte gelesen und eigene Ideen eingebracht hatten, würde er den Plan endgültig fixieren, den er mit dem Fortgang der Untersuchungen jeweils auf den aktuellen Stand bringen konnte.

Brase war ein ausgeglichener Charakter. Seine Kollegen hatten nie erlebt, daß er die Beherrschung verlor. Und so mancher Mitarbeiter beneidete ihn um sein starkes Nervenkostüm.

Der Schlüssel zur Aufklärung einer Brandstiftung war häufig das Motiv. Dieser, so dachten die Kriminalisten, müßte freilich in Döbbrick zu finden sein. Als Brase und sein jüngster Mitarbeiter am nächsten Morgen dem Bürgermeister gegenübersaßen, lautete Brases erste Frage: „Was reden denn die Leute so über den Brand?"

Fritz Noack, ein kleiner schmächtiger Mann, lehnte sich in seinem Amtsstuhl zurück. „Gemunkelt wird ja viel, aber in Döbbrick, müßt Ihr wissen, hat es schon immer gebrannt. Und selten wurde einer gefaßt. Schon zu Kaisers Zeiten bediente man sich per heißem Abriß in den Kassen der Feuersozietät. Der Ortsgendarm gab sich nicht viel Mühe. Wollte sich's vielleicht auch nicht mit den Leuten verderben. Und die Versicherungsgesellschaften schickten Detektive. Rausgekommen ist nix. 1936 trieb ein gewisser Krüger sein Unwesen. War 'n armes Schwein. Hat mehrere Brände gelegt. Die Nazis sind ihm auf die Schliche gekommen. Sicherheitsverwahrung. Ihr versteht, was ich meine. Tja, und dann – 1957 war das – ein gewisser Schwantko. War so 'ne Art Nachbarschaftsfehde. Kein großer Schaden. Der Hans Loreck, was unser Abschnittsbevollmächtigter ist, hat ihm den Brand nachgewiesen. Seitdem blieb's ruhig im Dorf."

„Schwantko wurde vor Gericht gestellt?"

„Er kam paar Monate hinter Gitter. Der Rest wurde zur Bewährung ausgesetzt, obwohl die Justiz schon damals keinen Spaß verstand."

„Das heißt, Schwantko läuft wieder frei herum?"

„Das mit Schwantko geht schon in Ordnung", behauptete Noack. „Der war's bestimmt nicht."

Das Leben im Dorf wurde von der LPG* „Spreetal" bestimmt. Sie hatte ihre Gründungsschwierigkeiten. Die meisten Bauern waren erst 1960 eingetreten, als die SED die Kollektivierung auf dem Lande einläutete und Agitationsbrigaden Sonntag für Sonntag die Dörfer überschwemmten, um die Bauern in die Genossenschaften zu drängen. Inzwischen hatten sich die Leute an die veränderte Situation gewöhnt. Rückschläge und Erfolge gäbe es natürlich, meinte der Bürgermeister unter Achselzucken. „Es läuft halt so."

Brase und sein junger Kollege trugen nicht viel Neues zusammen. Im Dienstzimmer des ABV trafen sie den Hauptwachtmeister Kurt Scheppan an. „Nanu?" Brase stutzte. „Wo steckt denn der Loreck?"

„Der Genosse Loreck ist auf der Polizeischule in Nardt", meldete der Hauptwachtmeister stramm. „Ich bin seine Vertretung."

Ganz und gar fremd war Scheppan in dem Dorf nicht, wie sie bei der Zusammenstellung einer Liste mit den zu überprüfenden Personen heraushörten. Trotz der Beteuerung des Bürgermeisters rangierte der vorbestrafte Brandstifter Harry Schwantko als Verdächtiger Nummer Eins auf Brases Liste. Die Namen weiterer Dorfbewohner gesellten sich dazu, vor allem solche, die irgendwann mit den Gesetzen in Konflikt geraten waren.

Sie rekonstruierten, wer am Abend vor dem Brand in der Gaststätte gesessen hatte, wer wann und auf welchem Wege nach Hause gegangen war, welche Wegezeiten sich daraus ergaben, und ob diese Aussagen durch Alibis bestätigt werden konnten.

Mitten in der Diskussion sagte Scheppan beiläufig: „Ich war an dem Abend auch in der Schenke. Nur ganz kurz, weil ich Zigaretten brauchte. Ich war mit dem Rad unterwegs. Nachtstreife."

Brase blickte von seinen Papieren auf. „Und? Etwas aufgefallen?"

„Nicht, daß ich wüßte."

„Dann schreib einen Vermerk für die Akte."

Sie mußten mehr über die Verhältnisse im Dorf wissen. Hatte der Wirt Feinde im Dorf? Wollte jemand eine alte Rechnung beglei-

---

* Landwirtschaftliche Produktionsgenossenschaft

*Kurt Brase
im Ruhestand*

chen? War da nicht einmal ein Gerücht von einer Denunziation in
den ersten Nachkriegsmonaten im Gespräch gewesen? Hatte der
Betroffene sich jetzt gerächt? Der amtierende ABV zuckte mit den
Schultern. Das Gerücht war ihm unbekannt.

Sie legten ihre Aufgaben für die nächsten Tage fest. Viel Zeit und
viel Geduld würden die Kriminalisten aufbringen müssen, um die
Alibis aller in Frage kommenden Personen abzuklopfen. Überstun-
den gehörten zu ihrem Beruf.

Ein sommerpraller Erntetag ging zu Ende. Als die Kriminalisten
sich von Hauptwachtmeister Scheppan verabschiedeten, läutete im
Dorf die Kirchenglocke.

Brase stutzte zuerst, aber dann fiel ihm ein, daß heute Samstag
war. Samstag, der 12. August 1961. Aus der acht Kilometer entfernten Drachhausener Heide klang das Dröhnen von Panzermotoren
herüber. Niemand ahnte zu dieser Stunde, daß die Kolonnen bereits
den Marsch auf den Berliner Außenring angetreten hatten.

Kurt Brase wurde gegen zwei Uhr nachts durch einen telefonischen
Alarmbefehl zur Dienststelle beordert. Er fuhr zum Polizeigebäude
am Bonnaskenplatz. Nichts glich in dieser Nacht den ungezählten
Übungsalarmen, mit denen die Polizeiangehörigen von Zeit zu Zeit

aufgescheucht wurden. Ein Dienstvorgesetzter verlas den „Beschluß des Ministerrates der Deutschen Demokratischen Republik" über die Sicherung der offenen Staatsgrenze der DDR zu Westberlin. Nachdem vom Vorsitzenden des Nationalen Verteidigungsrates der DDR der Befehl zur Herstellung der Einsatzbereitschaft für alle Dienststellen und Einheiten der Volkspolizei ergangen war, wurden weitere Befehle, etwa zur Herstellung der „Rufbereitschaft", durch den Innenminister (für die VP-Kräfte Ost-Berlins sowie für die Grenzpolizei und Teile der VP des Bezirks Potsdam) bzw. durch die jeweiligen Bezirkschefs der VP erteilt. Im Klartext: Die Kriminalisten der Cottbuser Brandkommission hatten sich in ihrer Barackenunterkunft auf dem Hof der Bezirksbehörde zur Verfügung zu halten. Niemand durfte die Dienststelle verlassen. Die Vernehmungstermine, die Brase gestern noch vorbereitet hatte, platzten.

Der Berliner Mauerbau, in der DDR-Propaganda die „Errichtung des antifaschistischen Schutzwalls", war in den Augen vieler Polizisten kein tragisches Ereignis. Die durch die Aufteilung Berlins in verschiedene Sektoren verursachte oder beförderte Kriminalität und die daraus resultierenden Schwierigkeiten bei ihrer Bekämpfung würden mit einem Handstreich ein für alle Mal beendet. Das betraf vor allem den organisierten Schmuggel von optischen Geräten, von Briefmarken, Goldbarren oder Antiquitäten, das unbehelligte Überschreiten der Sektorengrenzen auch durch steckbrieflich gesuchte Gewalttäter, die Abwanderung gutausgebildeter Fachkräfte – im Propagandajargon „Republikflucht" genannt –, und die Tätigkeit verschiedener Nachrichtendienste, deren Agenturen von Westberlin aus selbstredend auch in das „Operationsgebiet Zone" hineinwirkten. Die Grenzschließung konnte für die Arbeit der Polizei nur von Vorteil sein. Über humanistische Aspekte des Mauerbaus nachzudenken verbot die politische Erziehung, in der die Polizisten befangen waren.

Der durch den Mauerbau vom 13. August 1961 bedingte Ausnahmezustand legte die Einheiten der Polizei für eine geraume Zeit lahm. Erst nach zehn Tagen nahmen die Männer der Brandkommission unter Brases Leitung die inzwischen ruhenden Ermittlungen wieder auf.

Brase und sein Famulus widmeten sich erneut dem Döbbricker Scheunenbrand. Die Unterbrechung der Ermittlungen zeitigte fatale Folgen. Die Kriminalisten bekamen es zu spüren. Der Alltagsstreß, aber auch der Frust über die Schließung der Berliner Grenzen trübten das Erinnerungsvermögen mancher Zeugen. Auf die heimlichen, durchaus beliebten Ausflüge ins „Schaufenster des sterbenden und verfaulenden Kapitalismus" mußten die DDR-Bürger hinfort verzichten.

Neben Brase und seinen Mitarbeitern war auch eine Untersuchungsgruppe der Bezirksverwaltung des Ministeriums für Staatssicherheit in Döbbrick unterwegs. Kurt Brase kannte die Gepflogenheiten. Er wußte aber auch, wie schwierig es war, Informationen von den MfS-Ermittlern zu erhalten. Deshalb überraschte es ihn umso mehr, als er Anfang Oktober zum Leiter der Kriminalpolizei gerufen wurde, in dessen Zimmer zwei Offiziere der Bezirksverwaltung auf ihn warteten. Sein Erstaunen wuchs, als sie ihm mitteilten, daß just im gleichen Augenblick, nur zwei Türen weiter, der ABV Hauptwachtmeister Scheppan unter dem dringenden Verdacht der Brandstiftung festgenommen werde.

Brase, an so mancherlei gewöhnt, schüttelte ungläubig den Kopf. „Einer von uns? Das glaube ich nicht."

Der K-Leiter sagte: „Nach zuverlässigen Auskünften, über die die Genossen verfügen, soll Scheppan am Brandabend die Gaststätte aufgesucht haben."

„Ist bekannt", meinte Brase. „In der Ermittlungsakte befindet sich ein entsprechender Vermerk."

„Richtig. Aber er hat Ihnen nicht erzählt, daß er nach dem Verlassen der Schankstube in der Scheune war."

„Davon ist mir allerdings nichts bekannt", gab Brase zu.

„Scheppan wurde gesehen, als er die Scheune betrat", erklärte der ältere MfS-Offizier.

„Es gibt einen Zeugen?"

Die Männer nickten.

Obwohl Brase kein heuriger Hase war und sich die Antwort eigentlich ausrechnen konnte, stellte er die Frage: „Kann man erfahren, wer der Zeuge ist?"

„Wir müssen unsere Quelle schützen."

Ein IM, ging es Brase durch den Kopf. „Nehmen wir mal an, daß Scheppan tatsächlich der Brandstifter ist, wo – zum Teufel – sehen Sie sein Motiv?"

„Die Genossen haben einen wunden Punkt in Scheppans Personalakte entdeckt."

Der K-Leiter schob einen roten Schnellhefter über den Tisch. „Schau mal in den Leumundsbericht."

Kurt Brase klappte die Akte auf. Ein Fragebogen mit aufgekleb-

tem Paßfoto. Ein handgeschriebener Lebenslauf. Ein Bewerbungs-
schreiben, in welchem Scheppan, wie seinerzeit üblich, erklärte,
daß er „die Notwendigkeit des bewaffneten Schutzes der Arbeiter-
und Bauernmacht" erkannt habe, und sich deshalb um die Einstellung in die Reihen der Deutschen Volkspolizei bewerbe. Ein
Strafregisterauszug; selbstverständlich lupenrein. Und dann mehrere Protokolle, die den Leumund des jungen Bewerbers dokumen-
tierten.

Kurt Scheppan war in der Lehrzeit beileibe kein Musterknabe
gewesen, wohl eher so etwas wie schäumendes Brausepulver. Von
häufigen Fahrten nach Berlin war die Rede, die Scheppan mit
Gleichaltrigen aus seinem Heimatdorf unternommen hatte, um sich
in den Ostsondervorstellungen der Westberliner Kinos Cowboy-
filme anzusehen oder Jazzveranstaltungen im Sportpalast und in
der Waldbühne zu besuchen. Scheppan galt bei diesen Ausflügen
als der führende Kopf.

Brase registrierte das dicke Ausrufezeichen, das jemand mit
Kugelschreiber neben diese Textpassage gesetzt hatte. Er konnte
sich ausmalen, worauf das hinauslief. Die MfS-Genossen vermuteten Agenten-Kontakte bei dem verdächtigen ABV.

Skeptisch schob der Chef der BUK den Hefter zurück.

Der K-Leiter sagte: „Mach die Ermittlungsakte zur Übergabe
fertig. Die Genossen nehmen die Unterlagen mit."

Brase erhob sich, um der Weisung seines Vorgesetzten nachzu-
kommen. Er hätte mit dieser Entwicklung zufrieden sein können.
Ein Verfahren weniger auf seinem Tisch. Aber mit der Vorstellung,
daß ausgerechnet einer aus ihren Reihen der Brandstifter sein sollte, mochte er sich nicht so recht anfreunden.

Der arretierte Hauptwachtmeister wehrte sich gegen die Be-
schuldigungen. Nach hartnäckigem Leugnen räumte er ein, die
Scheune im Hof der Gastwirtschaft entgegen seiner früheren Aussage doch betreten zu haben.

„Ich wollte mein Fahrrad vom Hof holen. Da sah ich, wie eine
Gestalt in der Scheune verschwand. Einen Moment habe ich gewartet, dann dachte ich: Sieh mal nach, was da vorgeht. Ich bin rein,
habe aber niemand entdeckt."

Warum er das verschwiegen habe?

„Sie kennen unseren Revierleiter nicht. Wenn die Gestalt in der
Scheune der Brandstifter war, dann habe ich die Tat nicht verhindert. Glauben Sie, man hängt mir dafür einen Orden an die Brust?"

Brase, der von dieser Aussage hörte, schüttelte nachsichtig den

Kopf. Warum hatte der Junge zu mir kein Vertrauen? Den Kopf hätte es nicht gleich gekostet.

An einem der nächsten Tage war der Oberleutnant zu einer Dienstberatung im Kreisamt. Der Zufall wollte es, daß ihm hier Scheppans Kollegen über den Weg liefen. Auch sie schlossen eine Täterschaft des Hauptwachtmeisters aus. Für den Gang in die Scheune hatten sie eine ganz andere Erklärung. Sie erzählten dem Chef der BUK im Vertrauen, daß Scheppan, obwohl verheiratet, ein rechter Schürzenjäger sei. Der läßt nichts anbrennen, meinten sie. So wie sie die Sache sähen, hätte Scheppan wohl eher ein Stelldichein mit einer Dame im Heu gehabt.

„Habt Ihr eine Ahnung, wer die Frau sein könnte? Ihre Aussage würde ihn entlasten." Sie wußten es nicht. „Wenn Scheppan den Namen nicht nennen will, dann wird er seine Gründe haben."

Der Hauptwachtmeister blieb im Arrest, bis ... ja, bis der Brandstifter von Döbbrick ihn auslöste.

Der 7. Oktober 1961 fiel auf einen Sonnabend. Jahr für Jahr wurde der Gründungstag der DDR mit volksfestlichem Gepränge begangen. Einem Kinderfest für die Kleinsten folgten die obligatorischen Fußballwettkämpfe auf dem Döbbricker Sportplatz. Und am Abend zog man zum Tanz in den Dorfkrug.

Der Saal war überfüllt. Auf der kleinen Bühne spielte eine Acht-Mann-Kapelle.

Auf der Tanzfläche schoben und drängten sich die Pärchen. Die Theke war dicht umlagert. Die Wirtsleute hatten alle Hände voll zu tun, um den Nachschub an alkoholischen Getränken sicherzustellen. „Nikolaschka", „Koks" und „Blutgeschwür" lauteten die blumigen Namen der zeitgenössischen Getränke. Die Stimmung stieg von Stunde zu Stunde. Es gab den üblichen Zank unter eifersüchtigen Eheleuten und eine handfeste Rauferei der jungen Burschen. Weit nach Mitternacht spielte die Kapelle den letzten Tusch. Die Abschlußtour wurde angesagt, die üblichen da capi angehängt, dann packten die Musiker endgültig die Instrumente ein. Selbst die Trinkfestesten traten den Heimweg an. Ein Licht nach dem anderen verlöschte im Dorf. Der Himmel bezog sich. Kein Stern war zu sehen.

Eine Stunde später schreckte das grelle Heulen der Feuersirene die Menschen aus dem Schlaf. Die Scheune des Genossenschaftsbauern Drabow stand in Flammen. Aus Luken und Fenstern schossen die Feuerzungen. So rasch die Männer der Freiwilligen Feuerwehr auch zur Stelle waren, die sengende Glut verwehrte ihnen den Zugang ins Scheuneninnere. Der Brand war nicht mehr zu löschen, er konnte nur noch eingedämmt werden. Auch der verzweifelte Versuch, wenigstens Getreidevorräte und Futtermittel vor der Vernichtung zu retten, scheiterte.

Bedrückte Stimmung am Morgen nach dem Brand auf dem Drabow-Hof. Das Gehöft lag an der Hauptstraße mitten im Dorf. Der Schaden, den die LPG „Spreetal" zu verbuchen hatte, betrug fünfzehntausend Mark

Kurz nach sechs Uhr rollten zwei Autos der Brandkommission ins Dorf. Oberleutnant Brase hatte seine gesamte Mannschaft mitgebracht. Er ließ sich gar nicht erst auf unnütze Vermutungen ein, sondern ging mit der ihm eigenen Gründlichkeit zur Sache. Die Besichtigung der Brandstätte ergab, daß das Feuer auf der Tenne entstanden sein mußte, bevor es sich auf die mit Erntegut gefüllten Lagerräume ausdehnen konnte.

Während ein Kriminaltechniker und der Brandursachenermittler der Abteilung Feuerwehr im Brandschutt wühlten, betraten Brase und Unterleutnant Bramburger das Wohnhaus des Bauern. Wuchtige, etwas aus der Mode gekommene Eichenholzmöbel füllten die geräumige Stube.

Die beiden Polizisten verhörten die Brandzeugen. Die Flammen, so nahmen sie zu Protokoll, schlugen zu Beginn des Feuers aus der Dachhaut, die über dem Tennenbereich lag. Scheunentor und Heuluken wurden nie verschlossen.

Alle Personen, die auf dem Grundstück wohnten, äußerten so ihre Wahrnehmungen.

Andere Mitarbeiter der BUK klapperten die Gehöfte in der Nachbarschaft ab. Mühsame Kleinarbeit, die von den Kriminalisten als „Klinkenputzen" bezeichnet wird.

Vor allem die männlichen Teilnehmer des Tanzvergnügens litten noch unter Kopfschmerzen. Der Alkohol war reichlich geflossen, die Erinnerungen stark getrübt. Der eine oder andere Festbesucher klagte über „Filmriß". Die Methodik zur Feststellung der Personenbewegungen im Dorf geriet ins Wanken. Ungenauigkeiten schlichen sich ein. Für den Auswerter der Brandkommission kein reines Vergnügen. Von ihm erwartete man, sämtliche Aussagen auf einem Weg-Zeit-Diagramm unterzubringen, so daß elementare Widersprüche herausgefiltert werden konnten. Akribie und ein wenig Glück gehörten immer dazu, doch die Methode war schon so manchem Täter zum Verhängnis geworden. Beide Komponenten blieben der BUK an diesem Sonntag in Döbbrick versagt.

Der einzige, der einen Nutzen aus der jüngsten Entwicklung des Brandgeschehens zog, war der Hauptwachtmeister Kurt Scheppan. Sein Arrest wurde aufgehoben.

Eine Woche später. Sonntag, der 15. Oktober 1961. Kurt Brase warf sich unruhig im Schlaf herum. Noch im Traum verfolgten ihn die Bilder der unzähligen Befragungen, die er und seine Leute in den letzten Tagen in Döbbrick geführt hatten. Brases Unterbewußtsein grub rastlos nach Verdachtsmomenten, die sie vielleicht übersehen hatten.

Das Telefon!

Brase fuhr hoch. Mit der Hand ertastete er den Hörer. „Ja?"

„Brand in Döbbrick!" Er erkannte die Stimme des Lageoffiziers im Operativstab der VP-Bezirksbehörde.

„Wo?"

„Grundstück Laschke. Die Scheune."

„Schick den Wagen! Ich komme!"

Dann stand er wieder vor einem Haufen verkohlter Balken. Die Glutnester schwelten noch. Die nasse Asche stank. Hinter ihm warteten seine Kollegen aus der Brandkommission, die sich angesichts der verbitterten Mienen der Bauern wohl ebenso unwohl fühlten wie ihr Chef.

„Getreide und Kartoffeln", sagte der LPG-Vorsitzende mit unverhohlenem Vorwurf. „Ein Schaden von zwölftausend Mark!"

Die BUK errichtete ihr Hauptquartier im leeren Klassenzimmer der Dorfschule. Brase resümierte vor versammelter Mannschaft: Drei Brandfälle, die landwirtschaftlichen Objekten galten. Die Gebäude waren unverschlossen und somit für jedermann zugänglich. Sämtliche Brände wurden in den Innenräumen gelegt. Brases Fazit: „Wir müssen davon ausgehen, daß der Täter mit den Örtlichkeiten bestens vertraut ist. Mit anderen Worten, er wohnt in Döbbrick, oder er kommt von außerhalb und ist Beschäftigter der LPG."

Im Untersuchungsplan, den die Kriminalisten lehrbuchmäßig zu Papier brachten, fallen diese Schwerpunkte auf:

„1. Feststellung der Personen, die sich am Abend vor dem Brand in der Gaststätte aufgehalten haben;
2. Überprüfung der Personenbewegung in Döbbrick von Mitternacht bis zum Brandausbruch;
3. Die ersten Brandzeugen ermitteln und ihre Aussagen be-

züglich Wahrnehmungen, Aufenthalt usw. überprüfen;

4. Alle Mitglieder der LPG bezüglich ihrer Tätigkeit und ihres Aufenthaltes in der Brandnacht befragen und ihre Aussagen auswerten;

5. Überprüfung des in den bekannten Arbeitsrichtlinien und Weisungen aufgeführten Personenkreises (Vorbestrafte, Alkoholiker, psychisch auffällige Personen) …"

Der Einwand, daß es sich bei den Bränden um handfeste Anschläge auf das Eigentum der LPG „Spreetal" handeln könnte, war nicht von der Hand zu weisen. Deshalb nahmen sie als Punkt 6 in den Untersuchungsplan auf:

„Alle Fälle des offenen provokatorischen Auftretens als auch persönliche Feindschaften gegenüber LPG-Mitgliedern sind im Rahmen der Ermittlungen zu beachten."

Als Brase gegen zehn Uhr das Gemeindeamt betrat, fühlte er sich in den Stab einer NVA-Heeresgruppe verschlagen. Flurpläne und Listen lagen auf den Tischen. Männer in Arbeitskleidung standen davor und redeten lebhaft aufeinander ein.

„Satansbrut, verdammte!" schimpfte ein älterer Bauer. „Wenn mir so ein Lump zwischen die Finger gerät, zerquetsche ich ihn!"

„Wie sprichst denn du auf einmal?" tönte Bürgermeister Noack von seinem Amtsstuhl. „Bis jetzt hast du über die LPG nur gelästert und geschimpft, bist eingetreten, weil du der Letzte im Dorf warst und das Gerede nicht mehr ertragen wolltest."

Einige Männer lachten, während der Bauer hochrot im Gesicht antwortete: „Lieber heute als morgen wäre ich wieder ausgetreten. Aber jetzt, wo keiner mehr sicher ist, ob morgen die eigenen vier Wände noch stehen, muß man was unternehmen."

„Das Übel an der Wurzel packen. Recht hast du", stimmte ihm der Bürgermeister friedfertig zu. „Wir müssen den Brandstifter hindern. Ich denke, daß die Kripo nichts dagegen hat, wenn wir im Dorf Brandwachen aufstellen."

Nicht alle schlossen sich der Meinung des Bürgermeisters an. Ein Jungbauer rief: „Soll doch jeder auf seinem Hof aufpassen. Ich habe keine Lust, in der Nacht auch noch durchs Dorf zu schleichen. Wozu haben wir denn die Polizei?" Sein Blick ging zu Kurt Brase.

Der Oberleutnant hob die Hand. „Streiten wir uns nicht, Leute. Ich denke, der Brandschutz im Dorf geht jeden etwas an. Es sind eure Scheunen, die brennen. Wir von der Polizei unternehmen selbstverständlich alles, um den Täter dingfest zu machen, aber wir sind auf die Unterstützung des Dorfes angewiesen. Für zweckdienliche Hinweise ist eine Belohnung von tausend Mark ausgesetzt!"

Als der Jungbauer sah, daß er mit seiner Meinung allein stand, lenkte er rasch ein. „Naja, wenn alle mitmachen ..."

Bürgermeister Noack begann mit der Wacheinteilung. Er schrieb die Namen aller männlichen Erwachsenen paarweise auf einen Bogen Papier. Von zweiundzwanzig Uhr abends bis vier Uhr in der Frühe sollte die Einwohnerpatrouille durchs Dorf streifen. Daß der Name des unbekannten Brandstifters möglicherweise mit auf den Wachplan geriet, war nicht zu verhindern. Ein Umstand, der den Oberleutnant beunruhigte, doch er behielt die Bedenken für sich.

Nacht für Nacht waren nun in Döbbrick sechs Männer unterwegs, die jeweils für zwei Stunden die Wache übernahmen. Hinzu kam eine größere Anzahl von Polizisten in Zivil, die sich bei Einbruch der Dämmerung an vorher festgelegten Positionen im Dorf auf die Lauer legten.

„Das war eine hartes Brot für uns", erinnert sich der Kriminalist Hans Jakobitz nach drei Jahrzehnten an diesen Einsatz. „Die Nächte im Oktober waren kalt. Wir observierten Grundstücke, in denen Leute wohnten, die nach Lage der Dinge als Täter in Frage kommen konnten. Wenn jemand zur Nachtzeit den Hof verließ, folgten wir ihm unauffällig. Das war lausig kompliziert, denn die Zielpersonen durften ja keinen Verdacht schöpfen."

Wie zum Hohn brannte vierzehn Nächte später, am 31. Oktober 1961, die Scheune des Bauern Kaiser. Auch diesmal konnte die Feuerwehr die Scheune nicht retten. Vier Schuppen wurden zudem ein Raub der Flammen.

In dieser Nacht dachte in Döbbrick kaum noch jemand an Schlaf. Jeder Bauer war von der Furcht beherrscht, der eigene Hof könnte schon im Visier des Brandstifters sein. Ohnmächtige Wut lag in abweisenden Blicken, die den Kriminalisten auf Schritt und Tritt begegneten. Kurt Brase geriet unter Druck. Er wurde zu seinen Vorgesetzten nach Cottbus befohlen.

Der Oberleutnant erreichte das Polizeigebäude am Bonnaskenplatz. Nachdenklich durchwanderte er den Flur mit der gewölbten Decke. Die Normaluhr in der Eingangshalle zeigte die zehnte Stunde an. Brase fühlte sich nicht wohl in seiner Haut.

In der Gemeinde Döbbrick lebten im Herbst 1961 rund 280 Einwohner. Ungefähr ein Drittel der Berufstätigen arbeitete in

Cottbus, in Guben oder Peitz. Sie fuhren in die Textil-, in die Bau- und in die Energiebetriebe der Region. Neuerdings sogar in das nahegelegene Jänschwalde, wo die Vorbereitungen für den Aufbau eines Braunkohlenkraftwerkes begonnen hatten.

Die Umsetzung der Maßnahmen des Untersuchungsplanes war zeitaufwendig und personalintensiv. Es lag auf der Hand, daß die Kommission nur mühsam vorankam. Hunderte von Befragungen und Gesprächen hatten die Kriminalisten seit Beginn der Brandserie in Döbbrick geführt. Die intensiven Ermittlungen waren ebenso erfolglos geblieben wie die gezielte Überwachung einzelner Verdachtspersonen. Im Gegenteil, ihrem Hauptverdächtigen Nummer Eins, den Brase insgeheim favorisierte, hatten sie ein perfektes Alibi geliefert. Harry Schwantko war in den Brandnächten nicht aus dem Haus gegangen. Wer freilich die Eliminationsmethode befürwortete, der mochte auch dies als Erfolg bewerten.

Brase stieß die Tür zum Zimmer des K-Leiters auf. Eine illustre Runde hochrangiger Chefs in grünen Uniformen wartete auf ihn. Vom Oberst bis zum Parteisekretär war alles versammelt, was in der Chefetage der Bezirksbehörde Sitz und Stimme hatte. Brase durfte Platz nehmen. Kurz und bündig erstattete er seinen Bericht. Die Offiziere nahmen ihn mit undurchdringlichen Mienen zur Kenntnis.

Ob der Genosse Oberleutnant den offenen Brief des Ministers schon vergessen habe, wollte man dann von ihm wissen.

Der Prozeß der Kollektivierung der Landwirtschaft war in den Dörfern nicht ohne einen gewissen Widerstand der Bauernschaft durchgedrückt worden. Die Medien der Bundesrepublik schwiegen an diesem Frontabschnitt des kalten Krieges keineswegs. Neben ernstzunehmender Kritik kamen Gehässigkeit und Häme nicht zu kurz. Der eine oder andere Bauer, der sich zur Flucht nach Westberlin entschloß, setzte – gewissermaßen als Abschiedsgruß – den roten Hahn auf seinen Hof.

Im Jahre 1959 brannte es in jeder siebenten Genossenschaft, in jeder sechsten MTS* und in jedem zweiten Volksgut.**

Allein im ersten Halbjahr 1960 richteten 140 Brandstiftungen einen Schaden von sechs Millionen Mark an.

Im Frühjahr 1960 sah sich der Minister des Innern zu einem

---

* Maschinen- und Traktorenstation; staatliche Einrichtung auf dem Land, deren Maschinenpark den Bauern zur Verfügung stand.
** Volkseigenes Gut, auch VEG.

offenen Brief an alle Polizeiangehörigen verpflichtet, in dem es hieß:

„Unter Berücksichtigung der veränderten Formen des Klassenkampfes gilt es, die verbrecherische Tätigkeit des Gegners auf dem Lande aufzudecken und zu verhindern. Ich appelliere an alle Genossen der Deutschen Volkspolizei, alle Maßnahmen zu treffen, um in engster Verbindung mit der werktätigen Bauernschaft unsere vollgenossenschaftlichen Dörfer, die Einrichtungen der LPG, der VEG u.a. sowie das Eigentum unserer Bauern gegen jegliche Schäden zu schützen, die durch feindliche Tätigkeit oder durch Sorglosigkeit und Schlamperei entstehen können. "

Brase kannte selbstredend diesen Brief. Sie hatten ihn in zahlreichen Schulungen und Parteiversammlungen diskutieren müssen. Der Oberleutnant wußte aber auch, daß man Verbrechen nicht mit politischen Phrasen aufklären kann, nicht einmal den simpelsten Diebstahl, geschweige denn eine Serie von Brandstiftungen, mit der sie es hier zu tun hatten. Serientäter waren fast immer Psychopathen.

Brase ließ den Hagel der Vorwürfe über sich ergehen. Er übte die erwartete Selbstkritik, gelobte Besserung und durfte wieder an seine Arbeit gehen. Der freundschaftliche Klaps, den der Oberstleutnant ihm heimlich bei der Verabschiedung im Vorzimmer versetzte, motivierte den Chef der Brandkommission weit mehr als das besserwisserische Geschwätz der uniformierten Funktionsträger. Der Oberstleutnant wußte genau, wie Brase zumute war; auch er hatte seinen Beruf in der Kripo von der Pieke auf gelernt.

Eine Genugtuung empfand Brase dennoch: Die Untersuchungsgruppe des Ministeriums für Staatssicherheit, die im Döbbricker Untergrund unauffällig wirkte, war keineswegs erfolgreicher gewesen als die BUK. Eine gewisse Rivalität beherrschte seit jeher die Beziehungen zwischen Kripo und Staatssicherheitsdienst. Die Männer von „Memfis", wie die Verballhornung des Buchstabenkürzels MfS in Kriminalistenkreisen lautete, wurden vor allem um ihr unerschöpfliches Reservoir an kriminalistischer Sondertechnik und erst in zweiter Linie um ihr ungleich höheres Gehalt beneidet. Geheimniskrämerei und ein unerklärlicher Abstand, den die MfS-Leute selbst Polizisten gegenüber bewahrten, taten ein übriges. Um der Gerechtigkeit willen räumte Brase aber ein, daß eine Reihe von Aufklärungserfolgen nur mit Unterstützung der zuständigen MfS-Dienststellen zustande gekommen waren.

Die Erfolge unserer Landwirtschaft sind den Gegnern ein Dorn im Auge!

Durch Brandstiftungen, Viehvergiftungen, Sabotage und andere Verbrechen versuchen sie die weitere Entwicklung unserer sozialistischen Landwirtschaft zu stören.

Dies beweisen einige Brände in unserem Bezirk.

So wurden in Kaltennordheim (Kreis Bad Salzungen) eine Scheune und zwei Erntewagen und in Geismar eine Scheune durch gedungene Verbrecher in Brand gesteckt. In Herpf (Kreis Meiningen) wurde in einer Gärtnerei ein vorsätzlicher Brand gelegt, und der Täter beabsichtigte auch noch nach Einbringung der Ernte eine Scheune der LPG in Brand zu stecken.

Das sind offene Provokationen gegen unseren Staat und bestärken unsere Forderung zur Beseitigung aller Agentenzentralen und Wühlorganisationen, besonders in Westberlin.

Fahrlässigkeit, Schlamperei und mangelnde Wachsamkeit begünstigen solche Verbrechen und bieten diesen einen Deckmantel, sei es durch nicht verschlossene Objekte, mangelnde Ordnung und Sauberkeit, Nichteinhaltung bekannter Brandschutzbestimmungen usw.

Der Kampf gegen Fahrlässigkeit, Unordnung und Schlendrian ist ein Ringen gegen alte Gewohnheiten und rückständige Auffassungen.

Wie häufig findet man noch die Unsitte vor, daß in Scheunen, Ställen, auf Höfen usw. gedankenlos geraucht wird. „Es wird schon nichts passieren", „Es ging bisher immer gut". Das sind die Vorstellungen, die immer noch verbreitet sind. Annähernd 20 Prozent aller Brände sind auf fahrlässigen Umgang mit offenem Feuer und Licht zurückzuführen. Weitere Schwerpunkte sind fahrlässige Aschelagerung, unvorschriftsmäßig aufgestellte elektrische Geräte und Kinderbrandstiftungen.

Diese Ursachen beweisen eindeutig.

Der November fiel ins Land. Die rauhen Nächte kamen. Es wurde kälter. Unentwegt zogen die Brandwachen durch Döbbrick. Die Polizisten, die für die flächendeckende Oberservation eingeteilt waren, froren jämmerlich.

Kurt Brase saß an seinem Schreibtisch in Cottbus, den Kopf in beide Hände gestützt, und starrte reglos auf das Deckblatt der angeschwollenen Ermittlungsakte. Brase dachte an Hans Loreck, der als Abschnittsbevollmächtigter für Döbbrick zuständig war. Der Lehrgang an der Polizeischule dauerte an. Wir hätten längst ein Gespräch mit dem Polizeimeister führen sollen, ging es Brase durch Sinn. Er beriet sich mit Oberleutnant Wittich, seinem Stellvertreter in der Branduntersuchungskommission. Tags darauf gingen beide auf Fahrt.

Die Polizeischule lag in einem ausgedehnten Waldgebiet etwa sechs Kilometer nordwestlich von Hoyerswerda. Der VP-Meister Loreck bekam keinen kleinen Schreck, als er mitten im Unterricht zum Schulleiter befohlen wurde und dort Kurt Brase sowie einen zweiten Cottbuser Kriminalisten vorfand. Er glaubte zuerst, ein Unglück habe die Familie ereilt. Die Kriminalisten konnten ihn beruhigen.

Hans Loreck, ein untersetzter Mann mit dunklem Lockenhaar, war über das Brandgeschehen grob unterrichtet. Seine Frau hatte ihm einiges erzählt, wenn sie ihn an den Wochenden in der kasernenmäßig betriebenen Schule besuchen durfte. Brase packte nun das Wissen der Brandkommission dazu, und Wittich rollte zum besseren Verständnis eine Lageskizze aus, auf der die Brandobjekte in Döbbrick eingezeichnet waren.

Der ABV, der seine Pappenheimer kannte, schüttelte bei den meisten Namen auf Brases Liste den Kopf. „Schwantko?" sagte er. „Naja, ich weiß nicht. Man kann für keinen die Hand ins Feuer legen, noch dazu bei einem, der schon mal gezündet hat, aber den Harry würde ich ausschließen."

„Sie tippen auf einen anderen Verdächtigen?"

Loreck beugte sich über die Skizze. „Wenn man sich die Hauptstraße als Nord-Süd-Linie vorstellt, dann liegen die Brandobjekte doch alle auf der Westseite des Dorfes."

„Die Dorfstraße ist zur Nachtzeit gut beleuchtet", sagte Brase. „Davon haben wir uns selbst überzeugt."

Wittich fügte hinzu: „Wir vermuten, daß der Täter aus reiner Vorsicht nicht über die Straße wechselt."

„Dann kann er nur auf der linken Seite sitzen." Loreck deutete auf ein Grundstück am Westrand des Dorfes. „Hier wohnt Wustrack. Habt Ihr den schon überprüft?"

Brase nickte.

„Wustrack ist ein windiger Bursche", fuhr der ABV fort. „Nicht besonders intelligent, vielmehr ein Querulant. So eine Art Zugvogel, würde ich sagen. Er hat den Maurerberuf erlernt. Bevor die Grenze dichtgemacht wurde, verschwand er im Sommer jedesmal nach Westdeutschland. Er hat, wie ich hörte, im Ruhrgebiet auf dem Bau gearbeitet. Brachte klotziges Geld mit. Im Winterhalbjahr, wenn er arbeitslos wurde, kam er nach Döbbrick zurück und baute sein Haus um."

„Sie hatten Probleme mit ihm?"

„Naja, Wustrack war 1958 in einer Entladekolonne beim Betonwerk Merzdorf beschäftigt. Er brachte es fertig, einen Kiestransporter nach Döbbrick umzuleiten. Ich kam gerade dazu, wie die Ladung abgekippt werden sollte. Versuchter Diebstahl nach Paragraph neunundzwanzig StEG*. Das Gericht verhängte einen öffentlichen Tadel." Loreck griff nach der Zigarette, die Wittich ihm hinhielt. „Was mir am meisten auffiel," nahm er seinen Bericht wieder auf, „war Wustracks Verhalten während der Vernehmung. Einerseits ein uneinsichtiger Schreihals, in der nächsten Minute wieder lammfromm, als könne er kein Wässerchen trüben. Manchmal hatte ich den Eindruck, der läuft nicht ganz rund. Merkwürdig, nicht wahr?"

Günter Wustrack wurde von der Brandkommission nochmals eingehend überprüft, seine Alibis für die jeweiligen Tatzeiten erneut abgeklopft. Einmal hatte der Mann zur Brandwache gehört, an zwei anderen Abenden saß er, der sonst kaum Alkohol trank, in der Gaststätte. Sein Heimweg konnte von Zeugen, aber auch von der Ehefrau bestätigt werden.

Die Wochen gingen ins Land. Die heiße Spur, auf die jeder hoffte, fand sich nicht. In Döbbrick blieb es ruhig. Es schien, als habe der Brandstifter es aufgegeben, weiterhin Unheil anzurichten. Die Bauern konnten aufatmen Die Untersuchungen der Brandkommission versandeten. Die für zweckdienliche Hinweise ausgelobte Belohnung wurde auf 3000 Mark aufgestockt. Ein Echo blieb aus. Die Bearbeitungsfrist, die der Staatsanwalt für jedes Ermittlungsverfahren der Kriminalpolizei setzte, lief ab. Dem Chef der

---

* Strafrechtergänzungsgesetz der DDR, das 1956 eingeführt wurde. § 29 schützte die besondere Form des Volkseigentums.

BUK blieb keine Wahl, er mußte die vorläufige Einstellung des unaufgeklärten Verfahrens ins Auge fassen. Brase empfand es als eine persönliche Niederlage.

Der Oberleutnant traute dem Frieden jedoch nicht. Seine Berufserfahrung sagte ihm, daß Serientäter nur höchst selten aus eigenem Antrieb dem Teufelskreis entrinnen, der sie zum Zündeln treibt. Als Chef der BUK zeichnete er für sämtliche Verfahren verantwortlich, die unter der Federführung der Brandkommission im Bezirk Cottbus bearbeitet wurden. So gab es Arbeit über Arbeit, und Döbbrick geriet nach der Einstellung des Ermittlungsverfahrens in Vergessenheit.

Am Sonnabend, dem 18. November 1961, geriet im Weichbild der Ortschaft Drebkau, etwa fünfzehn Kilometer südwestlich von der Bezirksstadt gelegen, eine Laube in Brand. Das Schrebergartenareal lag an der Fernverkehrsstraße 169, über die der Verkehr zwischen Cottbus und Senftenberg, der heimlichen Hauptstadt des Lausitzer Braunkohlenreviers, rollte.

Ein paar junge Leute, die von einer Tanzveranstaltung kamen, hatten den Brand entdeckt und die Freiwillige Feuerwehr alarmiert. Ein dutzend Männer kümmerte sich nun um die Löscharbeiten. Die Laube blieb bis auf einige angekohlte Bretter unversehrt.

Der Abschnittsbevollmächtigte aus Drebkau und die Mitglieder der Freiwilligen Feuerwehr rätselten noch über die Brandursache, als in der vier Kilometer entfernten Gemeinde Leuthen die Sirene ertönte.

Der ABV registrierte gewohnheitsmäßig die Uhrzeit. Ein Uhr dreißig. „Scheiß Sonntag!" fluchte er ingrimmig, während er den Kickstarter des Motorrades durchtrat. „Na und Ihr?" rief er den Feuerwehrmännern zu. „Worauf wartet Ihr noch?"

Sie jagten in Richtung Cottbus. In der Ferne bildete sich ein heller Lichtschein heraus. Der Himmel nahm über den Baumwipfeln eine tiefrote Farbe an. Als sie die Kreuzung Leuthen-Schorbus erreichten, wo die F 169 in eine leichte Steigung übergeht, entdeckten sie das Ausmaß des nächtlichen Feuers. Die größte Feldscheune der LPG „Morgenröte" Leuthen brannte lichterloh.

Die Leuthener versuchten zu retten, was möglich war. Gemeinsam zerrten sie die abgestellten Landmaschinen aus Rauch und Flammen, und sie schleppten, solange das Feuer es zuließ, die schweren Getreidesäcke aus der Scheune. Erst als das Dachgestühl herabzustürzen drohte, hielten die erschöpften Helfer inne. 540

Zentner Weizen, über 1600 Zentner Stroh und mehrere Maschinen verzehrten die Flammen. Die Versicherung bezifferte den Schaden auf 78 000 Mark.

Mit den Feuerlöschzügen aus Cottbus war der Brandursachenermittler Reinhard Marx nach Leuthen gekommen. Der achtundzwanzigjährige Feuerwehrmann galt als Spezialist in seinem Fach. Für die Untersuchung der Brandstätte benötigte er nicht mehr als eine halbe Stunde, dann stand sein Urteil fest: „Zündquelle offenes Feuer. Hier hat jemand gekokelt!"

Die Bereitschaftsgruppe der Branduntersuchungskommission rückte nach Leuthen und Drebkau aus. Für die Kriminalisten lag nahe, daß zwischen beiden Bränden ein Zusammenhang bestehen mußte. Vermutlich von ein und demselben Täter gelegt, kombinierten sie. Ging man vom Zeitunterschied aus, mußte der Brandstifter sich wohl aus Drebkau kommend in Richtung Schorbus/Leuthen fortbewegt haben.

In der Gaststätte „Bergschenke" stießen sie auf eine Spur, deren wahre Bedeutung niemand erriet. Die Wirtsleute sagten aus, daß nach zweiundzwanzig Uhr ein Mann bei ihnen aufgetaucht sei, der mit dem Fahrrad weiter nach Cottbus wollte. Woher er kam und was mit ihm los war, wußte keiner. Ein Gespräch, wie mit den Gästen sonst üblich, war gar nicht erst richtig zustande gekommen.

Ob sie den Mann beschreiben könnten?

Etwa dreißig, klein, aber ziemlich breit in der Gestalt. Haar dunkel. Und abgearbeitete, rissige Hände. Vielleicht beim Bau beschäftigt.

Mit dieser Personenbeschreibung gingen die Polizisten am nächsten Tag in Drebkau, Leuthen, Loeschen, Schorbus, in Klein-Oßnig und Gaglow auf Jagd. Ihre Ausdauer und ihr Fleiß wurden nicht belohnt.

In der Morgenfrühe des 19. November brach die Döbbricker Brandwache zur letzten Runde durchs Dorf auf. Die beiden Männer waren mit Taschenlampen und handlichen Knütteln ausgerüstet. Feuchte Kälte kroch vom Flußbett der Spree über die Wiesen heran.

Auf dem sandigen Fahrweg, der von Saspow nach Dissen durch die Felder führte und der die Gemeinde Döbbrick ganz knapp am Westrand tangierte, schwankte ein Licht heran. Ein einsamer Radfahrer, der seiner Behausung zustrebte. Die Wächter beobachteten, wie der Radler an der Gabelung den Abzweig nach Döbbrick wählte. Seltsam, daß seine Lampe in diesem Augenblick erlosch. Wie ein Schatten huschte der Radfahrer an den Posten vorbei.

„He, du Trottel, mach wenigstens das Licht an!" schimpfte einer der Wächter. „Hast du ihn erkannt?" fragte er seinen Kollegen.

„Beschwören könnte ich's nicht. Sah aber aus wie der Wustrack."

Kurt Brase sollte recht behalten. Der Döbbricker Brandstifter erlag dem Drang zum Zündeln ein weiteres Mal. Im Dezember entdeckten die Bewohner des Gehöftes Nummer 5 einen Entstehungsbrand auf der Scheunentenne. Das feuchte Stroh, das nur mäßig glimmte,

Scheune im Gehöft Nr. 5.
Der Entstehungsbrand wurde entdeckt.

konnte mit einem Eimer Wasser gelöscht werden. Ein Schaden entstand nicht, weshalb der Vorfall nicht zur Anzeige gelangte. Das Vertrauen in die Polizei war angeschlagen.

Das Weihnachtsfest 1961 verlief ruhig. Über Silvester und Neujahr übte sich die Polizei in Prävention. Das verstärkte Polizeiaufgebot hinterließ Eindruck. Der Brandstifter meldete sich nicht.

Erst am 24. Januar 1962, einem Mittwoch, kam Bewegung in die Fahndung. Im Betonwerk Merzdorf, das Platten für den Cottbuser Wohnungsbau herstellte, war die Spätschicht angelaufen. In der dritten Nachmittagsstunde stockte die Produktion, die Rüttelmaschine an der Taktstraße fiel aus. Während ein Teil der Arbeiter durchs Betriebsgelände streunte, nutzte ein Kollege die Zwangspause, um sich in der Merzdorfer „Alpenschenke" mit Getränken zu versorgen. Als der Wirt ihn wegen eines Streites mit anderen Gästen unsanft vor die Tür beförderte, hatte der Mann bereits mehrere Gläser Bier getrunken. Seine Wut verrauchte nur langsam. Am Ende der Bahnhofstraße, dort, wo sich der Wald als schützender Wall zwischen Dorf und Betonwerk schob, stand ein einzelnes Wohnhaus, flankiert von einer rohrgedeckten Scheune. Der Torflügel, der nur angelehnt war, stach dem alkoholisierten Mann ins Auge. Die Bilder von Heu und Stroh drängten sich in seine Gedankenwelt, vermischten sich mit bizarren Phantasien. Der Mann tastete nach dem Feuerzeug.

Die Dramaturgie des Zufalls wollte es, daß wenige Augenblicke danach ein Mieter des Hauses den Hof betrat. Er roch den Rauch, der in dünnen Schwaden durch die Ritzen zwischen den Brettern der Scheunenwand sickerte.

„Feuer!" brüllte der Mann. „Zu Hilfe, es brennt!"

Seine Frau lief herbei. Nach dem Löschen stand das beherzte Ehepaar beieinander. Sie begutachteten den Brandschaden. „Das muß gerade passiert sein", berichtete der Mann. „Hast du die hintere Tür aufgemacht?"

Die Frau, noch immer schreckensbleich, schüttelte den Kopf.

„Dann war es Brandstiftung", kombinierte er. „Der Kerl ist hinten raus, sonst wäre er mir in die Arme gelaufen."

Weder die „Lausitzer Rundschau" noch ein anderes Regionalblatt haben über die Brände in Leuthen, Drebkau und Döbbrick berichtet. Schreckensmeldungen von diesen Ausmaßen gehörten nach Ansicht der für die Medien zuständigen SED-Bezirksfunktionäre nicht in die Presse. Optimistische Berichte aus der Arbeitswelt, Erfolgsmeldungen aus der Landwirtschaft oder über das kulturelle Leben der Werktätigen zeichneten in den Augen der Partei den „guten Stil einer volksverbundenen Zeitung" aus.

Wo die sachliche Information fehlt, schießen Gerüchte ins Kraut. Auf die Döbbricker Brandserie traf das ebenso zu wie auf manches andere Verbrechen. Fast jeder Erwachsene in Merzdorf hatte irgendwann von dem „Döbbricker Feuerteufel" gehört, doch keiner wußte so richtig Bescheid. Von der Brandstiftung auf dem eigenen Grundstück aufgeschreckt, faßte der Mann den Entschluß, der die Fahndung der Kripo letzten Endes zum Erfolg führte.

„Die Sache kommt mir nicht geheuer vor. Ich rufe die Polizei an!"

Die Sachbearbeiter in der Branduntersuchungskommission waren schon auf den Feierabend eingestimmt, als im Operativstab der Bezirksbehörde drei Brandmeldungen aufliefen. Der erste Anruf kam aus Herzberg, der zweite betraf einen Brand in Lübben, und der dritte erfolgte aus Merzdorf. Der Lageoffizier gab die Meldungen an die Kriminalpolizei weiter. Da Brase nicht in der Dienststelle weilte, fiel Wittich die Aufgabe zu, die Arbeit unter den Mitarbeitern des BUK-Bereitschaftsdienstes aufzuteilen. Den Auftrag Merzdorf übertrug er Hans Jakobitz, dem Benjamin in der Kommission. Der junge Mann war in Merzdorf zu Hause – ein Umstand, der ihn für den Einsatz dort prädestinierte.

„Ruf' sofort zurück, wenn der Einsatz eines Fährtenhundes möglich ist", schärfte Wittich ihm rasch noch ein.

In einer Gemeinde wie Merzdorf kennt man sich. Das erleichterte Jakobitz das Gespräch mit den Zeugen. Bereitwillig schilderten sie ihm, wie sie vor einer halben Stunde den Fluchtweg des Brandstifters entdeckt hatten. Sie zeigten ihm die Schuhspuren, die sich im Erdreich hinter der Scheune deutlich abzeichneten. Der Täter war durch das Wäldchen entkommen.

Ideales Gelände für eine vierbeinige Schnüffelnase, überlegte Jakobitz. Selbst das Wetter paßte ins Konzept. Kalt und ein wenig feucht. Er erkundigte sich bei dem Ehepaar nach dem nächsten Telefon.

Diensthundestaffeln mit speziell abgerichteten Fährtenhunden gehören zum Bestand jeder modernen Polizeiorganisation. Fanny, eine an der Diensthundeführerschule in Pretzsch ausgebildete Schäferhündin, war das leistungsfähigste Tier im Bezirk Cottbus. Viele erfolgreiche Einsätze hatten sie und ihr Führer, Hauptwachtmeister Helmut Fischer, zu Buche stehen.

Eine Fährte ist ein odorologisches Gemisch aus dem speziellen Geruch des Schuhwerkes und dem individuellen Geruch des Menschen. Ihre besondere Veranlagung befähigte Fanny, Fährten, die sich bei günstigen Bedingungen bis zu achtundvierzig Stunden hielten, über mehrere Kilometer erfolgreich auszuarbeiten. Auf diese, Fannys Kunst setzten nun die Kriminalisten.

Aufmerksam verfolgte die Hündin, wie ihr Herrchen die Suchleine aufrollte. Willig ließ sie sich ins Suchgeschirr schnallen. Sie wußte, daß es Arbeit gab und freute sich sichtlich darauf.

Fischer führte Fanny zur Rückwand der Scheune. Die Hündin tändelte. Herrchens Kommando „Such, Fanny! Suuuch!" disziplinierte das Tier. Gehorsam senkte Fanny die Nase zum Boden. Nach wenigen Augenblicken straffte sich die Leine. Zielstrebig, einer unsichtbaren Linie folgend, zog die Hündin davon. Fanny hatte eine Fährte aufgenommen. Ob diese tatsächlich zum Brandstifter führte, würde sich bald herausstellen.

Hans Jakobitz und ein Schutzpolizist folgten dem Gespann in gebührendem Abstand. Sie drangen in den Waldstreifen ein. Kiefernbestand auf kargem Sandboden. Zweige und dornige Ranken hemmten den schnellen Schritt der Männer.

„Such, Fanny! Suuuch!"

Im Laufschritt folgte der Hauptwachtmeister seiner Vierbeinerin. Hoffentlich läßt sie sich nicht durch Wildspuren ablenken, bangte er. Aber Fanny folgte unbeirrt der Fährte, die ans Betonwerk heranführte. Dann standen sie vor dem Maschendrahtzaun des Betriebsgeländes.

Fischer verzögerte das Tempo. Er ließ die Kollegen herankommen. „Der Kerl muß sich im Gelände auskennen", rief er ihnen zu.

Fanny zerrte an der Leine. Sie wollte weiter. Als Jakobitz das Handzeichen gab, ließ Fischer die Suchleine wieder gleiten. Fanny schoß durch ein Loch im Zaun, überquerte die Betriebsgleisanlagen und schnürte, die Nase dicht auf den Boden gesenkt, über die schlammbedeckte Ladestraße.

Beim Anblick Fannys verstummten die Gespräche der Arbeiter vor den Gebäuden. Wohl hundert Augenpaare beobachteten den Auftritt des Polizeiquartetts.

Fanny bog zu einer langgestreckten Halle ab, steuerte auf ein Tor zu und wartete geduldig, bis Fischer öffnete. Das Tier zog blitzschnell weiter, nach links in einen Raum, in dem sich Stühle, Tische und mehrere Reihen Umkleideschränke befanden.

Fannys gesträubtes Nackenhaar und die aufgerichtete Rute zeigten ihre Erregung.

Die Hündin stieg vor einer Spindtür hoch. Sie kratzte mit den Pfoten. Alles klar, die Jagd war zu Ende.

Hans Jakobitz musterte die Schrankreihen. Kleine Namensschilder an den Blechtüren gaben Auskunft, wer die Schränke benutzte. Ausgerechnet an dem Spind, den Fanny ausgewählt hatte, fehlte die Visitenkarte.

Ein Betriebsingenieur kam in den Raum. Auch er war, wie die Arbeiter, Zeuge des Polizeiaufmarsches geworden. „Kann ich helfen?"

„Ja. Wem gehört dieser Spind?"

Nach wenigen Minuten war der Mann gefunden. Er hieß Günter

Wustrack, war achtundzwanzig Jahre alt, von Beruf Maurer und wohnte in Döbbrick.

„Was will der Hund von mir?" rief Wustrack erbost. „Ich habe doch nichts getan!"

Fanny nimmt die Fährte auf.

Teilnahmslos und ohne sichtbare Erregung saß Wustrack eine knappe Stunde später im kahlen Vernehmungszimmer der Brandkommission. Irgendwie wirkte er ein wenig schläfrig, bäuerisch-schwerfällig.

Wittich fragte: „Sie sehen nicht gut aus. Haben Sie Alkohol getrunken?"

„Nur 'n paar Bier."

„Fühlen Sie sich in der Lage, meine Fragen zu beantworten?"

„Nur zu, damit ich ins Bett komm'."

„Trinken Sie immer während der Arbeitszeit?"

Wustrack lachte. „Neenee, war 'ne Ausnahme. Trinke sonst kein Bier."

Wittich deutete auf die Batterie dunkelgrüner Flaschen, die neben Wustracks Tasche auf dem Tisch standen. „Die haben wir in Ihrem Spind gefunden. Woher stammen die?"

„Von zu Hause mitgebracht."

„Aus Döbbrick?"

„Klar doch."

Wittich setzte seinen melancholischen Blick auf, den er so gut beherrschte. „Sehen Sie das Etikett auf den Flaschen, Herr Wustrack? Brauerei Felsenkeller Dresden. In Döbbrick gibt's aber nur Cottbuser Merkur-Bier."

Keine Antwort.

„Nun sagen Sie schon, daß Sie sich das Bier während der Schicht in der ‚Alpenschenke‘ organisiert haben!"

Wustrack senkte den Blick.

„Der Wirt hat uns bestätigt, daß Sie in der Kneipe Zoff hatten."

„Ich ..."

Wittich ließ ihn nicht ausreden. „Und auf dem Rückweg sind Sie durch den Wald gelaufen!" stieß er nach.

„Ja. ich bin durch das Loch im Zaun. Sollte mich ja keiner sehen."

„An der Scheune sind Sie stehengeblieben. Woher ich das weiß? Der Hund hat Sie verraten."

„Naja, eigentlich wollte ich das ja alles nicht."

Wiitich hielt den Atem an. Auf diesen Moment hatte er hingearbeitet, alles andere war jetzt eine Frage der Zeit. Es kam vor, daß man sich in einer Vernehmung stundenlang im Kreis drehte. Heute schien er Glück zu haben. „Ich kann mir ausmalen, wie Ihnen zumute war. Sie waren wütend, voller Zorn ..."

„Am liebsten hätte ich alles kurz und klein geschlagen."

„Und warum ...?"

„Streit mit der Frau. Dann gab's Ärger im Betrieb. Die behaupteten, ich hätte die Havarie verschuldet. Und in der Kneipe wurde ich blöde angequatscht."

„Da sind Sie eben ausgerastet. Kann ich mir vorstellen."

„Das kam so über mich. Es hat mich gepackt."

„Sie sind in die Scheune gegangen?"

„Ja."

„Das Tor war verschlossen?"

„Nur angelehnt."

„Was geschah in der Scheune?"

„Da war Stroh, lauter Stroh. Ich hab's angebrannt."

„Womit?"

Wustrack wies auf das mechanische Feuerzeug, das bei den Asservaten lag. Hans Jakobitz hatte es ihm bei der Festnahme abgenommen. „Mit dem da!"

„Weiter. Was war noch?"

„Auf dem Hof kam jemand. Ich konnte nicht mehr raus, wollte mich verstecken, bis ich die Hintertür entdeckte."

„Wie fühlten Sie sich danach?"

„Ziemlich gut, glaube ich. Wie erleichtert. Meine Wut war weg."

Während der letzten Stunde, die Wittich immerhin benötigte, um Wustrack zu einem Geständnis zu bewegen, war der Chef der BUK über die jüngste Entwicklung im Merzdorfer Brandfall unterrichtet worden.

„Aus Döbbrick?" fragte Brase überrascht durchs Telefon. „Ich komme sofort!"

Eine halbe Stunde später erschien er in der Dienststelle. Er räumte die Akten aus dem Schrank und blätterte rasch. Günter Wustrack – da stand es! Der ABV Loreck hatte ihre Aufmerksamkeit auf den Mann gelenkt. Am 15. Oktober hatte Wustracks Name auf der Liste der Brandwachen gestanden. Am 7. Oktober feierte er mit den anderen im Dorfkrug. Sein Alibi für die Nacht zum 31. Oktober war nicht restlos geklärt. Und in der Augustnacht, in der es beim Gastwirt brannte, hatte er laut Zeugenaussagen getrunken.

Getrunken – vielleicht auch aus Ärger oder aus einem Wutstau heraus? Gründe wie diese können einen Psychopathen durchaus zum Brandstifter machen. Brase hatte sich selbst anhand medizinischer Fachliteratur geschult.

Wittich unterbrach das Verhör. Bevor er den Raum verließ, reichte er Wustrack Papier und Kugelschreiber. „Schreiben Sie alles auf!" forderte er. „Wie Sie in die Scheune gelangt sind, wo das Stroh lag, womit und wie Sie es in Brand gesetzt haben …"

„Und?" fragte Brase im Nachbarzimmer gespannt. „Kommst du klar mit ihm?"

„Er ist geständig."

„Meinst du, wir haben den Feuerteufel?"

„Müßte schon mit dem Satan zugehen, wenn in Döbbrick noch einer sitzt und kokelt", brummte Wittich. „Verlaß dich auf meine Nase, Kurt. Es ist Wustrack!"

Das Verhör ging in die zweite Runde. Wittich und Brase betraten gemeinsam den Raum.

Wustrack hob den Blick von seiner Schreibarbeit. Den Mann mit dem eisgrauen Haar hatte er häufig in Döbbrick gesehen. Er wußte, das war der Chef der Brandermittler. Die Angst vor dem, was kommen mußte, stieg ins Unermeßliche. Wustrack nahm sich vor, auf jeden seiner Sätze genau zu achten.

Wittich nahm das Blatt und las. Wustracks Erklärung, die von orthografischen Fehlern nur so strotzte, trug die Überschrift „Gestetnis". Seltsam anmutende Wortverbindungen fielen auf. Viele Substantive waren klein geschrieben, nicht selten fehlten mitten im Wort Buchstaben oder ganze Silben, als wären sie dem Schreibenden verlorengegangen.

Kurt Brase setzte sich an den Tisch. „Bevor wir weitermachen," sagte er, „möchte ich Sie der Form halber darauf aufmerksam machen, daß ein rechtzeitiges Geständnis Ihr Strafmaß mildern kann. Das ist so üblich bei uns, verstehen Sie. Machen Sie davon Gebrauch, solange Zeit dafür ist."

Wustrack achtete auf den Klang der Stimme. Es lag keine Herausforderung darin. Der durchaus charismatischen Autorität des Oberleutnants würde er nicht viel entgegenzusetzen haben. Wittich fühlte es deutlich.

„Zigarette?"

„Wie bitte ...? Äh, ja."

Brase, der überzeugte Nichtraucher, reichte ihm eine der für solche Zwecke zurechtgelegten Vernehmerzigaretten. Wittichs Feuerzeug schnappte.

Günter Wustrack paffte nervös und hastig. Mit zusammengekniffenen Augen sah er hinter dem Vorhang aus aufsteigendem Zigarettenqualm auf die Vernehmer. Er spürte, daß seine Kräfte schwanden. Sein eiserner Vorsatz, über alles zu schweigen, löste sich in Nichts auf. „Sie wollen ..." Er räusperte sich. „Sie wollen, daß ich reinen Tisch mache?"

„Ich denke, es wäre an der Zeit", nickte Brase.

Wustrack zauderte, er kämpfte mit sich.

„Sie wollen doch auch, daß die Brände endlich aufhören", setzte Brase nach. Er sagte es im Tonfall eines Seelsorgers, dem keine menschlichen Verfehlungen fremd sind.

„Ja."

„Dann müssen Sie uns jetzt alles sagen."

Wustrack schöpfte noch einmal Atem. In seinem Kopf öffneten sich die Schleusen. „Nach allem ist es wohl das beste", stimmte er ernsthaft zu und begann zu erzählen.

Das Protokoll, das sie weit nach Mitternacht tippten, enthielt Wustracks Aussagen zum Feuer in Merzdorf. Die Seite 2, die seine

Einlassungen zum Döbbricker Brandgeschehen wiedergab, begann mit den Worten: „Nachdem mir nochmals eindringliche Vorhaltungen gemacht wurden und ich darauf hingewiesen wurde, die Wahrheit zu sagen, gebe ich zu, daß ich weitere Brände in Döbbrick gelegt habe."

Im folgenden gestand Wustrack drei Brandstiftungen. Auf dem Drabow-Hof, im Gehöft Laschke und beim Bauern Kaiser. Als er nach dem Feuer in der Gaststätte gefragt wurde, setzte er sich wider Erwarten zur Wehr. „Das war ich nicht!" behauptete er trotzig. „Sie haben doch den Polizisten festgenommen. Da kann ich's doch gar nicht gewesen sein."

Brase redete mit Engelszungen auf ihn ein. Wustrack blieb hart. Er rückte auch in allen späteren Vernehmungen von seiner Aussage zum Brand im Gasthof um keinen Zentimeter ab.

Die Meldung über den Aufklärungserfolg machte schnell die Runde. Brase war in den Augen der grünuniformierten Funktionäre mit einem Schlag rehabilitiert. Der Erfolg hat bekanntlich viele Väter, der Mißerfolg immer nur einen. Eine Pressemeldung, die der Polizei durchaus gut zu Gesicht gestanden hätte, wurde aus den bekannten Gründen zurückgehalten.

Nach Tagen kam aus dem MfS-Apparat neben der üblichen Gratulation für Brases Team eine Information, die in zweierlei Hinsicht aufhorchen ließ. Eine „operative Quelle" in Döbbrick hatte ihren Führungsoffizier über Wustracks seltsame Heimkehr in der Nacht zum 19. November informiert. Als die Ermittler des MfS daraufhin Wustracks Familienverhältnisse unter die Lupe nahmen, stolperten sie über eine verwandtschaftliche Beziehung, die Günter Wustrack mit dem Ort Drebkau verband. In Drebkau hatte am 18. November eine Familienfeier stattgefunden. Ob der Verdächtige auch unter den Gästen war, konnte bislang nicht eruiert werden.

Ein Mitarbeiter der Brandkommission und ein Offizier aus der Untersuchungsabteilung der Bezirksverwaltung des MfS fuhren nach Leuthen. Sie legten dem „Bergschenken"-Wirt einen Stapel Lichtbilder vor, in den sie ein Foto Günter Wustracks gemischt hatten. Ohne zu zögern deutete der Wirt auf das Konterfei des Brandstifters. „Dieser Mann war in meiner Gaststätte. Ja, ich bin absolut sicher. Wann? Kurz vor dem Brand der LPG-Scheune."

Über einen Mittelsmann fanden die Rechercheure in Drebkau heraus, daß das Ehepaar Wustrack tatsächlich an der Familienfeier teilgenommen hatte. Nach einem Streit mit seiner Frau war Wustrack jedoch vorzeitig von dem Fest verschwunden.

Ein letztes Mal – sie wußten es noch nicht – trafen Brase und Wittich den Brandstifter in einer Vernehmungszelle der Untersuchungshaftanstalt. Wustrack hatte sich an die beiden Kriminalisten gewöhnt, so daß eine Art des vertraulichen Umgangs zwischen ihnen entstanden war. Eine Beziehung, auf die fast jeder U-Häftling baut, verschafft sie ihm doch nicht nur Ablenkung im öden Alltag der Anstalt, sondern auch einen gehörigen Nachschub an geschnorrten Zigaretten.

„Was gibt's denn jetzt schon wieder?" fragte Wustrack, als er die ernsten Gesichter seiner Vernehmer erblickte.

„Sie haben mich schwer enttäuscht", sagte Brase.

„Enttäuscht? Wieso?"

„Wie oft haben Sie uns eigentlich in den letzten Vernehmungen versichert, die reine Wahrheit gesagt zu haben?"

„Ich habe nicht gelogen, Herr Oberleutnant."

„Bloß um Drebkau und Leuthen haben Sie einen Haken geschlagen. Sie wissen schon – der neunzehnte November!"

Wustracks Blick floh zur Seite. Seine Augen erhaschten einen imaginären Fleck an der Zellenwand. „Ich weiß nicht, was Sie meinen", murrte er undeutlich.

„Hören Sie auf, Spielchen zu spielen!" Wittichs Stimme dröhnte aggressiv.

Wustrack fuhr zusammen.

Brase stand auf, er trat neben den Häftling und legte ihm die Hand auf die Schulter. „Leugnen hat doch keinen Zweck. Der Wirt in der ‚Bergschenke' in Leuthen hat sie identifiziert. Wir wissen, daß Sie getrunken hatten. Auch über den Streit mit Ihrer Frau wissen wir Bescheid. Sie sind mit dem Rad nach Hause gefahren, Herr Wustrack. Sie waren wütend. Der Rest läßt sich doch denken ..."

Wustrack zerrte an seinen Fingergelenken. Das unangenehme knackende Geräusch, das dabei entstand, malträtierte Wittichs Nerven. Der Oberleutnant war nahe daran, in die Luft zu gehen. Brases warnende Geste hielt ihn zurück.

„Vertrauen gegen Vertrauen", warb der Chef der BUK. „So hatten wir es doch vereinbart."

Ein paar Augenblicke Schweigen, dann, wie eine Sturzflut: „Also gut, ich war's. Ich gebe alles zu."

Die Zahl der aufgeklärten Brandstiftungen erhöhte sich auf sechs. Als Brase und Wittig, die Stimmungslage nutzend, erneut auf die Brandnacht vom August 1961 anspielten, bekam Wustrack einen Tobsuchtsanfall. Sein Gesichtsausdruck verzerrte sich plötzlich. Dicke Schweißtropfen bedeckten die fliehende Stirn. „Ich habe die Scheune nicht angebrannt!" keuchte er. Seine Augen, klein und tückisch, erinnerten an einen wütenden Gorilla. Genau wie Loreck es den Kriminalisten beschrieben hatte.

Kurt Brase reagierte gemessen. Er trat einen Schritt zurück. „In Ordnung, Wustrack. Jetzt glaube ich Ihnen." Der gleichbleibend sachliche Ton, den Brase bevorzugte, entspannte die Situation.

Was das Tatmotiv des Brandstifters anbelangte, hatte Brase seine eigene Theorie. Vieles deutete darauf hin, daß Wustrack ein Psychopath war.

Ein Verrückter? Ein Pyromane?

Nein, nein. Brase wehrte ab. So einfach sei es nun auch wieder nicht. Pyromanie ist ein wissenschaftlich nicht ganz exakter Begriff für den Drang zur Brandstiftung. Ein solcher Drang könne im Bereich der Sexopathie angesiedelt, das Feuerlegen also sexuelle Ersatzhandlung sein. In Frage kämen aber auch Schwachsinnige, Epileptiker und Hirngeschädigte, wofür es bei Wustrack zumindest keine äußerlichen Anzeichen gäbe. Eine andere Erklärung böte das Gebiet der Psychopathie.

Psychopathen sind Menschen mit einer außergewöhnlichen, zum Teil sehr widersprüchlichen Persönlichkeitsstruktur. Diese ist angeboren, aber selten mit einem Kranksheitsbild gleichzusetzen. Psychopathen fallen durch unmotivierte Wutausbrüche, unbewältigten Frust und durch eskalierende Aggressivität auf, bei der ungewohnter Alkoholgenuß häufig der auslösende Faktor ist. Sie haben mit Problemen zu kämpfen, die sie nicht aussprechen, sondern im Innern verschließen. Folglich bleiben sie ungelöst und schlagen mitunter in scheinbar unlogische Handlungen um. Im Extremfall können dies unmotivierte Straftaten sein. Es bildet sich ein unheilvoller Zwang heraus, dem Psychopathen nicht ohne ärztliche Hilfe entrinnen können.

Brases Kenntnisse auf dem Gebiet der Psychopathologie reichten freilich nicht aus, das als richtig Erkannte wissenschaftlich zu untermauern. Und erst recht waren sie nicht geeignet, jene Leute zu überzeugen, die hinter der Brandserie in Döbbrick politische Motive vermuteten.

Am heftigsten widersprachen ihm die Mitarbeiter des MfS. Ihren Argumenten „Die Handlungen haben sich in einer Zeit des verschärften Klassenkampfes zugetragen!" oder „Brandstiftungen sind gegenwärtig die Hauptmethode des Klassengegners!" hatte Brase nichts Gleichwertiges entgegenzusetzen.

Natürlich stand das MfS mit dieser Argumentation nicht allein. Wer sich der Mühe unterzieht, einschlägige Fachpublikationen zur Brandkriminalität der frühen sechziger Jahre in der DDR auszuwerten, stößt immer wieder auf den ideologischen Grundtenor, der da lautete, Brände sind in erster Linie unter dem Aspekt politischer Straftaten zu untersuchen. Die vornehmste Pflicht jedes Polizisten, der zu einem Brandort gerufen wurde, war es folglich, nach Saboteuren und Agenten Ausschau zu halten. Viele Schlußberichte jener Jahre gipfelten in der Aussage: „Mit der Brandstiftung wollte sich der Beschuldigte am Arbeiter- und Bauernstaat rächen. Die Motive lagen in seinem Haß gegen unsere Republik." Oder: „Das Verbrechen des A. ist objektiv und subjektiv auf die Veränderung der politischen, ideologischen und ökonomischen Machtverhältnisse zugunsten der Feinde unseres Arbeiter- und Bauernstaates gerichtet."

Kurt Brase kam mit den anderen auf keinen gemeinsamen Nenner. Ernstzunehmende Studien zur Brandkriminalität, die Jahre später vorgelegt wurden, gaben ihm allerdings recht. Nur dreizehn Prozent aller Brandstiftungen waren tatsächlich mehr oder minder politisch motiviert.

Als Brase am nächsten Tag die Weisung der Staatsanwaltschaft auf seinem Tisch vorfand, die Ermittlungsakten unverzüglich an die Untersuchungsabteilung der MfS-Bezirksverwaltung zu übergeben, wußte er, wer im Hintergrund die Fäden zog.

Die Offiziere der Untersuchungsabteilung IX des Ministeriums für Staatssicherheit entsprachen höchst selten dem Klischee des stupiden Folterers, das heutzutage in den Medien so oft bemüht wird. Die meisten Offiziere verfügten über einen soliden Hochschulabschluß. Man hatte ihnen eingeredet, zur Elite der Sicherheitsorgane in der DDR zu gehören, und viele fühlten sich auch als „Soldaten der Partei" bestätigt.

Zunächst erweiterten sie die Ermittlungsakte Wustrack um eine schriftliche Verfügung. Der Beschuldigte war nunmehr dringend verdächtig, „staatsgefährdende Gewaltakte gemäß § 17 StEG in Tateinheit und Tatmehrheit mit Schweren Brandstiftungen gemäß § 308 StGB" begangen zu haben.

Der Gesetzestext des § 17 im Strafrechtsergänzungsgesetz lautete:

„Wer es unternimmt, durch Gewalt oder durch Drohung mit Gewaltakten die Bevölkerung in Furcht und Schrecken zu versetzen, um Unsicherheit zu verbreiten und das Vertrauen zur Arbeiter-und-Bauern-Macht zu erschüttern, wird mit Zuchthaus, in minderschweren Fällen mit Gefängnis nicht unter sechs Monaten bestraft."

Für die MfS-Ermittler kam es darauf an, dem Beschuldigten nachzuweisen, daß er die Brände gelegt hatte, um das Vertrauen der Bevölkerung zur DDR-Staatsmacht zu untergraben. Nach bewährtem Rezept nahm man den Lebenslauf des Günter Wustrack ein weiteres Mal unter die Lupe. Was dabei herauskam, hat der Gelegenheitsautor Norbert Heideklang 1958 in seinem Tatsachenbericht „Der Feuerteufel" beschrieben:

„W. war aus der 7. Klasse entlassen worden und hatte den Beruf eines Maurers erlernt. Nachdem er in verschiedenen Betrieben gearbeitet hatte, mußte er eine Gefängnisstrafe wegen Diebstahls verbüßen. Im Mai 1959 verließ er illegal die DDR, weil ein erneutes Ermittlungsverfahren wegen Diebstahl drohte. In Westdeutschland hielt er sich in verschiedenen Orten auf, konnte anscheinend aber nirgendwo richtigen Fuß fassen. So kehrte er im März 1961 in die DDR zurück, wo er Arbeit im Betonwerk Merzdorf erhielt.
Die bösen Erfahrungen, die er in der kapitalistischen Gesellschaft, in der eine Wolfsmoral dominiert, sammeln konnte, vermochten aber nichts an seiner negativen Grundeinstellung zur Arbeiter- und Bauern-Macht in der DDR zu ändern.
Mehrmals fiel er durch Alkoholgenuß während der Arbeitszeit und äußerst mangelhafte Arbeitsleistungen auf, so daß er disziplinarisch zur Verantwortung gezogen werden mußte.
Von der gesellschaftlichen Arbeit hielt er sich peinlichst fern, hörte statt dessen Abend für Abend westliche Hetzsender ab. Tröpfchenweise drang das über den Äther gelangte antikommunistische Gift an sein Ohr und in sein Hirn.
Die im Jahre 1961 verstärkten Hetztiraden des Klassenfeindes im RIAS oder im sogenannten Sender Freies Berlin forderten die Bevölkerung der DDR offen zu Sabotageakten und Arbeitsniederlegungen auf. W. lieh dem Gegner willig sein Ohr und wurde motiviert, Terrorakte in Form von Brandlegungen zu begehen. Der ‚Feuerteufel' empfand Befriedigung, wenn es brannte und die Menschen in Aufruhr und Schrecken

Löscharbeiten einsetzten, schwärmten Funkstreifenwagen der Cottbuser Kreispolizei aus. Sie nahmen die Straßen und Wege rund um Saspow unter Kontrolle. Auch die Bezirksverwaltung des MfS beorderte Mitarbeiter an den Brandort. Einer der Männer kam aus Richtung Dissen gefahren. An der Kreuzung, wo der Weg nach Döbbrick abzweigt, begegnete er einem betrunkenen Radfahrer. Der Offizier erkannte Günter Wustrack. Das MfS hatte ihn seit seiner Haftentlassung nicht mehr aus den Augen verloren. Wustrack war viel zu überrascht, um sich aufs Leugnen zu versteifen. Noch bevor die letzten Glutnester in Saspow erkalteten, saß der Brandstifter schon hinter Gittern.

Döbbricker Scheunen am Nordwestrand des Dorfes

Am 29. Juni 1974 klagte ihn der Staatsanwalt vor dem Kreisgericht wegen Brandstiftung an, begangen im Zustand der verminderten Zurechnungsfähigkeit, womit Wustracks hoher Trunkenheitsgrad berücksichtigt wurde. Das Urteil lautete auf zwei Jahre und sechs Monate Freiheitsentzug. Der liberale Richter, dem bei der Durchsicht der Akten wohl einiges schwante, ordnete für die Zeit nach der Strafverbüßung die Unterbringung in einer psychiatrischen Klinik an. Ein Urteil, das dem Straftatbestand gerecht wurde, doch da war auch noch die zur Bewährung ausgesetzte Reststrafe aus dem Urteil des Bezirksgerichts von 1962. Die Staatsräson verlangte, den Buchstaben des Gesetzes Genüge zu tun. Günter

Wustrack mußte die restlichen fünf Jahre bis auf den letzten Tag absitzen.

Juli 1975. Drückende Hitze lag über dem Dorf. Hochgepackte Erntewagen rollten von den Feldern zu den Scheunen der LPG in Döbbrick. Tennen und Futterkammern füllten sich mit prallen Getreidesäcken. In den Bansen stapelte sich das Stroh bis unter die Dachsparren. In den Stallungen duftete es nach frischem Heu.

Fast jeden Abend sahen die Bauern kritisch zum Himmel. Wie lange würde das Erntewetter noch vorhalten? In diesem Zipfel der Spreeniederung waren die Alten seit Jahrhunderten die zuverlässigsten Wetterpropheten. Selbst in den Nächten blieb es unerträglich schwül. Temperaturmessungen am eingelagerten Erntegut wurden zur wichtigsten Aufgabe für den agronomischen Leiter der LPG „Spreetal".

Am 25. Juli, einem Freitag, klang das Zirpen der Grillen besonders laut aus den Wiesen am Dorfrand. Das abendliche Froschkonzert hob an. Bald legte sich die Dämmerung wie ein schmeichelnder Flor über die Landschaft. Gegen 21.35 Uhr, das Logo für die Spätausgabe der Aktuellen Kamera flimmerte soeben über die Fernsehschirme, gellten Alarmrufe durchs Dorf.

„Feuer! Feuer! Es brennt!"

Die Sirene jaulte auf.

Auf dem Gehöft Dorfstraße Nr. 10, das im Vorderhaus die Konsumverkaufsstelle beherbergte, stand die Bergescheune in Flammen. Das knochentrockene Holz der Scheunenwände, Heu und Stroh brannten wie Zunder. Die Freiwillige Feuerwehr, seit geraumer Zeit mit einer modernen Motorspritze ausgerüstet, nahm den Kampf gegen die Feuersbrunst auf. Zwei Strahlrohre peitschten Wasser ins flammende Inferno. Wasserdampf vermischte sich mit dem Brandgeruch. Das Feuer griff auf zwei Schuppen über.

„Die Ställe! Rettet das Vieh aus den Ställen!"

Kühe und Schafe wurden in Sicherheit gebracht. Nach einer halben Stunde bekam man den Brandherd endlich unter Kontrolle.

„Leutnant Lochau und Kriminalobermeister Nolte", stellten sich die zwei Kriminalisten vom Kreispolizeiamt vor, die gegen Mitternacht nach dem Vorsitzenden der LPG fragten.

„Weiß man schon, wie hoch der Schaden ist?"

„Heu und Stroh sind verbrannt. Alles in allem wohl fünfundzwanzigtausend Mark!"

„Seit wann lagerte das Erntegut in der Scheune?"

232

„Das Stroh wurde am fünfzehnten Juli eingefahren."

„Und die Temperaturmessungen?"

„Seit achtzehntem Juli täglich. Hat der Agronom selbst erledigt. Hier ist sein Kontrollbuch."

Kriminalobermeister Nolte nahm es an sich. „Die Scheune war ohne Elektroanschluß", meinte er. „Weiß jemand, wie das Feuer zu erklären ist?"

„Forschen Sie mal im Schuppen neben der Scheune nach. Die Konsumverkäuferin hat dort ihr Kohlenlager."

Angekohlte Überreste der Bergescheune auf dem Grundstück Nr. 10.

Die Kriminalisten nahmen die Hausbrandkohle in Augenschein. Der Brikettberg wies an der Oberfläche keine Brandspuren auf, während die Trägerbalken daneben angekohlt waren. Sicherheitshalber gruben die Polizisten in der Tiefe des Kohlenberges nach. Sie stießen auf unversehrtes Holz. Eine Selbstentzündung der Hausbrandkohle als Brandursache schied damit aus.

Die Brandkommission der Bezirksbehörde wurde noch immer von Kurt Brase geleitet. Der bedächtige Mann, dessen grauer Haarschopf schlohweiß zu werden begann, war zum Hauptmann befördert worden. Wittich hatte den Ruhestand erreicht, und Hans Jakobitz, der einstige Benjamin der BUK, war zum Leiter der

Morduntersuchungskommission aufgestiegen, die er achtzehn Jahre lang erfolgreich führen sollte. Seinen Platz in der BUK nahm ein Leutnant Kummer ein. Neu im Team der BUK war auch der Brandursachenermittler, Oberleutnant Rainer Marx. Er kam aus dem Spezialdienst der Feuerwehr und hatte seinerzeit den Leuthener Brand untersucht. Hauptmann Bramburger fungierte als Brases Stellvertreter.

Als Brase von dem Brand in Döbbrick hörte, fühlte er sich in die sechziger Jahre zurückversetzt. Der Name Günter Wustrack kam ihm sofort in den Sinn. So kam es, daß eine der ersten operativen Maßnahmen, die er veranlaßte, die Aufenthaltsfeststellung Wustracks zum Gegenstand hatte. Der „Feuerteufel von Döbbrick" saß noch im Strafvollzug. Die Leitung der Haftanstalt bestätigte in einem Fernschreiben, daß für Wustrack kein Hafturlaub in Frage kam.

Brases Männer zogen in Döbbrick die üblichen Auskünfte ein. An den einen oder den anderen Namen konnte er sich noch erinnern. Auch an Fritz Noack, der nach wie vor auf dem Stuhl des Bürgermeisters saß. Gemeinsam frischten die beiden ein paar Gedächtnislücken auf. Einige der Verdächtigen aus den sechziger Jahren waren inzwischen verstorben oder aus Döbbrick weggezogen. Zur Zeit gäbe es niemanden im Dorf, dem Noack eine Brandstiftung zutraute.

„Unterhaltet euch mit dem Jürgen Zech", empfahl Noack. „Ist doch einer von euch."

Jürgen Zech war ein junger Schlosser, der als Zivilangestellter in der Fahrzeugwerkstatt der Polizeibezirksbehörde arbeitete. Er wohnte auf dem elterlichen Grundstück in der Döbbricker Hauptstraße.

Das Tor des Gehöftes war weit geöffnet. In der Scheunendurchfahrt stand ein hochbeladener Erntewagen. Darauf breitbeinig und mit nacktem Oberkörper Jürgen Zech. Die Forke in den Fäusten fischte er nach einem Strohbund, hob es geschickt an und beförderte es in den Bansen, wo die Frauen, wie seit Jahrhunderten in der bäuerlichen Wirtschaft üblich, die Strohbunde schichteten.

Jürgen Zech unterbrach die Arbeit. Er sprang vom Wagen herab und wischte sich den Schweiß von der Stirn. Das Gespräch, das sie dann führten, währte eine knappe Stunde. Zechs Frau bot den Männern einen Krug Saft zur Erfrischung an. Einen Hinweis, der die Ermittlungen voranbringen konnte, hatten die jungen Leute leider nicht.

234

Als die Kriminalisten sich verabschiedeten, sagte Rainer Marx im Scherz: „Paßt nur gut auf, daß sie bei euch nicht auch noch Feuer legen!" Er deutete mit einer Kopfbewegung auf den Strohwagen. „Wenn das erst fackelt, ist nix mehr zu retten!"

Zech lachte jungenhaft. „Malt uns nicht den Teufel an die Wand!"

Nächtliche Stille war auf dem Zech-Hof eingekehrt. Die Bewohner des Hauses schliefen. Nur Renate Zech fand keine Ruhe. Sie lag in ihrem Bett und starrte durch das Hoffenster. Sicher ist der Mond daran schuld, redete sie sich ein, dessen große runde Scheibe gleich hinter dem Scheunendach hervorkommen würde. Sein eigenartiger Lichtschein kündigte ihn an. Der Mond gebar kleine Flämmchen. An der linken Dachseite tanzten sie im wilden Rhythmus. Gelblich, rot, dunkelrot und violett. Sie leckten in die Höhe, fielen zusammen und wurden erneut emporgewirbelt, begleitet von einem Funkenregen ohne Ende. Gebannt blickte die junge Frau auf das gespenstische Feuerspiel. Träumte sie bereits?

Renate Zech erstarrte. Natürlich war das kein Traum! Und das war auch nicht der Mond. Er konnte es gar nicht sein, weil der Himmel sich mit Regenwolken bezogen hatte. „Jürgen!" Sie schüttelte ihren Mann. „Jürgen, wach auf! Die Scheune brennt!"

Zech sprang aus dem Bett. Er warf die Kleidung über und stürzte auf den Hof hinaus. Immer höher stiegen die Flammen aus dem Dach der Scheune.

Zech rannte zum Hoftor. Die Feuerwehr! hämmerte es in seinem Kopf. Er stolperte über einen Körper in der Toreinfahrt. Zeck bückte sich. Ein Mann lag vor ihm auf dem Boden. Penetranter Alkoholgeruch strömte von ihm aus. Zech rümpfte die Nase. „He!" Er stieß den Betrunkenen an. „Was machen Sie hier?"

An der Hauswand lehnte ein Fahrrad. War der Mann aus dem Dorf? War es ein Fremder? Was hatte er überhaupt auf dem Hof zu suchen?

Jürgen Zech zog den Körper aus dem dunklen Bereich der Toreinfahrt. Im Schein der Hofbeleuchtung erkannte er den ungebetenen Gast. Ein dorfbekannter Trunkenbold. Noch vor wenigen Tagen war es zwischen ihnen zu einem unfreundlichen Wortwechsel gekommen.

Die Frauen liefen mit aufgelösten Haaren über den Hof. Sie halfen dem alten Zech, der das Vieh aus den Ställen führte.

Dann fiel der Feueralarm ins Dorf.

Der betrunkene Landarbeiter verschlief die Löscharbeiten. Als er aus seinem Rausch erwachte, umgaben ihn die kahlen Wände der Ausnüchterungszelle im Polizeirevier. Brennender Durst peinigte den Saufaus, der verständlicherweise als Tatverdächtiger festgesetzt worden war.

Kurt Brase ließ ihm ein großes Glas Wasser reichen. Der Mann leerte es in einem Zug. „Was ist denn los?" krächzte er verkatert. „Hab ich Mist gebaut?"

Brase stellte Fragen. Wohlüberlegt trieb er den anderen in die Enge, brachte ihn zum Schwitzen, bis der Mann in hysterisches Schluchzen ausbrach. Hatte er sich etwas erholt, begann das Spiel von neuem. Das Ergebnis blieb stets das gleiche. Ob Brase nun die Vernehmung führte, ob Bramburger, Marx oder Kummer die Fragen stellten. Der Verdächtige räumte den Streit mit Jürgen Zech ein. Er gab zu, dem jungen Schlosser nicht eben grün zu sein, aber was ihn in der Nacht auf den Zech-Hof getrieben hatte, konnte er nicht erklären. Nicht einmal von dem Feuer hätte er etwas bemerkt.

Sie zeigten ihm die Fotos von der Brandstätte, von dem Rad, das vor der Hauswand fotografiert worden war, und die Aufnahme seiner „Schlummerstätte", die ein Kriminaltechniker mit Kreidestrichen markiert hatte.

Der Mann erinnerte sich an nichts. Der Alkohol hatte in ihm einen Black out bewirkt.

Die Brandkommission gab auf. Brase und Bramburger konsultierten den Staatsanwalt. Der zuckte nur mit den Schultern. „Wenn das alles ist, was Sie an Beweisen haben, dann müssen Sie den Kerl wieder laufen lassen. Für einen Haftbefehl reicht das nicht aus."

Die im Dezember 1974 erlassene Änderung der Strafprozeßordnung schrieb eine sorgfältigere Prüfung aller Haftgründe vor.

Sonntag, der 13. September 1975. Gegen vier Uhr in der Frühe wurde Rainer Marx aus dem Bett geholt. In Skadow brannte ein Strohdiemen. Eine halbe Stunde nach dem Anruf stolperte er verdrossen über den Mietenplatz der LPG. Marx zog die Schultern hoch. Er war unausgeschlafen und fröstelte in der Morgenkühle. Bestialischer Gestank ging von der wasserdurchtränkten, aber immer noch schwelenden Strohfeime aus, verpestete die Luft.

Der Oberleutnant erreichte das rote Tanklöschfahrzeug der Cottbuser Feuerwehrbereitschaft. Seine ehemaligen Kollegen hatten ihre Arbeit getan. Unter Aufsicht des Löschmeisters wickelten sie die Hochdruckschläuche auf die stationären Haspeln. Der Maschinist hantierte am ölverschmierten Antriebsmotor der Heck-pumpe.

Marx grüßte. Die Kollegen, die ihn noch kannten, ließen die üblichen Frozzeleien vom Stapel. Das gehörte zum Ritual. Marx' Übertritt in die Kriminalpolizei hielten sie für den Aufstieg in einen besserbezahlten und bequemeren Job.

Der Löschmeister begleitete Marx bei einem Gang über die Brandstätte. Der Schober aus Roggen- und Haferstroh maß fünf-zehn mal zwanzig Meter. Seine Höhe betrug fast acht Meter, erklär-te der Kollege im Schutzanzug.

Als sie den Strohhaufen gründlicher in Augenschein nahmen, entdeckten sie die Spuren der Brandkanäle. Den geübten Augen der beiden Fachleute erschloß sich sofort, daß das Feuer von außen nach innen die Feime erfaßt hatte.

Der Brand eines Strohschobers könnte eine Bagatelle sein. Es sah wie ein Jungenstreich aus, wie eine Sinnlosigkeit, überlegte Marx. Vielleicht war jemand am Strohhaufen untergekrochen, hatte ihn als Schutzdach genutzt und später geraucht. Den Rest besorgte die weg-geworfene Kippe. Aber Marx wurde das verteufelte Gefühl nicht los, daß der Anschein trog. Nur zwei Kilometer bis Döbbrick! Ein Zu-sammenhang der Brände drängte sich ja förmlich auf. Nein, auf die leichte Schulter nehmen wollte er diesen Brand nicht.

Der Oberleutnant musterte die Umgebung. Er entdeckte einen schmalen Feldweg, der, aus Skadow kommend, den Mietenplatz überquerte und dann, etwas weiter entfernt, hinter einer Baumgrup-pe verschwand.

„Hast du einen Schimmer, wohin der Weg führt?" fragte Marx den Löschmeister.

„Das ist 'ne Abkürzung zur Willmersdorfer Spreebrücke!"

Reifenabdrücke von Fahrzeugen und Schuhspuren gab es zur Genüge auf dem Mietenplatz. Marx begann sie zu zählen, er resi-gnierte alsbald. Welche der Spuren sollte er dem vermeintlichen Brandstifter zuordnen?

Der Skadower Strohdiemenbrand ließ die Männer der BUK nicht ruhen. Gegen acht Uhr trafen Brase und Kummer als Verstärkung ein. Unterstützung fanden sie beim ABV, Leutnant Fenger. Ein rühriger junger Mann, der von Tatendrang und Intelligenz gleicher-maßen beseelt war. Fenger wußte, daß am Samstag ein Tanzabend in Willmersdorf stattgefunden hatte. Der Willmersdorfer Saal war eine Art Geheimtip unter den jungen Leuten.

Sie fuhren nach Willmersdorf und befragten den Wirt.

„Nein," meinte der, „aus Skadow habe ich keinen beim Tanz gesehen. Aber aus Döbbrick war ein ganzer Trupp auf dem Saal. Müssen mindestens fünf Leute gewesen sein."

Die Namen? Er hob die Schultern

Es fiel der Brandkommission nicht schwer, die fünf jungen Leute noch am Sonntagabend in Döbbrick zu ermitteln. Wenn man den ersten Namen gefunden hat, ergibt sich zwangsläufig der zweite, dieser führt dann zum dritten und so weiter.

Die jungen Männer hießen: Zachow, Kasper, Hobracht, Szonn und Wustrack.

Brase und Bramburger blickten sich überrascht an. Den Namen Wustrack hatten beide seit den turbulenten Tagen der Jahre 1961 und 1962 nicht mehr vergessen.

Hobracht, den sie zuerst vernahmen, sagte aus: „Ja, wir waren zum Tanz in Willmersdorf. Es muß gegen halb zwölf gewesen sein, als wir nach Hause fuhren. Außer uns Jungens waren noch ein paar Mädchen dabei. Wir fuhren mit den Rädern. Am Willmersdorfer Bahnhof war die Schranke geschlossen. Wir mußten warten. Nach der Zugfahrt setzten wir den Heimweg fort. Aber wir blieben nicht mehr alle zusammen. Der Pulk löste sich vor der Spreebrücke auf. Ich weiß, daß Szonn und Wustrack zurückgeblieben sind. Vom Brand in Skadow habe ich erst am Sonntagvormittag gehört. In Döbbrick auf dem Sportplatz."

Zachow und Kasper bestätigten die Zeugenaussage.

Szonn: „Nach dem Bahnübergang in Willmersdorf blieben Wustrack und ich ein bißchen zurück. Ich hatte viel getrunken und deshalb Schwierigkeiten, das Tempo der anderen mitzuhalten. Wustrack, dem es ähnlich erging, radelte neben mir. Hinter der Spreebrücke, da wo der Feldweg nach Skadow von der Straße in Richtung Döbbrick abzweigt, war er verschwunden. Ich nahm an, daß er abgestiegen war, um auszutreten. Ich fuhr langsam weiter, hab aber unterwegs auf ihn gewartet. Ich rauchte eine Zigarette. Eigentlich hätte ich das Licht von seiner Fahrradlampe sehen müssen, aber er kam nicht. Als ich die ersten Häuser von Döbbrick erreichte, fuhr vor mir ein Radfahrer. Ich glaube, er war von links gekommen, also auf der Hauptstraße von Skadow her. Erkannt habe ich ihn nicht."

Kurt Brase machte ein nachdenkliches Gesicht. Ein Verdacht keimte auf. Sie beschlossen, Dietmar Wustracks Version besonders gründlich zu Papier zu bringen. Unkommentiert, damit kein Mißtrauen bei ihm aufkommen konnte. Brase instruierte Leutnant Kummer, den jüngsten Kriminalisten.

Schüchtern war Dietmar Wustrack nicht, eher einen Ton zu großspurig. Der kräftige Bursche mit den Bewegungen eines Ringers strich das zottelige Langhaar zurück. Dreiste Augen musterten den Leutnant.

Kummer spannte das Formular für eine Zeugenvernehmung in die Reiseschreibmaschine und erfragte die Personalien.

„Geboren am 29. Mai 1959", nuschelte Wustrack maulfaul.

„Beruf?"

„Zur Zeit bin ich bei der LPG. Ich hab die Lehre beim Tiefbau geschmissen."

„Warum?"

„Keinen Bock mehr. Zuviel Fehlstunden in der Berufsschule."

Kummer tippte im Zwei-Finger-Suchsystem. „Was sagen denn Ihre Eltern dazu?"

„Ich laß mir nischt mehr vorschreiben. Bin alt genug!" erklärte der Sechzehnjährige pampig.

Kummer fragte nach dem Tanzabend. Wustrack bestätigte die Aussagen der Zeugen, nur seine Alleinfahrt nach dem Aufenthalt an der Spreebrücke wollte er anfangs nicht zugeben. Erst als der Leutnant nachhakte, bequemte er sich zu der Ergänzung: „Ach ja, hab ich total vergessen. Ich bin vom Rad gestiegen, weil ich mal schiffen mußte. Danach hab ich mich unter einen Baum gesetzt und bin doch wirklich eingepennt. Die Feuersirene von Skadow hat mich geweckt."

„Sind Sie zur Brandstelle gefahren?"

„Wozu denn? War eh alles zu spät."

Kummer tippte den letzten Satz. „Das wäre soweit alles. Lesen Sie bitte das Protokoll durch. Wenn Sie mit dem Wortlaut einverstanden sind, unterschreiben Sie auf der vorgedruckten Zeile."

Der junge Mann griff hastig zum Stift und verließ in seltsamer Eile das Büro.

Sie ließen sich nun bei ihren Ermittlungen Zeit. Nichts überstürzen, lautete Brases Devise. Behutsam forschten die Kriminalisten nach Verbindungslinien, die von den verschiedenen Brandorten zu Dietmar Wustrack führen mußten; falls er tatsächlich der Brandstifter war.

Im Brandfall Zech fiel ihnen das nicht sonderlich schwer. Jürgen Zech dachte einen Augenblick nach. „Vater!" Er zog den Alten zu

Rate: „Kannst du dich noch erinnern, wann Wustracks Dietmar bei uns die Rohrzange ausgeliehen hat?"

Vater Zech nahm die Mütze ab und kratzte sich hinter dem Ohr. „Das war an dem Tag, als es bei uns gebrannt hat", behauptete er. „Am Vormittag, so gegen neun. Wir hatten die erste Fuhre mit Haferdrusch in der Scheune."

Jürgen sah zu seinen Kollegen auf. Er nickte bestätigend. Auf Vaters Gedächtnis konnte man sich verlassen.

Im Büro der LPG war die Sache schon komplizierter. Der Brand der Bergescheune am Konsum lag acht Wochen zurück. Ungefähr zehn Tage vor dem Brandausbruch waren die Stauräume mit Erntegut belegt worden. Wer an der Arbeit beteiligt war? Die Buchhalterin zuckte die Achseln. In mühsamer Kleinarbeit mußten sie die Arbeitszettel der LPG-Mitglieder und sämtlicher Lohnarbeitskräfte überprüfen. Der Feldbaubrigadier wurde ins Vertrauen gezogen. Endgültigen Aufschluß lieferte sein abgegriffenes Stundenbuch, in dem der Brigadier die tägliche Arbeitseinteilung vor Ort notierte.

„Da steht's ja", meinte er zufrieden. „Wustrack hat am fünfzehnten Juli in der Bergescheune Stroh gegabelt."

Der 7. Oktober 1975. Wieder ein Jahrestag der Gründung der DDR, der mit staatlich verordnetem Pomp gefeiert wurde. Schon am Vorabend führte ein Lampionumzug die jüngeren Kinder durchs Dorf. Die größeren Schüler hatten ein Festprogramm eingeübt, das sie unter Aufsicht des Lehrers zur Aufführung brachten. Phrasenreich begründete der Festredner vom Kreis den üppigen Medaillensegen, der dem Dorf weitere Aktivisten und vorbildliche Genossenschaftsbauern bescherte. Musik und Tanz sorgten für den nötigen Frohsinn. Ein Teil der Jugend bevorzugte allerdings den Bierausschank im „Sportlerheim".

Für die Polizisten des Landes war es einer der vielen Feiertage, der ihnen zusätzliche Dienststunden aufbürdete. Die Innenpolitik der DDR-Regierung war von einem Paradoxon geprägt. Mit anhaltender Lebensdauer des Staates stieg das Sicherheitsbedürfnis der SED-Oberen ins Unermeßliche.

In den Einsatzbefehlen der VP-Bezirksbehörde, die bei solchen Anlässen obligatorisch waren – zuweilen wurde nur das Datum ausgewechselt –, war auch ein Alarmkonzept für mögliche Brandfälle in Döbbrick vorgesehen. Nicht zu unrecht, wie sich erweisen sollte.

Der Geburtstag der Republik war zwei Stunden alt, als die

240

Feuersirene die Döbbricker aus der Festtagslaune schreckte. An der Peripherie des Dorfes, im Nordwesten, stand die Scheune am Erlensteg in Flammen und war sofort vollständig in Rauch gehüllt.

Vom Kreispolizeiamt Cottbus rückte eine Diensthabende Gruppe der K unter Führung des sechsunddreißigjährigen Oberleutnant Roland Mette an den Brandort aus. Mette hatte das kriminalistische Handwerk bei der Transportpolizei erlernt und war erst unlängst zum Kreisamt versetzt worden. Der Brand in Döbbrick war sein erster Einsatz in einem ungewohnten Metier, so daß Mette von dem flammenden Inferno fast etwas eingeschüchtert wurde. Seine Unsicherheit geschickt überspielend, wies er die ihm unterstellten Polizisten an, Brandzeugen festzustellen. Es war zu klären, wer den Feueralarm ausgelöst hatte, wer zuerst am Spritzenhaus der Freiwilligen Feuerwehr eintraf und welche Personen als erste die Brandstätte erreichten.

Der sengende Gluthauch trieb die Feuerwehrleute, die mit vier Strahlrohren gegen das brausende Flammenmeer vorrückten, wieder und wieder zurück. Mette spürte die Hitze durch seine Kleidung bis auf die Haut. Von seinem Vorhaben, das Erdreich im Eingangsbereich der Scheune auf Schuhspuren zu untersuchen, rückte er schleunigst ab.

„Hoffentlich sind Sie versichert?" fragte er die Hofbesitzerin, eine hagere Frau im Rentenalter.

Sie barmte sofort. „Versichert bin ich, aber die Scheune wurde von der LPG benutzt."

Als Brase an der Spitze seiner Brandkommission am Tatort eintraf, brach das Dach der Scheune mit Getöse zusammen. Nun schwelte und brannte der riesige Gluthaufen vor sich hin. Die verbitterten Bauern standen dabei und konnten nichts tun.

Das Dorf erlebte einen Tag der Republik, der voller Unruhe war. Kurt Brase saß im Klassenzimmer der alten Schule und schnitt mit andächtiger Miene Karteikarten zurecht. Mette bewunderte ihn um seinen Gleichmut. Der Hauptmann hatte eine Brandserie am Hals. Seine Ermittlungen kamen nicht voran, was ihn aber kaum zu bekümmern schien.

In Wahrheit hatte Brase größte Mühe, seine Unruhe zu verbergen. Gerade der jüngste Brand bewies, daß sie es mit einem unverfrorenen Täter zu tun hatten, der sich in Döbbrick genau auskannte. Steckte wirklich dieser Wustrack junior hinter den Brandstiftungen? Wenn ja, hatten sie womöglich zu lange mit seiner Festnahme gewartet?

Auf Stühlen und Bänken hockten die Kriminalisten der Einsatzgruppe. Brase verteilte die Karten. „Jeder bekommt von mir fünf Namen. Diese Personen sind aufzusuchen und nach dem Alibi der letzten Nacht zu befragen. Ich bitte mir äußerste Sorgfalt aus. Der Genosse Bramburger braucht die Angaben für das Weg-Zeit-Diagramm."

Für Mette hatte Brase einen Spezialauftrag. Er hieß ihn, die Hofeignerin zeugenschaftlich zu vernehmen. So kam zu Protokoll, daß die um 1907 erbaute Scheune ein Fachwerkbau ohne Elektroanschluß war, daß die LPG seit dem 19. August Stroh in die Scheune eingefahren hatte, daß die Arbeiter Rieger und Wustrack am 11. September Reparaturarbeiten im Scheunenbereich ausführten und daß die Schwiegertochter der Frau Schulze am Vormittag des 6. Oktober in der Scheune war, um die jungen Katzen zu füttern.

Brase las das ausführliche Protokoll. Als er auf den Namen Wustrack stieß, unterbrach er für einen Moment die Lektüre und blinzelte über den Rand seiner Brille hinweg den ehemaligen Trapo-Mann an. Daß die Kriminalisten dieses Dienstzweiges saubere Arbeit leisteten, hatte er schon von manchem Staatsanwalt gehört. Dieser dunkelblonde Oberleutnant Mette mit dem sorgsam gescheitelten Haar schien der Beweis zu sein. Der Junge wußte, worauf es ankam. Brase knurrte zufrieden.

Mehr als hundert Personen – Männer wie Frauen – wurden in Döbbrick aufgesucht. Erst am späten Abend zeichneten sich die Konturen des Zeitablaufes ab.

Dietmar Wustrack hatte zu den Gästen gehört, die das „Sportlerheim" bevorzugten. Nach der Polizeistunde waren er und einige andere Jugendliche zu einer privaten Geburtstagsfete gezogen, die am anderen Ende des Dorfes stattfand. Daß Wustrack die Freunde unterwegs verloren hatte und sich mit seinem Rad bei der Ankunft in der Wohnung verspätete, erfuhren die Kriminalisten nebenbei von einem Zeugen. Wustrack selbst vergaß diesen Fakt in seiner Befragung. Die Situation glich der Heimfahrt in der Skadower Brandnacht. Dafür hatte Wustrack als einer der eifrigsten Feuerwehrleute bei der Brandbekämpfung geholfen. Der Verdacht gegen den jungen Burschen erhärtete sich.

In der Lagebesprechung der BUK am 9. Oktober diskutierten sie über sein mögliches Tatmotiv. Er wäre nicht der erste Feuerwehrmann, der aus Geltungssucht Brände legt, meinten einige. Die am häufigsten geäußerte Vermutung lautete: Wustrack will seinen Vater rächen.

Brase fand die Erklärung zu vordergründig. Er glaubte noch immer an eine psychopathische Veranlagung des Vaters. Wenn sich diese nun auf den Sohn vererbt hat? Er stellte diese These in den Raum.

Am Nachmittag des gleichen Tages startete Brase ein Experiment. Der ABV Leutnant Fenger nahm mit seinem Fahrrad am „Sportlerheim" Aufstellung. Auf ein Zeichen von Brase trat er zügig in die Pedalen und jagte zum Brandort. Genau zwei Minuten hielt er sich dort auf – diese Zeit hatte Brase für das Legen des Brandes einkalkuliert – und radelte dann ebenso zügig zum Ort der nächtlichen Geburtstagsfeier, wo der Hauptmann ihn mit einer Stoppuhr in der Hand erwartete. Nicht mehr als zehn Minuten, registrierten sie das Ergebnis für die Akte.

Was trugen sie noch über den sechzehnjährigen Dietmar Wustrack zusammen? Daß er in der Schulzeit ein lebhaftes und ungebärdiges Kind war, daß er sich dem Einfluß der Mutter und des Stiefvaters permanent entzog, daß er gern die Schule schwänzte, häufig log und sich mit Gleichaltrigen herumprügelte. Für kurze Zeit trat er eine sportliche Laufbahn als Ringer bei der BSG „Turbine" an, wurde aber auf Grund seiner mangelhaften Leistungen in der Schule relegiert. Er sei ein Taugenichts, beklagte sich die Mutter bei den Lehrern. Woher seine liederliche Einstellung zum Leben käme, wüßte sie nicht zu erklären.

Am 10. Oktober, es war ein Freitag, wurde Dietmar Wustrack auf Brases Geheiß gegen sechs Uhr der Brandkommission zugeführt. Die Diensträume der BUK, zum Kripo-Dezernat II gehörig, befanden sich seit geraumer Zeit in einem Polizeigebäude in der Bautzener Straße, in unmittelbarer Nachbarschaft zur Cottbuser Strafvollzugsanstalt.

Beim Studium der Akte fällt auf, daß unter dem Vernehmerprotokoll Wustracks neben Brase eine zweite Unterschrift ohne das übliche Kripo-Dienstzweigkürzel „.... der K" steht. Diese Unterschrift war nur mit dem im MfS üblichen rein militärischen Dienstgrad versehen. Die „Firma" hatte offenbar ihre „Unterstützung" angeboten, der Brase sich nicht entziehen konnte.

Die Vernehmung, die sich über den ganzen Tag bis 18.30 Uhr erstreckte, wurde um 10.15 Uhr und um 14.30 Uhr für jeweils eine halbe Stunde unterbrochen. Die Protokollantin vermerkte, daß der Beschuldigte in den Pausen Speisen und Getränke – vermutlich aus der Polizeikantine – erhielt.

Über das Rollenspiel, in das sich die Vernehmer gewohnterma-ßen teilten, gibt das Protokoll keine Auskunft. Anzunehmen ist, daß Brase auch diesmal bei seiner ruhigen und verständnisheischenden Taktik blieb.

Wustrack hatte, um seine Angst zu verbergen, eine störrische Miene aufgesetzt. Im Verlaufe des Vormittages verstrickte er sich in zahllose Widersprüche. Er bekam gar nicht mit, daß die andächti-gen Gesichter seiner Zuhörer bereits Teil ihres Planes waren. In dem Bemühen, seiner Aussage Glaubhaftigkeit zu verleihen, führte er immer neue Argumente ins Feld, die durch Zeugen bereits wider-legt waren. In unbedachten Momenten gab er detailliertes Wissen preis, über das nach Lage der Dinge nur der Täter verfügen konnte. Damit nagelten sie ihn am Nachmittag fest. Wustrack geriet ins Stottern, als sie ihm die Zeitlücken für seine Fahrt vom „Sportler-heim" zur Geburtstagsfete vorrechneten. Dann zerpflückten sie sein Skadower Alibi. Brase entfaltete ein Meßtischblatt. „Das ist die Spreebrücke", erläuterte er rasch. „Links der Mietenplatz von Skadow. Und hier, weiter oben, liegt Döbbrick. An der Brücke haben Sie sich von Szonn getrennt. Richtig? – Während Ihr Kumpel in Richtung Döbbrick fuhr, sind Sie nach links auf diesen Feldweg abgebogen. Ein reichlicher Kilometer bis zum Mietenplatz, wo sie das Feuer legten!" Brase stützte sich auf die Arme und fixierte den Jungen mit kühlem Blick. „Von Skadow bis Döbbrick sind es auf der Hauptstraße noch einmal zwei Kilometer. Sie hatten es so eilig, daß Sie noch vor Szonn in Döbbrick ankamen. Daß Ihr Kumpel auf dem Willmersdorfer Weg auf Sie wartete, konnten Sie ja nicht wissen!"

Der Junge flüchtete sich in Schweigen. Nicht einmal dies gelang ihm richtig. Die Zeit, die nun so unerträglich langsam verrann, zerrte an den angekratzten Nerven. Als Brase ihm unvermittelt ein Blatt Papier über den Tisch schob und ihm ebenso stillschweigend einen Kopierstift in die Hand drückte, fielen die Würfel. Dietmar Wustrack war mit seinem Latein am Ende. Er schrieb sein ganz und gar unspektakuläres Geständnis. Noch am gleichen Abend erging der Haftbefehl.

Am 13. Oktober vernahmen Hauptmann Brase und Leutnant Kum-mer den jugendlichen Brandstifter in aller Ausführlichkeit zu den einzelnen Brandhandlungen. Der MfS-Vernehmer hatte sich aus dem Verfahren zurückgezogen. Zu jedem der vier Brandkomplexe wurde nun ein Protokoll aufgenommen. Wustrack schilderte seine

Taten in allen Einzelheiten. Auf vorgefertigten Skizzen trug er die Tatortlage ein und bezeichnete seine An- und Abmarschwege zu den Brandobjekten. Er schilderte, wie in Zechs Hofeinfahrt ein Betrunkener gelegen hatte, über den er hinwegstieg. Und das Brandobjekt am Erlensteg hatte er ausgewählt, weil vor der Scheune, die er mitten im Dorf in Brand setzen wollte, zwei angetrunkene Nachbarn stritten.

Fragen nach den Beweggründen für seine Taten schlossen sich an. Wustrack zuckte wiederholt mit den Schultern. Kurt Brase hätte schwören mögen, daß diese Ratlosigkeit nicht gespielt war.

Ob man die Brände als Rachakte für seinen Vater verstehen müsse?

Nein. So eng seien ihre Beziehungen nie gewesen.

Warum dann? Um den Leuten im Dorf einen Streich zu spielen?

Ja. Vielleicht.

Ob er Mitglied der Freiwilligen Feuerwehr in Döbbrick sei?

Ja.

Die Aufgabe eines Feuerwehrmannes sei es doch aber, das Feuer zu bekämpfen!

Wustrack nickte mit abwesender Miene, als wälze er in seinem Kopf ein schwieriges Problem. Naja, eigentlich wollte er das ja auch. Dem ganzen Dorf zeigen, was für ein guter Feuerwehrmann er sei.

So widersprüchlich manches in seiner Aussage klang, sie schrieben es gewissenhaft ins Protokoll und legten die Akte dem Staatsanwalt vor. Dietmar Wustrack wurde in eine psychiatrische Abteilung der Haftvollzugsanstalt Waldheim überstellt. Dort nahmen sich die Neurologen Petermann und Staben sowie der Diplompsychologe Gerlach des jugendlichen Brandstifters an. Das Ergebnis ihrer mehrwöchigen Exploration faßten sie in einem Gutachten zusammen, dessen interessanteste Sätze lauten:

„Der Vater des W. ist als eine intelligenz- und kritikgeminderte psychopathische Persönlichkeit einzuschätzen. W. widerrief seine Aussagen zum Tatmotiv, die er in der Voruntersuchung gegenüber der VP gemacht hatte. Er wußte nicht, wie er sich richtig ausdrücken sollte. Die Brände habe er vielmehr aus Ärger und aus Wut gelegt. Über irgendwen habe er sich immer geärgert. Wenn ihm das spontan einfiel, stieg eine unbestimmbare Wut in ihm auf. Nach den Bränden fühlte er sich wohler.

Dietmar W. steht auf einer niedrigen Intelligenzstufe, im allgemeinen unter dem Durchschnitt seiner Altersgruppe.
Eine schwerwiegende abnorme Entwicklung seiner Persönlichkeit mit Krankheitswert ist jedoch auszuschließen."

Hauptmann Brase las die bezeichnenden Zeilen im Büro des
Staatsanwaltes. „Stimmt", murmelte er halblaut. „Nicht sein Ge-
hirn ist zerstört, sondern sein Charakter."

„Wie bitte ...?" fragte der Staatsanwalt konsterniert.

„Ach, nichts", winkte Brase ab. Und doch war es kein Zufall,
daß seine Gedanken bei Günter Wustrack, dem vermeintlichen
Staatsgefährder, weilten.

Die Luft war warm, man spürte bereits den Frühling, als die Jugend-
strafkammer des Kreisgerichtes Cottbus Dietmar Wustrack zu vier
Jahren und sechs Monaten Jugendhaft verurteilte. Er verbrachte die
Zeit in Ichtershausen und wurde am 16. 2. 1979 entlassen. Sechs
Monate später verstarb er bei einem Verkehrsunfall in der Nähe von
Cottbus. Den Vater, dem er sein Leben und sein Stigma verdankte,
hatte er nicht mehr gesehen.

Günter Wustrack verließ die Strafvollzugsanstalt erst im Februar
1980. Für ein weiteres halbes Jahr erwartete ihn das Psychiatrische
Fachkrankenhaus in Lübben.

Am 1. Januar 1981 erhielt er Arbeit im Tiefbaukombinat Cottbus,
hatte sich aber im Abstand von acht Wochen regelmäßig bei einem
Facharzt für Neurologie vorzustellen. Nach den Gründen der anhal-
tenden medizinischen Betreuung, so erklärte er später, habe er nie
gefragt.

Wustrack wurde noch zweimal straffällig. Sexueller Mißbrauch
eines Kindes und Verkehrsgefährdung durch Trunkenheit lauteten
die Anschuldigungen. Sein letztes Geständnis sei dem Leser nicht
vorenthalten:

„Am 14 hatte der Kollege Neubert geburtstag wo 2 Flaschen
getrugen worden und am diesen Tag war ich mit den Fahrd zur
Arbeit. Und am 15. hatte der Kollege Jäger den vorschlag
gemach geld zusammen zulegen, und wir holen uns 2 Flaschen was wir auch gemacht haben und sie auch aus-
getrungen bis 11 Uhr mit Jäger und Neubert, um 11 Uhr bin
ich Essen gegangen. Und um 11.20 Uhr habe ich meine Fahrt
mit den Mopet auf den nachhauseweg angetreten. Bin über

den Berlinerplatz nach richtung Straße des Friedens Bahnhof-
str. rechts abgebogen ..."

Wustrack kam in beiden Fällen mit Bewährung davon. Die
psychopathologischen Auffälligkeiten in seinem Persönlich-
keitsbild hatten die Richter nachsichtig gestimmt.

Im Januar 1992 ist der „Feuerteufel von Döbbrick", achtund-
fünfzigjährig, einem unheilbaren Krebsleiden erlegen.

Quellenverzeichnis

Das Eisenbahnattentat von Burkau

SächsHStA: Landesregierung Sachsen, Ministerium des Innern, Nr. 278, Bl. 1-6
Geschichte der Deutschen Volkspolizei 1945-1961, Berlin 1979
Grundriß Geschichte der Deutschen Volkspolizei 1945-1961, Teil I in der ersten und zweiten Fassung vom April 1969 und März 1970, als Ms. gedruckt
Manfred Drews: Generalleutnant a. D. Willi Seifert. In: Leben und Kampf im Dienst des Volkes. Literarische Porträts, Band I. Berlin 1984
Festschrift zum 100. Jubiläum der Eisenbahnstrecke Radeberg – Kamenz. 1971
Sächsiche Volkszeitung. Jahrg. 1, Nr. 103 und 104
Lekschas u.a.: Kriminologie – Theoretische Grundlagen und Analysen. Berlin 1983
Hans Joachim Ritzau: Katastrophen der deutschen Bahnen, Band II. Pürgen 1993
Gespräche des Autors mit Erhard Lange, Siegfried Hempel, Oskar Gneuß in Burkau und Hans Raschinsky in Kamenz

Affäre Conti

Stadtarchiv Dessau, OB 1252-1253 (Conti-Prozeß)
Urteil in der Strafsache Herwegen, Brundert u.a. In: Neue Justiz, Jahrg. 4, Nr. 8/50
Entlarvt. Die Geschichte eines aufgedeckten Riesenbetrugs. Hg. vom Amt für Informationen der Regierung der Deutschen Demokratischen Republik. Berlin 1950
Berliner Rundfunkarch. DOK 139, Herwegen-Brundert-Prozeß. 139'
BARCH P, DO 1/MdI/7.0. Nr. 38 S. 8 - 10; DO 1/MdI/7.0. Nr. 361 S. 51 und DO 1/MdI/7.0. Nr. 268
Hilde Benjamin: Zum Dessauer Prozeß. In: Neue Justiz, Jahrg. 4, Nr. 5/50

Willi Brundert: Es geschah im Theater. Berlin und Hannover
    1958
Neue Berliner Illustrierte. Jahrg. 5, 2. Dezemberheft
Neues Deutschland v. 23.11.1949 und 20.4.-30.4.1950
Freiheit v. 24.4.-29.4.1950
Telegraf v. 26.4.-1.5.1950
Tägliche Rundschau v. 12.12.1950
Die Volkspolizei. Jahrg. 3, Nr. 3/50 und 9/50 sowie Jahrg. 42,
    Nr. 9/89
Rainer Karlsch: Der Schauprozeß im Dessauer Theater. In:
    Mitteldeutsche Zeitung v. 10.9.1993
Friedrich Mühlberger: Verbrechen gegen das Eigentum des
    deutschen Volkes. Berlin 1956
Geschichte der Deutschen Volkspolizei 1945-1961. Berlin 1979
Progreß-Filmillustrierte. Jahrg. 1953. Geheimakten Solvay
Sport und Technik. Jahrg. 30, Nr. 11/1986
Badstübner u.a.: Geschichte der Deutschen Demokratischen
    Republik. Berlin 1984
Fritz Hesse: Erinnerungen an Dessau. Bonn 1990
Rainer Karlsch: Allein bezahlt? Die Reparationsleistungen der
    SBZ/DDR 1945-1953. Berlin 1993
Gerhard Keiderling: Die Spaltung Berlins. Berlin 1985
Günter Koch: Geheimaktion „Bird Dog". Berlin 1969
Werner Kahl: Spionage in Deutschland. München 1986
A.J. Wyschinski: Gerichtsreden. Berlin 1951
Laszlo Rajk und Komplizen vor dem Volksgericht. Berlin 1949
Rudolf Herrnstadt: Das Herrnstadt-Dokument. Reinbek 1990
Der Autor dankt Dr. Rainer Karlsch für wertvolle Anregungen
    und Archivhinweise.

Die Todesschüsse von Uckro

BArch P, DO 1/MdI/11.0. Nr. 777
Die Volkspolizei. Jahrg. 6, Nr. 11/53 und 12/53
Lausitzer Rundschau. Jahrg. 2, Nr. 243
Nachtdepesche v. 4. 11.1953
Telegraf v. 4.11.1953
Gespräche mit Medizinalrat Dr. H. in A., Wanda Lessing in
    Reichwalde und Rudolf Ruhs in Waldow
Gespräche mit den ehemaligen Angehörigen der Volkspolizei

Heinz Rebentisch, Joachim Dunst, Werner Grund, Helmut
Strempel, Helmut Wittkewitz, Kurt Lichan, Heinz Menzel,
Martin Worrack und Werner Illig

Frantisek Vrbecky: Mrtvi nemluvi. Prag 1985 Deutsche Fassung:
Die Masins geben nicht auf. Aus dem Tschechischen übertragen von Martin Wachowski. Berlin 1989

Fotoarchiv Frantisek Vrbecky jr. (Prag)

Ota Rambousek: Jenom ne strach. Prag 1991

Radio Free Europe. München. Sendereihe Panorama 87. Inter-
view-Serie mit Ctirad Masin, ausgestrahlt März-April 1987

Janusz Piekalkiewicz: Spione - Agenten - Soldaten. München
1988

Miroslaw Siska: Verschwörer - Spione - Staatsfeinde. Berlin
1991

Torsten Diedrich: Der 17. Juni 1953 in der DDR. Berlin 1991

Heinrich/Ullrich: Befehdet seit dem ersten Tag. Berlin 1981

Rudolf Herrnstadt: Das Herrnstadt-Dokument. Reinbek 1990

Die Übersetzung der Textzitate aus dem Tschechischen besorg-
ten Erich Schindler (Wahrenbrück) und Franz Hadrborlec
(Maasdorf), denen der Autor zu Dank verpflichtet ist.

Feuerteufel

Strafprozeßakten Günter W. und Dietmar W. Az BS 125/62
(Cottbus), 91/88 (Forst) und 314/75 (Cottbus-Land)

Norbert Heideklang: Der Feuerteufel. In: Im Kampf bewährt.
Anthol. II, Cottbus 1985

Gespräche mit Fritz Zech und Fritz Noack in Döbbrick

Gespräche mit Major der K a.D. Kurt Brase, Kriminalrat a.D.
Hans Jakobitz, Kriminalrat a.D. Roland Mette, Kriminal-
hauptkommissar a.D. Rainer Marx und Hauptmann der VP
a.D. Hans Loreck in Cottbus, Dissen und Merzdorf

Geschichte der Deutschen Volkspolizei 1945-1961. Berlin 1979

Kriminalistische Beiträge. Berlin 1960

Gerhard Feix: Kleines Lexikon für Kriminalisten. Berlin 1965

Bildquellen

Die Fotos, Dokumente und Ausrisse aus der Tagespresse
auf den im folgenden genannten Seiten entstammen dem
Archiv des Autors:

*18, 42, 48, 49, 50, 55, 61, 64, 94, 96, 99, 106, 107, 108, 109,
113, 114, 119, 120, 132, 136, 138, 140, 144, 148, 151, 167,
170, 174, 175, 176, 178, 180, 184, 185, 187, 188, 193, 196,
211, 216, 220, 231, 233*

Quellen der überdies verwendeten Fotos und Dokumente:

Bundesarchiv Potsdam
80
Stadtarchiv Dessau
58, 115, 123
Geschichte der Volkspolizei
21, 26, 27, 132
Ota Rambousek, jenom ne strach, Praha 1991
192
Wolfgang Herr
200
Helmut Strempel
146

Inhalt

Für die Arbeit an diesem Buch erhielt der Autor eine Förderung des Ministeriums für Wissenschaft, Forschung und Kultur des Landes Brandenburg.

ISBN 3-360-00788-3

2., veränderte Auflage
© 1998 (1995) Das Neue Berlin Verlagsgesellschaft mbH
Umschlagentwurf: Peter Fischer Sternaux
Umschlag-Bildvorlage: Polizeihistorische Sammlung
beim Polizeipräsidenten in Berlin
Druck und Bindung: Ebner Ulm

Neuerscheinung!

Wolfgang Mittmann

Tatzeit

Große Fälle der Volkspolizei
(Band 2)

Ein mysteriöser Mord an einem Berliner Geschäfts-
mann in Angermünde, ein dramatischer Raubversuch,
die Pferde des Circus Barlay von Berlin/Ost nach
Berlin/West zu bringen, ein großangelegter Schwarzhandel mit optischen Geräten von Carl Zeiss Jena bis
nach Katalonien sowie der Fall eines 19jährigen Kin-
dermörders aus Eberswalde sind in diesem Buch fak-
tenreich zusammengetragen, genau nachrecherchiert –
und somit nun erst wirklich abgeschlossen.
Was der Autor im einzelnen aus Polizeiakten sowie
Befragungen Beteiligter erfuhr, bringt auch Licht ins
Dunkel der komplizierten Ermittlungsarbeit der DDR-
Kriminalisten, die die Verbrechen meist vor der Öffentlichkeit geheimhalten mußten. Eine spannende Dokumentation in Wort und Bild, die den großangelegten
„DDR-Pitaval" fortsetzt, den der Autor mit seinem erfolgreichen Buch *Fahndung – Große Fälle der Volkspolizei* vor zwei Jahren begonnen hat.

*268 Seiten, brosch., mit Fotos und Dokumenten,
24,80 DM,
ISBN 3-360-00854-5*

In jeder guten Buchhandlung!

*Prospekt anfordern: Verlag Das Neue Berlin,
Rosa-Luxemburg-Str. 16, 10178 Berlin*

Verlag Das Neue Berlin

Jetzt in zweiter Auflage!

Jan Eik

Besondere Vorkommnisse

Politische Affären und Attentate

Affären, Attentate, politische Intrigen – die DDR schien frei davon. Inzwischen weiß man, daß Wirklichkeit und Selbstdarstellung nicht übereinstimmten. Spektakuläres wurde verheimlicht, Lächerliches aufgebauscht. Aber die Unterdrückung von Information rächte sich: „Was macht Honecker mit seinen Gegnern? Er schickt sie auf Rundflug nach Libyen." Der Volkswitz ersetzte die Boulevardpresse …
Jan Eik, bekannt durch zahlreiche Krimis, schildert vier spannende Fälle, die auch heute noch die Presse und die Ermittlungsbehörden beschäftigen. Eik zerstört die Legenden, die sich um den Rundfunkbrandstifter Arno Bade, um den Honecker-Kronprinzen Werner Lamberz, um den vermeintlichen Honecker-Attentäter Paul Eßling und um Dean Reeds Tod rankten und – ranken.

256 Seiten, mit zahlreichen Fotos und Dokumenten, brosch., 24,80 DM, ISBN 3-359-00766-2

In jeder guten Buchhandlung!

Prospekt anfordern: Verlag Das Neue Berlin, Rosa-Luxemburg-Str. 16, 10178 Berlin

Verlag Das Neue Berlin